Uni-Taschenbücher Band 877

UTB

Eine Arbeitsgemeinschaft der Verlage

Birkhäuser Verlag Basel und Stuttgart
Wilhelm Fink Verlag München
Gustav Fischer Verlag Stuttgart
Francke Verlag München
Paul Haupt Verlag Bern und Stuttgart
Dr. Alfred Hüthig Verlag Heidelberg
Leske Verlag + Budrich GmbH Opladen
J. C. B. Mohr (Paul Siebeck) Tübingen
C. F. Müller Juristischer Verlag – R. v. Decker's Verlag Heidelberg
Quelle & Meyer Heidelberg
Ernst Reinhardt Verlag München und Basel
K. G. Saur München · New York · London · Paris
F. K. Schattauer Verlag Stuttgart · New York
Ferdinand Schöningh Verlag Paderborn
Dr. Dietrich Steinkopff Verlag Darmstadt
Eugen Ulmer Verlag Stuttgart
Vandenhoeck & Ruprecht in Göttingen und Zürich

Hiltrud und Karl-Heinz Naßmacher
Kommunalpolitik

Hiltrud und Karl-Heinz Naßmacher

Kommunalpolitik in der Bundesrepublik

Möglichkeiten und Grenzen

Leske Verlag + Budrich GmbH, Opladen

Dr. Hiltrud Naßmacher,
Dozentin in der Erwachsenenbildung.
Dr. Karl-Heinz Naßmacher,
ordentlicher Professor für Politikwissenschaft mit dem Schwerpunkt
Kommunalpolitik an der Universität Oldenburg.

CIP-Titelinformation

Nassmacher, Hiltrud:
Kommunalpolitik in der Bundesrepublik: Möglichkeiten und Grenzen/
Hiltrud und Karl-Heinz Nassmacher. – Opladen: Leske und Budrich, 1979.
(Uni-Taschenbücher 877)
ISBN 978-3-322-95462-6   ISBN 978-3-322-95461-9 (eBook)
DOI 10.1007/978-3-322-95461-9
NE: Nassmacher, Karl-Heinz

©1979 by Leske Verlag + Budrich GmbH, Leverkusen
Softcover reprint of the hardcover 1st edition 1979

Umschlagentwurf: Alfred Krugmann, Stuttgart

Inhaltsverzeichnis

1. Kommunalpolitik heute:

Kommunale Gesellschaftspolitik oder gemeindliche Selbstverwaltung . 7
1.1 Stellenwert kommunaler Politik 8
1.1.1 Bestimmung des Gegenstandes. 8
1.1.2 Gemeinde als Teil des politischen Systems 11
1.1.3 Verhältnis von Kommunalpolitik und Parteipolitik . . . 14
1.2 Traditionen der Selbstverwaltung. 19
1.2.1 Städtische Selbstverwaltung im Agrarstaat 19
1.2.2 Selbstverwaltung im Industrialisierungsprozeß 22
1.2.3 Rekonstruktion der gemeindlichen Selbstverwaltung . . . 27
1.3 Gemeinden im Sozialstaat 30
1.3.1 Kommunale Autonomie vs. Einheitlichkeit der
 Lebensverhältnisse 31
1.3.2 Planungs-, Aufgaben- und Finanzverbund vs.
 Selbstverwaltungsgarantie 34
1.3.3 Aktuelle Probleme der Kommunalpolitik 36

2. Aufgaben der Gemeinden:

Bürgernahe Versorgung und kleinräumige Umweltgestaltung. 39
2.1 Bürgernahe Versorgung mit öffentlichen Dienstleistungen 40
2.1.1 Darstellung anhand des Verwaltungsaufbaus 41
2.1.2 Niederschlag in der Ausgabenseite des Haushaltsplans . 45
2.2 Kleinräumige Steuern der Umweltgestaltung 50
2.2.1 Kommunale Entwicklungsplanung –
 Planwerk oder Aufgabe? 50
2.2.2 Steuerungsmöglichkeiten der Gemeinden 54
2.2.3 Zusammenhänge mit überörtlichen Planungen 60
2.3 Kommunale Aufgaben im Wandel 63
2.3.1 Versuche einer systematischen Erfassung 64
2.3.2 Abgrenzung zwischen privater Wirtschaft und öffentlichen
 Dienstleistungen 66
2.3.3 Vorschläge zur Privatisierung öffentlicher Aufgaben . . . 69

3. Finanzierung kommunaler Aufgaben:
Politische Anforderungen und wirtschaftliche Rahmenbedingungen . 73
3.1 Entgelte, Gebühren und Beiträge der Bürger 74
3.1.1 Kostendeckung bei Entgelten und Gebühren 74
3.1.2 Beiträge zwischen öffentlichem und privatem Nutzen . . 76
3.2 Steuereinnahmen der Gemeinden 79
3.2.1 Kommunale Realsteuern (Grund- und Gewerbesteuer) . . 81
3.2.2 Wirkungen der Finanzreform (Gemeindeanteil an der Einkommensteuer) 86
3.3 Vermögensumschichtung und Kreditaufnahme 89
3.4 Finanzzuweisungen von Bund und Land 94
3.4.1 Schlüsselzuweisungen und Ausgleichszahlungen 95
3.4.2 Zweckzuweisungen als „Goldener Zügel" 100
3.4.3 Langfristige Wirkungen der Zweckzuweisungen 105

4. Entscheidung über gemeindliche Aufgaben:
Kommunale Selbstverwaltung oder Demokratie in überschaubaren Einheiten 111
4.1 Kommunales Entscheidungssystem 111
4.1.1 Institutionen der kommunalen Selbstverwaltung 112
4.1.2 Formen lokaler Öffentlichkeit 116
4.1.3 Elemente der Politikverflechtung 119
4.2 Kommunaler Entscheidungsprozeß 122
4.2.1 Vorbereitung und Beratung von Vorlagen 122
4.2.2 „Vorentscheider" als politische Manager 126
4.3 Beratung des Gemeindehaushalts 131
4.4 Entscheidung über einen Bebauungsplan 138

Anmerkungen 147
Kommentierte Bibliographie 171
Abkürzungsverzeichnis 199
Verzeichnis der Abbildungen + Tabellen 200
Sachregister 201

1. Kommunalpolitik heute: Kommunale Gesellschaftspolitik oder gemeindliche Selbstverwaltung

Technische Neuerungen, wie die Verbreitung des Autos als Massenverkehrsmittel und die Ausstattung praktisch aller Haushalte mit einem Fernsehgerät haben die Lebensbedingungen der Menschen in den entwickelten Industriegesellschaften grundlegend verändert. Gerade in den Gemeinden wird der gesellschaftliche Wandel für jedermann erfahrbar: eine Veränderung der nächsten Umgebung, der engeren räumlichen Umwelt, empfinden viele Menschen als einen besonders tiefen Eingriff in ihre persönlichen Lebensverhältnisse.
So hat etwa die Massenmotorisierung (in Verbindung mit dem auf allen Ebenen der öffentlichen Verwaltung verstärkten Straßenbau) in Ballungsgebieten wie im ländlichen Raum die unmittelbare Nähe von Wohnort, Arbeitsplatz und Einkaufsmöglichkeit auf breiter Front in Frage gestellt. Das Massenkommunikationsmittel Fernsehen schuf für die Freizeit wie für die Information der Bevölkerung völlig neue Bedingungen. Auswirkungen auf die gesellschaftliche Bedeutung der örtlichen Vereine, der Lokalpresse und damit verbunden auf das Verhältnis der Bürger zur lokalen Politik, ihren traditionellen Institutionen und Repräsentanten waren zu erwarten.
Gerade diese Wandlungen haben sich allmählich vollzogen; sie wurden auch nur selten in ihrer vollen Bedeutung erfaßt. Im Gegensatz dazu fallen große Industrieansiedlungen, die Errichtung ganzer Neubauviertel, Maßnahmen zur Sanierung alter Wohngebiete und bedeutende Verkehrsbauten sofort ins Auge. Örtliche Großprojekte verändern in großstädtischen Ballungsgebieten ebenso wie in kleinen Gemeinden des ländlichen Raumes eher ruckartig die Umwelt des einzelnen. Sie rücken den gesellschaftlichen Wandel in das Bewußtsein der Bevölkerung, drängen die Frage nach den örtlichen Lebensbedingungen, den dafür maßgebenden Einflüssen und den darauf bezogenen Entscheidungen auf. Welche Bedeutung dabei der Politik in den Gemeinden, der Kommunalpolitik, zukommt, ist auf vielfache Weise fragwürdig.

1.1 Stellenwert kommunaler Politik

Einer grundsätzlichen Erörterung bedürfen sowohl die Stellung der Gemeinden im Staat, der politische Charakter lokaler Entscheidungsprozesse, die Bedeutung der kommunalen Selbstverwaltung für Gewaltenteilung und Demokratie als auch die örtliche Rolle von Parteien, Wirtschaftsunternehmen und Bürgern. Im einzelnen ergeben sich etwa die Fragen:
- Sind die Gemeinden Bestandteil des Staates oder etwas anderes?
- Ist die Kommunalpolitik überhaupt Politik?
- In welchem Verhältnis stehen die Gemeinden zur Gewaltenteilung und zur Demokratie?
- Welche wechselseitigen Ansprüche bestehen zwischen den sich selbst verwaltenden Gemeinden einerseits sowie Parteien, Wirtschaftsunternehmen und Bevölkerung am Ort andererseits?

Für die Fragen sind im Laufe der geschichtlichen Entwicklung durchaus unterschiedliche Antworten formuliert worden. Da die Gemeinde und ihr durch die Rechtsordnung verbürgtes Recht zur Selbstverwaltung auf eine lange Tradition zurückblicken können, ist das auch nicht weiter verwunderlich.

1.1.1 Bestimmung des Gegenstandes

Im Verlauf der Entwicklung unterlagen die Gemeinden und ihre gesellschaftliche, wirtschaftliche und politische Umwelt vielfältigen Veränderungen, die bei jeder Antwort zu den aufgeworfenen Fragen mitbedacht werden müssen. Die Leitfrage nach dem heutigen Stellenwert kommunaler Politik ist ohne Rückgriff auf die Erfahrungen der geschichtlichen Entwicklung ebensowenig zu beantworten wie ohne Beachtung der gesellschaftspolitischen Situation im modernen Sozialstaat.

Die Darstellung der Gemeinde und der Kommunalpolitik im Sozialkundeunterricht und der Fachliteratur zur kommunalen Selbstverwaltung bleibt häufig überlieferten Vorstellungen verhaftet, z.B. „Seit dem Seßhaftwerden der Menschen nehmen die Gemeinden als Siedlungs- und Lebenseinheiten eine wichtige Stellung im gesellschaftlichen und politischen Leben ein. Entwicklungsgeschichtlich ist die deutsche Gemeinde älter als der Staat. Ihre Wurzel ist die aus der Nachbarschaft erwachsene örtliche Interessengemeinschaft, die zur Bewältigung gemeinsamer Aufgaben und zur Abwehr allgemeiner Gefahren notwendig war."[1]   Oder: die „unauflösliche Anbindung an die gefühlsabhängigen sozialen Gegebenheiten des menschlichen Wesens...gründet auf der geschichtlich erfahrenen Einsicht, daß das

Beieinanderwohnen der Menschen auf einem überschaubaren, denselben Bedingungen der Natur und der politischen Umwelt ausgesetzten Raum Sonderbeziehungen hervorruft, aus denen eine spezifische Gemeinsamkeit entspringt und sich übereinstimmende Interessen ergeben." ²
Obwohl solche Vorstellungen mit der Formulierung „Angelegenheiten der örtlichen Gemeinschaft" Eingang in die Rechtsordnung gefunden haben, ist damit für die Bestimmung des Begriffs „Gemeinde" wenig gewonnen. Die Rechtsordnung hält bestenfalls" Anschauungen und Begriffe einer früheren Stufe der kommunalen Entwicklung fest, die dem Wandel der gesellschaftlichen Verhältnisse und der Funktion der Gemeinde im Sozialstaat" nicht entsprechen.³ Die Tatsache, daß Millionenstädte wie Köln und München, Großstädte wie Hannover und Stuttgart, Mittelzentren wie Neumünster und Trier, sowie Landgemeinden wie Uplengen und Haiger sich allesamt dem Begriff „Gemeinde" zuordnen lassen, fordert zu Definitionsversuchen geradezu heraus.
Dabei bieten sich drei Möglichkeiten der Begriffsbestimmung an: Zunächst eine *„staatsrechtlich-kommunalwissenschaftliche* Definition, nach der Gemeinden jene Gebilde sind, die in unserem Verfassungsrecht und in unserer Verwaltungsstruktur dafür gehalten werden. Zum zweiten finden wir eine *politisch-wissenschaftliche* Definition . . .: Hiernach wären Gemeinden jene räumlichen und personellen Einheiten, die einen sinnvollen Rahmen politischer Entscheidungs- und Planungsmöglichkeiten auf der untersten Ebene der politischen Willensbildung abgeben."⁴ Eine dritte Definition von politischer Gemeinde kann vom *soziologischen* Gemeindebegriff ausgehen, für den wesentlich ist, daß die Gemeinde „genaue Grenzen im Raume hat, innerhalb derer sich der Nachbarschaftszusammenhang aufbaut, und daß sich die Bürger einer Gemeinde deutlich als von denen anderer Gemeinden verschieden empfinden."⁵
Wenn solche Definitionen mehr Fragen aufwerfen als sie beantworten, so deutet das bereits darauf hin, daß eine Betrachtung, die der tatsächlichen Lage der Gemeinden gerecht werden will, juristische, finanzwissenschaftliche, ökonomische, soziologische und politikwissenschaftliche Betrachtungsweisen miteinander verbinden muß.⁶
Gerade die Politikwissenschaft hat sich in den letzten Jahren als lokale Politikforschung den politischen Entscheidungen in der Gemeinde und ihrer Einbindung in andere politische und ökonomische Zusammenhänge sowie vermeintliche „Sachzwänge" zugewandt.⁷ In der wissenschaftlichen Literatur überwiegt die Beschäftigung mit den Problemen der Großstädte und der Ballungsräume. Da der Verstädterungsprozeß in entwickelten westlichen Gesellschaften den Stadt-

Land-Gegensatz bei erweiterter räumlicher Ausdehnung stets von neuem wirksam werden läßt, nehmen viele Wissenschaftler an, daß sich die besonderen Probleme der entwickelten Gesellschaften vor allem in ihren Ballungsräumen („Agglomerationen") erforschen lassen.[8]

Soweit es sich dabei nicht nur um eine nachgeschobene, aus der persönlichen Forschungssituation abgeleitete Begründung handelt (die meisten Universitäten befinden sich eben in Großstädten), besteht die Gefahr, die kommunale Wirklichkeit außerhalb der Ballungsgebiete als weniger bedeutsam zu vernachlässigen. Um diese Einseitigkeit zu vermeiden, stehen hier nicht Großstädte im Mittelpunkt der Betrachtung. Vielmehr sollen Beispiele aus drei Gemeinden mit etwa 20.000 Einwohnern[9] dazu dienen, Überlegungen zu entwickeln, die auch für andere Gemeinden zutreffen. Die Probleme dieser Gemeinden (auch solche, die sich aus dem Agglomerationsprozeß ergeben) sind auch in Großstädten (allenfalls in veränderter Form) anzutreffen. Ihre Bewältigung ist vorrangig Gegenstand der kommunalen Politik.

Jener Ausschnitt des gesellschaftlichen Lebens, der durch „Wählen unter alternativen Handlungsmöglichkeiten"[10] allgemein verbindliche Entscheidungen hervorbringt, wird häufig als Politik bezeichnet. Obwohl die Sozialwissenschaftler alle gesellschaftlichen Strukturen und Prozesse untersuchen wollen, beschäftigen sie sich jeweils nur mit einem Teilbereich ihres Gegenstandes. Sozialwissenschaftler zerlegen das gesellschaftliche Ganze, die Gesellschaft als System[11], gedanklich in einzelne Teile („Subsysteme"), zu denen etwa das alle wirtschaftlichen Abläufe umfassende ökonomische (Teil-)System und der auf allgemein verbindliche Entscheidungen bezogene Teil gesellschaftlicher Zusammenhänge, das politische System, gehören. Innerhalb des politischen Systems ist die Kommunalpolitik dem lokalen Geschehen als Entscheidungsebene zugeordnet.

Diese Formulierung unterstellt weder die alleinige Zuständigkeit der Kommunalpolitik für Entscheidungen, die sich auf die örtlichen Verhältnisse auswirken, noch eine Autonomie (oder gar Autarkie) der Gemeinden innerhalb politischer, ökonomischer und anderer gesellschaftlicher Bezüge. Die Politik in Gemeinden bietet gerade wegen der vielfältigen Beschränkungen, denen sie unterworfen ist, ein Beobachtungsfeld für die Verflechtung von gesellschaftlichen Aufgaben, verwaltungstechnischen Zuständigkeiten und wirtschaftlichen Bedingungen innerhalb des politischen Systems.

1.1.2 Gemeinde als Teil des politischen Systems

„Den Gemeinden muß das Recht gewährleistet sein, alle Angelegenheiten der örtlichen Gemeinschaft im Rahmen der Gesetze in eigener Verantwortung zu regeln."[12] Diese Formulierung in Art. 28 II GG gilt als Garantie der kommunalen Selbstverwaltung; ihre inhaltliche Reichweite bedarf jedoch der Interpretation: Die Frage, ob die Gemeinden aufgrund dieser Bestimmung neben Bund und Ländern als dritte Ebene im Staatsaufbau der Bundesrepublik Deutschland anzusehen sind, wird von den Verfassungsrechtlern einhellig verneint. Unbestritten ist zugleich, daß die Gemeinden als eine organisatorisch selbständige Ebene der öffentlichen Verwaltung vom Grundgesetz garantiert werden.[13] Diese Garantie erstreckt sich freilich nur auf die Institution der kommunalen Selbstverwaltung, begründet also weder den Anspruch auf ein bestimmtes Gebiet (Territorium) noch die Zuweisung ständig gleichbleibender Aufgaben (Kompetenzen) oder gar der zu ihrer Erfüllung erforderlichen Finanzmittel. Alle drei (für den Laien naheliegenden) Elemente einer Bestandsgarantie sind bereits Gegenstand politischer Auseinandersetzung gewesen.
Das größte Aufsehen erregte dabei in den letzten Jahren die Veränderung des gemeindlichen Gebietsbestandes durch Maßnahmen der territorialen Neuordnung (Gebietsreform). Die Zusammenfassung bisher selbständiger Gemeinden zu Großgemeinden, Samtgemeinden, Verbandsgemeinden oder Verwaltungsgemeinschaften[14] hat in fast allen ländlichen Räumen der Bundesrepublik erstmalig den unmittelbaren Zusammenhang zwischen siedlungsgeographischem Lebensraum und öffentlich-rechtlicher Verwaltungseinheit aufgehoben. Die Auswirkungen dieser Maßnahme auf die politische Aktivität der Bürger, das örtliche Parteiwesen, die Zusammensetzung kommunaler Vertretungskörperschaften und das Verhältnis der örtlichen Politik zu anderen Teilen des gesellschaftlichen Lebens lassen sich mit letzter Konsequenz noch nicht absehen.[15]
Begonnen in der Absicht, gleichermaßen „Effektivität" und „Integrationswert" bei der Erfüllung öffentlicher Aufgaben zu sichern, geriet die Gebietsreform[16] gegen Ende des Entscheidungsprozesses mehr und mehr zwischen parteitaktische und technokratische Maßstäbe sowie in ein ausgeprägtes Spannungsverhältnis zu einer sich vornehmlich in „Bürgerinitiativen" niederschlagenden wachsenden politischen Aktivität der Bevölkerung. Einzelne Länder versuchten, diesem Problem durch Änderung der Kommunalverfassung Rechnung zu tragen: die Einführung des Bürgerbegehrens in Rheinland-Pfalz („Bürgerinitiative") und Niedersachsen („Bürgerantrag") sowie die Ortschaftsverfassung in Baden-Württemberg und die Bezirksver-

fassung in den kreisfreien Städten Nordrhein-Westfalens sind hier als besonders wichtige Maßnahmen zu nennen.[17]
Darüber hinaus wird in allen Bundesländern eine „Funktionalreform" diskutiert, meist verstanden als Verlagerung der formellen Zuständigkeiten für bestimmte öffentliche Aufgaben, u.a. von der Landesverwaltung auf kommunale Träger.[18] Angelpunkt solcher Überlegungen ist immer die normative Frage, welche Aufgaben die Gemeinden im Staatsaufbau der Bundesrepublik Deutschland übernehmen sollen. Wir werden auf den Bestand der gemeindlichen Aufgaben und seine Veränderung noch eingehen.[19] An dieser Stelle erscheint nur der Hinweis erforderlich, daß der inhaltliche Umfang örtlicher Aufgaben nicht ohne Beachtung der unterschiedlichen Größe und Leistungsfähigkeit von Gemeinden festgelegt werden kann. Wenn aber die Gemeinden unterschiedliche Aufgaben im Gesamtzusammenhang öffentlicher Verwaltung erfüllen, dann läßt sich ihre Stellung im politischen System nicht von den ihnen zugewiesenen Aufgaben her bestimmen. Zur Begründung der kommunalen Selbstverwaltung wird in der Literatur eine Fülle von Argumenten vorgetragen, von denen hier die wichtigsten zwei entgegengesetzten Positionen, einer politökonomischen und einer verwaltungssoziologischen, zugeordnet werden sollen.
Offe stellt fest, daß die heute bestehende „Fiktion kommunaler Autonomie" sich nicht aus der „Abgeschlossenheit eines kommunalen Wirtschafts- und Machtbereichs" ableiten läßt. Wenn „weder die Geschlossenheit eines lokalen ökonomischen Systems noch die autonome Dispositionsmöglichkeit über kommunale Angelegenheiten, noch die verwaltungstechnische Zweckmäßigkeit einer autonomen Kommunalverwaltung noch schließlich der Selbstbestimmungswille als politisches Motiv der Gemeindebürger" die plausible Begründung für eine organisatorische Eigenständigkeit der „schein-autonomen Ebene der kommunalen Politik" abgeben, kann für die formelle Übertragung bestimmter Zuständigkeiten an die Gemeinden nur eine Entlastungsstrategie verantwortlich sein: Kommunale Selbstverwaltung immunisiert den Zentralstaat gegen „Konflikte über Lebens- und Versorgungsbedingungen". Wenn die Pufferzone gemeindlicher Autonomie auch formell ausgeschaltet wäre, müßte der Zentralstaat sich selbst mit entsprechenden politischen Forderungen auseinandersetzen. Oder in Annäherung an die sozialwissenschaftliche Sprache unserer Tage: „Je geringer die Bedeutung der Gemeinde als *faktischer Entscheidung*sträger wird, desto wichtiger wird die Funktion *formell* gewahrter Selbstverwaltungsautonomie als Ebene ausgegliederter *Konfliktabsorption.*" Voraussetzung für eine solche Einschätzung ist allerdings die (in unseren Überlegungen noch zu prüfende) These,

daß die politischen Aufgaben in der Gemeinde „*sämtlich* durch überkommunale gesetzte Prämissen *weitgehend* vorentschieden sind."[20]
Im Gegensatz dazu unterstellt Wagener (zumindest als Ziel), daß ein „Bündel öffentlicher Aufgaben von einer demokratisch verfaßten örtlichen Verwaltungseinheit möglichst ohne Einwirkungsmöglichkeit der nächsthöheren Einheit selbst geplant, finanziert, durchgeführt und kontrolliert werden kann." Für eine Beibehaltung eventuell sogar Ausweitung, der kommunalen Selbstverwaltung sprechen nach seiner Ansicht vor allem vier Gründe:
– Höhere Sach- und Bedarfsgerechtigkeit der ortsnahen (dezentralen) Entscheidung;
– Förderung der Gewaltenteilung durch eine hohe Zahl von unabhängigen Entscheidungs- und Handlungszentren;
– Möglichkeit vieler Pilotentscheidungen durch Bund, Länder und Gemeinden hält den Gesamtaufbau des Staates flexibel;
– Verminderte Gefahr einer politischen Konfliktüberlastung durch Stufung der Verwaltung in relativ abgeschottete Ebenen.[21]
Gemeinsam ist beiden Positionen die Entlastung der zentralen staatlichen Verwaltung. Während Offe jedoch die Entlastung von Konflikten durch Verschiebung der Verantwortlichkeit betont, zieht Wagener auch eine Entlastung von Entscheidungsdruck und die Erschließung neuer politischer Lösungsmöglichkeiten („Innovationen") durch eigene Entscheidungsbereiche der dezentralen Verwaltungseinheiten in Betracht. Damit bildet die Gemeinde einen Teil des „dreistufigen Verwaltungsaufbaues"[22] und stellt sich in Anlehnung an das Strukturmodell des Föderalismus als ein „Mittel zur Machtverteilung und Machtbeschränkung staatlicher Herrschaft"[23] dar (vertikale Gewaltenteilung): „Die lokale Politik, ihre Institutionen und ihre Infrastruktur sind die unterste der Positionen, die – im Zuge einer vertikalen Verteilung der Staatsmacht – mit Macht ausgestattet werden."[24] Da die radikal-demokratische Forderung nach einer auf Einzelpersonen bezogenen Machtgleichheit (noch) nicht verwirklicht werden kann, muß politische Macht auf eine möglichst große Zahl von Ebenen verteilt, eine Machtkonzentration verhindert werden. Insoweit beschreibt das Konzept der vertikalen Gewaltenteilung wie das historische Konzept der horizontalen Gewaltenteilung[25] eine Übergangssituation in der dynamischen Entwicklung der Demokratie.[26]
Gerade in politischen Systemen, die sich als Demokratie verstehen, liegt es nahe, die Gemeinde auch als „Grundschule der Demokratie" anzusehen: „Vor allem über die Betätigung auf dem Gebiete des Kommunalpolitik wird beim Bürger das Interesse an der Bundes- und Landespolitik geweckt und sein aktives Mitwirken vorbereitet."[27] Die

Gemeinde gilt als ursprüngliches Feld für die politische Betätigung des Bürgers. Von der Kommunalpolitik werden Schulungswirkungen (Sozialisationseffekte) insbesondere deshalb erwartet, weil die örtlichen Verhältnisse als überschaubar gelten, die Problemlagen sich als durchschaubar darstellen, Entscheidungsprozesse als unmittelbar beeinflußbar erscheinen und Maßnahmen den einzelnen persönlich betreffen[28]: indem Politik in ihren lokalen Ergebnissen erfahrbar wird, entwickelt sich der Entscheidungsprozeß in zugeordnetem Ausschnitt des politischen Systems (nämlich im kommunalen Bereich) zum Angelpunkt für Aktivitäten zur bewußten Gestaltung der gesellschaftlichen Umwelt. Dabei können die Bürger politische Techniken entwickeln und deren Beherrschung erlernen.[29]

Dieses Idealbild läßt sich allerdings nur verwirklichen, wenn in der jeweiligen Gemeinde
– „Aufgaben wahrgenommen werden, die in den Lebensbereich des Bürgers entscheidend eingreifen", also nicht alle wesentlichen Fragen von Bund und Land geregelt werden;
– das politische Geschehen tatsächlich überschaubar und durchschaubar ist, die Gemeinde also eine gewisse Größe nicht überschreitet;
– anstehende Probleme nicht (zur Vermeidung von Konflikten) rein verwaltungsmäßig erledigt werden, was gerade in kleinen Gemeinden besonders naheliegt.[30]

Daraus ergibt sich die Notwendigkeit, im Interesse der Entfaltung demokratischer Mitwirkung, sowohl ein Mindestmaß an Entscheidungsfreiheit für die Gemeinden zu sichern als auch eine optimale Gemeindegröße zu bestimmen.[31] Auch wenn die zahlenmäßige Festlegung schwierig bleibt, lassen sich Anhaltspunkte nennen: zwischen 5.000 und 50.000 Einwohnern, also weder dörfliche noch großstädtische Verhältnisse, sondern eher die mittelgroße Stadt[32] erscheinen als optimal. Die Kommunalpolitik solcher Mittelstädte wird sich in vielfältiger Weise von der Bundes- und Landespolitik unterscheiden, kann also nur mit Vorbehalt als „Schule der Demokratie" wirken.[33] Das gilt allerdings nicht für die auch hier bereits ausgeprägte, wenn auch keineswegs unbestrittene, Rolle der politischen Parteien.

1.1.3 Verhältnis von Kommunalpolitik und Parteipolitik

Wer die politischen Systeme der westlichen Demokratien und den Ablauf politischer Entscheidungsprozesse darin betrachtet, wird ganz selbstverständlich den politischen Parteien eine unverzichtbare Rolle zuweisen. Gleichgültig, ob man die moderne Demokratie als Parteien-

staat bestimmt oder ob man die Parteien als Instrumente demokratischer Regierungsweise sieht[34], der Zusammenhang zwischen Demokratie und Parteien bleibt unbestritten. Wer nun allerdings versucht, aus der Einbindung der Gemeinden in den demokratischen Staat, ihrer (vermeintlich) demokratischen Tradition oder gar ihrer Rolle als „Schule der Demokratie" auf das Verhältnis von Kommunalpolitik und Parteipolitik zu schließen, greift daneben.
Er hat nämlich nicht beachtet, daß die deutsche Kommunalwissenschaft, insbesondere deren juristischer Zweig, entschlossen scheint, hier einen „Naturschutzpark" eigener Art zu verteidigen: das Eindringen der Parteien in die demokratische Gemeinde wird zum Problem, die kommunale Selbstverwaltung zur ideologie-, konflikt- und agitationsfreien Idylle erklärt. Zwar verwehrt „Art. 28 GG den politischen Parteien nicht das Vordringen in den kommunalen Bereich"[35]; immerhin aber stehe zwar nicht die Demokratie, wohl aber der Parteienstaat im Gegensatz zu jeder Selbstverwaltung.[36] Aus solchen „Einsichten" werden dann Verhaltensregeln für die Tätigkeit der Parteien in der Kommunalpolitik abgeleitet: Die „Lebensgesetze örtlicher Gemeinschaft" müssen nicht nur vom Staat respektiert werden, auch die „ihrem Wesen nach" zentralistischen Parteien sollen in der Kommunalpolitik
– „weise Selbstbeschränkung" üben, „auf manche Rechte, . . ., verzichten"[37];
– die „Eigenart und die besonderen Erfordernisse der Selbstverwaltung" berücksichtigen, sich selbstverwaltungsgemäß verhalten."[38]
Wie von Vertretern solcher Ansichten „immer wieder betont, verlangt der Selbstverwaltungsgedanke eine Schwächung der Parteiherrschaft auf kommunaler Ebene. Das bedeutet, daß die Parteien auf Gemeindeebenen möglichst wenig Einfluß in irgendeiner Weise gewinnen dürfen, und daß sie nur dort zuzulassen sind, wo man auf sie nicht verzichten kann". Gerade weil „eine stabile parteipolitisch neutrale Verwaltung auf Gemeindeebene eines der wirksamsten Gegengewichte zu dem sich ausbreitenden Parteien-Absolutismus ist ..., muß mit allen Mitteln versucht werden, die Gemeindeverwaltung parteipolitisch neutral zu halten."[39] Bei diesen Überlegungen fordern insbesondere das vorstellbare Selbstverwaltungskonzept, der zugrundeliegende Politikbegriff und das empirisch nicht fundierte Parteienbild zur Kritik heraus.
Wichtige Merkmale eines Selbstverwaltungsverständnisses, das die „Grenzen parteilicher Durchstrukturierung" aus dem Wesen der Gemeinde ableiten will, sind neben der Abwehr zentralistischer Überlagerung die Orientierung an Sachlichkeit und Ortsbezogenheit, die

Annahme einer „gemeinsamen Zielsetzung"[40]. Diese manifestiert sich als „das örtliche, rein sachliche Interesse" oder auch *die* „Gemeindeinteressen"[41]. Dagegen wird zu Recht festgestellt: „Der Ort hat keine Interessen, sondern nur die Menschen, die darin wohnen, und diese Menschen haben in aller Regel sehr verschiedene Interessen"[42]. Wer dies bestreitet, bedauert lediglich, daß auch in den Gemeinden jene Honoratiorenherrschaft in Frage gestellt ist, die „von der Mitwirkung angesehener, mit den heimischen Verhältnissen besonders vertrauter Mitbürger getragen wird"[43].

Tatsächlich gefährdet die kommunalpolitische Tätigkeit der Parteien „nicht die kommunale Selbstverwaltung, sondern die Vorrangstellung ihrer bisherigen Hauptakteure"[44]. Solange die Gemeinderäte sämtlich zur gesellschaftlichen Oberschicht des Ortes gehörten, hatten sie in der Selbstverwaltung offenbar „nur die Interessen der Gemeindebürger im Auge"[45]. Allerdings lassen sich auch bei der lokalen Politik in Vergangenheit und Gegenwart nicht so sehr gemeindliche Gesamtinteressen, sondern durchaus (gruppenspezifische) Teilinteressen feststellen: die „dauernde und massive Einflußnahme der Haus- und Grundbesitzer oder der ortsansässigen Gewerbetreibenden am Ende des 19. Jahrhunderts oder die heutige seitens der Wirtschaft"[46] belegen die Zweifel an der vermeintlichen „Sachpolitik".

Nach verbreiteten Vorstellungen läßt sich Kommunalpolitik verwaltungsmäßig abwickeln, man sucht nach besten Lösungen innerhalb eines als Sachzwang wahrgenommenen Handlungsrahmens; „die Möglichkeit von Alternativen, die verschiedenen sich widerstreitenden Interessen folgen, wird geleugnet"[47]. Die politiklose Stadt gilt als leuchtendes Beispiel: „Viele Leute glauben, daß Politik ... eine krankhafte Störung des sozialen Lebens darstelle". Andere sehen Politik als einen Weg, den feindseligen Impulsen von streitenden Einzelpersonen moralische Berechtigung zu geben und sie auf Dauer in soziale Produktivität umzusetzen. Selbst Fachleute, die sich hauptberuflich mit Parks, Schulen oder Verkehr befassen, können über die Trassenführung einer bestimmten Straße uneins sein; gerade dann muß darüber politisch entschieden werden. Politik läßt sich durch bewußte Ablehnung zeitweilig in den Hintergrund drängen, bleibt aber unverzichtbar. Der politische Kampf „ist ein Teil der Kommunikation, mittels deren die Gesellschaft die Art des Gemeinwohls und die Bedeutung der Gerechtigkeit und sonstiger Tugenden diskutiert."[48]

Die „Annahme, daß es eine *unpolitische* Verwaltung gebe, ist ein Mißverständnis, wenn auch ein verbreitetes". In der Kommunalpolitik fallen laufend Entscheidungen, werden Verwaltungsakte vorgenommen. Selbstverständlich muß ein Verwaltungsakt fachlich korrekt sein. Das genügt aber nur bei Verwaltungsakten, die lediglich der *Vollziehung* dienen, z.B. bei der technisch einwandfreien Durchführung

eines Brückenbaues. Sobald es um die Frage geht, ob und wo eine Brücke gebaut werden soll, liegt ein Fall (relativ) freien Ermessens vor: die Entscheidung bedarf der Fachkenntnis, aber auch eines politischen Willens. „Die *wesentlichen* Fragen einer kommunalen Verwaltung sind ... nicht *entweder* sachlich oder politisch, sondern *sowohl fachlich* wie ... *politisch*"[49].
Wer diese Überlegungen akzeptiert, kann nur noch durch Annahmen über das Wesen der Kommunalpolitik (ortsbezogen, gemeinwohlorientiert) und der Parteipolitik (zentralistisch, sachfremd) einen Gegensatz zwischen beiden konstruieren. Kommunalpolitik ist heute ebenso wie die Bundes- und Landespolitik weitgehend Parteipolitik und Gesellschaftspolitik. Damit erhalten Festlegung und Verwirklichung kommunalpolitischer Ziele eine Schlüsselstellung im Rahmen der gesamten sozialen und politischen Entwicklung.[50] Dieser Einsicht haben alle im Bundestag vertretenen Parteien unlängst durch die Formulierung, Beratung und Verabschiedung kommunalpolitischer Grundsatzprogramme[51] Rechnung getragen.
Die Kritiker des Parteienstaates (in der Gemeinde) mögen darin eine zwangsläufige Folge des parteispezifischen Zentralismus sehen. Die kommunalpolitische Realität (gerade auch der Parteien und in den Parteien) sieht anders aus: Schon nach 1918 blieb die „von manchen befürchtete zentalistische Auswirkung des Parteiwesens für die Selbstverwaltung" aus.[52] Auch für die Zeit nach 1945 geht die Behauptung zu weit, „daß der zentralistische Einfluß der Landesvorstände der politischen Parteien auf die Gemeindepolitik bis ins Dorf erstaunlich sei und die überlieferte Staatsaufsicht weithin überholt habe"[53]. Als Tatsache ist vielmehr anzusehen, „daß bei örtlichen Fragen sachlicher Art im allgemeinen selbst dann keine Fernsteuerung seitens der zentralen Parteiinstanzen erfolgt, wenn es sich um Angelegenheiten mit politischem Charakter handelt"[54]. Selbst bei „Angelegenheiten, die für die Parteien ein bestimmtes ideenpolitisches Interesse haben", kommt es selten zu Eingriffen der Landespartei oder gar der Bundespartei.[55]
Nimmt man hinzu, daß „die Kontakte zwischen den lokalen Parteigruppen in der kleinen Gemeinde und ihren überregionalen Parteistellen ausgesprochen schwach" sind[56], dann bleibt nur ein empirisch wenig fundiertes Mißtrauen gegen „die heute nicht mehr durch eine Gewaltenteilung im Stile des 19. Jahrhunderts" disziplinierten Parteien.[57] Den kommunalrechtlich orientierten Kritikern ist offenbar der Wandel von der Massenintegrationspartei zur Volkspartei[58] ebenso entgangen wie die Tatsache, daß selbst die beiden großen Parteien (CDU/CSU und SPD) sich zwar einer „durchgehenden Organisation von der lokalen Ebene bis zum Bund"[59] erfreuen, aber bis heute keineswegs „das Bundesgebiet mit einem lückenlosen Netz von Ortsvereinen überziehen"[60].

Parteien bestehen nicht nur aus Ideologie und Organisation, sondern gerade auch aus Menschen, die durch ihre politische Arbeit Erfahrungen gewinnen, sind also auch eine „Schule der Demokratie". Wenn sie als solche in den Gemeinden tätig werden, stellt sich besonders dringend die Frage nach den dort vermittelten „Lehrinhalten". Gerade angesichts der Verschränkung zwischen den verschiedenen Ebenen öffentlicher Verwaltung und den ökonomischen Bedingungen politischen Handelns ergeben sich Wechselwirkungen zwischen politischen Parteien und kommunaler Selbstverwaltung. Zwar kann eine Partei durch ihre Arbeit die örtliche Kommunalpolitik gestalten; jede (nicht-konservative) Partei muß aber damit rechnen, sich zugleich selbst zu verändern.

Dabei sind vor allem die Rückwirkungen der kommunalen Verwaltungspraxis auf die politischen Erfahrungen der führenden Politiker und damit auf die Politik der ganzen Partei (einschließlich ihrer zentralen Gremien) zu beachten.[61] Ein vielfach unkritisch gepriesener Reformismus, zu dessen Gefahren nicht zuletzt das Bemühen um kleinräumige Problemlösungen gehört, schließt als Risiken einen übertriebenen Pragmatismus und die Parzellierung der Gesamtpartei in lokale Einzelinteressen ein.[62] Solche Entwicklungen kann nicht wahrnehmen, wer die Parteien für ideologisch festgelegt, straff organisiert und „notwendig ... zentralistisch"[63] hält.

Gerade weil sie diese Eigenschaften nicht aufweisen, können die Parteien im (mindestens) dreigliedrigen Aufbau der öffentlichen Verwaltung eine wichtige Mittlerrolle erfüllen: Durch zahlreiche informelle Kommunikationsprozesse verklammern die Parteien die kommunale Ebene mit der Politik von Land und Bund, bieten den organisatorischen Rahmen für einen „Abstimmungsprozeß zwischen den Trägern der politischen Verantwortung auf staatlicher und kommunaler Ebene", sind „wichtige Träger von Aufgaben der Kommunikation und Kooperation, um das Funktionieren des Verwaltungsverbundes auf allen Ebenen politisch zu garantieren".[64]

Aber auch in der örtlichen Politik geben die Parteien nicht nur „rein abstrakte, polemische Erklärungen" ab oder tragen „ihre Konfessions-, Klassen- oder Weltanschauungspolitik" in die Gemeinden.[65] Vielmehr übernehmen sie (zumindest dem Anspruch nach) eine Integrations- und Rekrutierungsfunktion: die Parteien
- fassen „die verschiedenen Gruppen- und Sonderinteressen in ihren Fraktionen zu einer einheitlichen Fraktionsmeinung" zusammen;
- „versuchen die Bürger . . . anzusprechen und zu eigenem Engagement hinzuführen".[66]

Offenbar schaffen die Parteien erst, was die Vertreter der gemeindlichen Idylle bereits voraussetzen: das gemeinsame Interesse *der* Gemeinde und den *aktiven* Bürger. Insoweit knüpfen auch die deutschen Parteien an gewisse Traditionen der kommunalen Selbstverwaltung an.

1.2 Traditionen der Selbstverwaltung

Auch wenn zuweilen versucht wird, die antiken Stadtstaaten oder die Gilden und Zünfte in den Städten des Mittelalters als historische Wurzeln der kommunalen Selbstverwaltung zu betrachten, beginnen fast alle kommunalwissenschaftlichen Darstellungen ihren historischen Rückblick mit der Preußischen Städteordnung von 1808 der freilich in den größeren süddeutschen Staaten bald ähnliche Regelungen folgten.[67] Wenn kommunalwissenschaftliche Darstellungen regelmäßig auf die Stein'schen Reformen zurückgreifen, dann sicher nicht immer mit der Einsicht, daß „beim Freiherrn v. Stein ... für unsere Zeit keine politische Leitbilder gefunden werden können und kaum wesentliche Anregungen zu holen sind".[68] Gerade wer der verbreiteten „Gefahr der Kommunalromantik" entgehen und „den Realitäten des modernen Parteienstaates mit umfangreicher Planung und mächtigen Verbänden" mit einer „möglichst nüchternen Analyse der heutigen Kommunen" Rechnung tragen will[69], kann auf einen historischen Rückblick nicht verzichten.

Der Wandel in der kommunalen Selbstverwaltung wird dem Übergang vom liberalen Rechtsstaat zum sozialen Verwaltungsstaat zugeordnet. Damit ist jedoch allenfalls die Oberfläche des dynamischen Verhältnisses zwischen wirtschaftlicher Entwicklung und politischem System erfaßt. Gemeindliche Selbstverwaltung und Staat sind zwei scheinbar getrennte Institutionen, die sich mit der Veränderung der kapitalistischen Produktionsweise (auch gegenseitig) verändern und denen für die Durchsetzung, Stabilisierung und Steuerung des kapitalistischen Wirtschaftsprozesses[70] erhebliche Bedeutung zukommt. Dieser Gesamtentwicklung wird nicht gerecht, wer der kommunalen Selbstverwaltung – je nach politischen Standort und Interesse – lediglich eine antistaatlich-emanzipatorische oder eine bürgerschaftlich-partizipatorische Tradition zuschreibt.[71] Am Anfang stand eine Sonderstellung der Städte in einem überwiegend landwirtschaftlich orientierten Staatsgebiet.

1.2.1 Städtische Selbstverwaltung im Agrarstaat

Die auf Initiative des damaligen Ministers v. Stein 1808 erlassene Städteordnung muß zunächst als Teil einer Reformgesetzgebung (neben Bauernbefreiung, Gewerbefreiheit u.a.) verstanden werden, die zu einer gesellschaftlichen und wirtschaftlichen Modernisierung des von den Armeen des französischen Nationalstaates militärisch besiegten Preußen beitragen sollte. Der Freiherr „unternahm den Versuch, die Städte organisch in den Staat zu integrieren. Damit sollte der Staat gestärkt, die absolute Macht des preußischen Königtums eben relativiert werden".[72] Ziel der Städteordnung war keineswegs die (ihr später vielfach zugeschriebene) Durchsetzung demokratischer Grundlagen für politische Entscheidungen in den *Gemeinden.*

Vielmehr ging es um „die Abwälzung schwerer finanzieller Lasten von der im Kriege arm gewordenen preußischen Staatsbürokratie auf das sich in den *Städten* herausbildende Bürgertum"[73], allenfalls um ein Zugeständnis an die von der Französichen Revolution beeinflußten politischen Bestrebungen der städtischen Bevölkerung, das – im Gegensatz etwa zur Einführung einer konstitutionellen Monarchie – die politische Struktur des preußischen Obrigkeitsstaates möglichst wenig berührte: dem preußischen Staat „ging es nicht um Partizipation der Bürger an der Macht, sondern um Partizipation des städtischen Gewerbes und Grundbesitzes an der Sanierung der Staatsfinanzen."[74] Mit modernen Begriffen könnte man in diesem Teil der Stein'schen Reformen eine Verbindung von steuerpolitischen Maßnahmen (im Verhältnis zwischen Stadt- und Landbevölkerung) mit einer Art sozialer Gewaltenteilung zwischen dem (sich im städtischen Bereich selbst verwaltenden) Bürgertum und den (im Staat nach wie vor herrschenden) Kasten des Adels und der Beamtenschaft sehen.

Der Gegensatz zwischen Stadt- und Landgemeinden, der erst später durch einheitliche Gemeindeordnungen und Maßnahmen der Gebietsreform überdeckt wurde, steht ebenso am Beginn der Selbstverwaltungstradition wie der Ausschluß großer Teile der städtischen Bevölkerung von der politischen Mitwirkung: Bis ins 20. Jahrhundert hinein blieben „die Städte *Inseln bürgerlicher Selbstverwaltung* in einem agrarisch-feudalistisch geprägten" Staat. Auf dem „platten Lande" scheiterten grundlegende Reformen „am Widerstand des politisch starken Grundherrentums, das seine Aufsichtsbefugnisse über die Landgemeinden zäh verteidigte".[75]

Auch wenn die Selbstverwaltung ein ursprüngliches Betätigungs- und Übungsfeld bürgerlicher Mitverantwortung darstellt, kann nicht von Demokratie gesprochen werden: „Das Bürgerrecht, zunächst an Grundbesitz und Gewerbebetrieb gebunden, besaßen nur 6 – 20 % der Einwohner. Auch später hing das Stimmengewicht von der Steuerleistung ab. Die gemeindliche Selbstverwaltung war zwar (in den vom Staat gezogenen Grenzen) bürgerschaftliche Selbstverwaltung, aber keineswegs eine Vorform demokratischer Kommunalpolitik.[76] Der Bürger wurde stets gleichermaßen als wirtschaftlich (selbständig) 'tätiger Bourgeois und als politisch (bevorrechtigter) engagierter Citoyen gesehen.⁷⁷

Damit entsprach die mit der Städteordnung geschaffene Stellung der Städte als für die Entfaltung von Gewerbe und Handel bedeutsamer Freiraum „bürgerschaftlicher Selbstregelung, die die staatliche Verwaltung zwar ergänzt, dem Bürger aber auch einen ... Freiheitsbereich persönlicher öffentlicher Verantwortung" ⁷⁸ einräumt, nicht nur den Interessen der staatlichen Bürokratie, sondern auch denen des städtischen Bürgertums: Mit diesem „Kompromiß zwischen städtischem Bürgertum und feudalem Obrigkeitsstaat" konnten beide Seiten durchaus zufrieden sein.⁷⁹

Auch in den Städten wurden alle Bindungen entfernt, die den einzelnen bisher hinderten, jenen Wohlstand zu erlangen, den er aus eigener Kraft erreichen konnte. Die städtische Selbstverwaltung beseitigte wichtige Schranken für die Entfaltung der kapitalistischen Produktionsweise und die Entwicklung Deutschlands zur Industriegesellschaft: Die städtischen Selbstverwaltungsorgane entschieden – anfangs unter lebhafter Beteiligung örtlicher Unternehmer – über alle gewerbepolitischen Fragen, halfen den Unternehmern, sich gegenüber den eher konservativen Handwerkern durchzusetzen, und kümmerten sich um die Versorgung der aus dem Produktionsprozeß ausgeschiedenen Arbeiter (Armenpflege).⁸⁰

In der Verteidigung dieser Errungenschaften gegen die politische Restauration des Vormärz entwickelt das liberale Bürgertum die Idee der kommunalen Selbstverwaltung zu einer naturrechtlichen Institution⁸¹: Dem durch Rechtsetzung geschaffenen Staat wurde die zur naturwüchsigen Gesellschaft gehörende Gemeinde gegenübergestellt: Das aus diesem Zusammenhang formulierte Gegensatzpaar Staatsverwaltung – Selbstverwaltung bestimmt

– „Staatsverwaltung als (in der Konzeption) von einem monarischen Willenszentrum ausgehende, der Bevölkerung nicht verantwortliche, hierarchisch, autoritär und zentralistisch organisierte Verwaltung mit Rang-, Kompetenz- und Einkommensabstufungen, deren Ratio stark von der Organisation des neuzeitlichen Militärs ausgeht, und

– Selbstverwaltung als eingegrenzte Mitwirkungsmöglichkeit privilegierter Mitakteure (Landadliger, vermögender Bürger), innerhalb eines lokal und bereichsweise eingegrenzten Rahmens und innerhalb der Überwachung durch die Staatsverwaltung, bestimmte Bereiche selbst zu verwalten, dabei bestimmte Freiheiten zu haben und Privilegien zu genießen." ⁸²

Der politische Gegensatz zwischen der vom Bürgertum beherrschten Lokalgemeinschaft (den Städten) und der autokratisch regierten Zentralgemeinschaft (dem Staat) wurde zu einem Wesensgegensatz hochstilisiert. Folgerichtig mußte kommunale Selbstverwaltung in der Paulskirchen-Verfassung (1848) als „Grundrecht der Gemeinde" (neben den Grundrechten des einzelnen) verankert werden.[83] Die Kritik an solchen Vorstellungen besitzt über 100 Jahre später immer noch eine gewisse Aktualität: „Gemeindeautonomie ist nicht vergleichbar mit der Autonomie von sozialen Gebilden, die auf umgrenzte Zwecke und auf umgrenzte Personenkreise hin geordnet sind; sie ist ebenfalls ein Bereich sachlich und personell allgemeiner (also politischer – d.V.) Herrschaft"[84].

Nachhaltiger Erfolg war dieser Vorstellung offenbar nur in der kommunalwissenschaftlichen Literatur, nicht aber in der politischen Auseinandersetzung beschieden. Durch immer neue Städteordnungen (u.a. 1831, 1850, 1869) wurde die örtliche Verwaltungsspitze (Magistrat) zu einer eigenständigen Körperschaft ausgestaltet, die Einsetzung kommunaler Beamter an eine staatliche Bestätigung gebunden, das Aufsichtsrecht der staatlichen Verwaltung ausgeweitet und das kommunale Wahlrecht beschränkt (Steuerzensus, Bürgergeld, Dreiklassenwahlrecht).[85] Aufgrund der wirtschaftlichen und gesellschaftlichen Entwicklung in den Städten kam gerade die zuletzt genannte Maßnahme dem Bürgertum allerdings sehr gelegen.

1.2.2 Selbstverwaltung im Industrialisierungsprozeß

Im letzten Drittel des 19. Jahrhunderts kam auch in Deutschland die Industrialisierung zunehmend zum Durchbruch. Das dadurch bedingte sprunghafte Anwachsen der Bevölkerung in den Städten stellte die Gemeinden vor ganz neue Aufgaben und Probleme. Die ungezügelte Entfaltung der kapitalistischen Produktionsweise schuf gerade örtlich soziale Probleme ersten Ranges und führte zu einer „Ausdehnung der gemeindlichen Aktivitäten ..., vor allem auf sozialem und wirtschaftlichem Gebiet, das nun immer mehr das Bild der Gemeinde, vor allem der größeren Städte, prägt."[86]

Durch die Proletarisierung breiter Massen sind den städtischen Gemeinden „nahezu alle Aufgaben zugewachsen, die in einer kapitalistischen Wirtschaft außerhalb des Interesses der Privatinitiative fallen und doch für diese unentbehrlich sind."[87] Neben sozialen Aufgaben in engerem Sinne (Sozialhilfe, Arbeitsvermittlung, Krankenhauswesen), bei denen die Gemeinden vielfach Pionierarbeiten geleistet haben[88], war dies zunächst das Problem der Wohnungsversorgung. Die wachsende Wohnungsbautätigkeit erforderte alsbald eine Straßenerweiterung, die zunächst durch kommunale Bodenpolitik gelöst werden sollte, jedoch auch eine städtische Bauplanung erforderlich machte.

Aus den Schwierigkeiten der Stadtplanung ergab sich die Notwendigkeit von Eingriffen in das private Eigentum.

„Ein weiterer, ebenfalls im Zusammenhang mit der Stadtplanung stehender Eingriff in die kapitalistische Wirtschaftsordnung ist die Übernahme bisher privater Versorgungsbetriebe in gemeindliche Regie: vor allem Gas, Elektrizität und, später, Straßenbahn"[89]. Der öffentliche Nahverkehr mußte die zunehmende Trennung von Wohn- und Arbeitsstätten überbrücken helfen," es folgten Straßenreinigung, Müllabfuhr, Kanalisation, Straßenbau, kurz, die Entwicklung einer Infrastruktur, die Erbringung von Dienstleistungen, die die Entfaltung der Wirtschaft förderte und ihre negativen Folgen aufzufangen versuchte"[90]. Der Kontrast zwischen dem liberalen (Nachtwächter-)Staat, der seine Verwaltungstätigkeit auf Polizei und Justiz beschränkte, und der großen Fülle kommunaler Aufgaben zeigt deutlich die gesellschaftspolitische Ergänzungsfunktion der (Stadt-) Gemeinde.

Gerade damals erlebten die rasch wachsenden Industriestädte in ihrer überlieferten Rolle als „Raumgemeinschaft" eine Krise, die sich aus den durch die kapitalistische Großwirtschaft bedingten Siedlungsverhältnissen entwickelte: Der Bürger der Stein'schen Städteordnung war der fest im Traditionskreis seiner Vaterstadt wurzelnde Ackerbürger und Gewerbetreibende. Die Ausdehnung der Großwirtschaft hatte solche bodenständigen Bevölkerungsteile in steigendem Maße durch die zum Ortswechsel gezwungene Arbeitnehmerschaft ersetzt[91] und damit den personalen Bestand der Gemeinde aufgelockert. Nach erheblichen Binnenwanderungen lebte 1907 nur noch jeder zweite Einwohner des Reichsgebietes an seinem Geburtsort.

Zu diesem Zeitpunkt war (zuminnet in Preußen) die kommunale Selbstverwaltung längst zu einem „ausgesprochenen Instrument bürgerlicher Klassenherrschaft" geworden: „Das kommunale Wahlrecht schloß die nichtbesitzenden Schichten von den Stadtverordnetenversammlungen ... weitgehend aus."[92] Neben der formalen Verleihung des Bürgerrechts (bei Nachweis einer Mindestwohnzeit oder Zahlung einer entsprechenden Steuer) diente vor allem das Dreiklassenwahlrecht als Korrektiv gegen allzu demokratische Ansprüche. Dieses Wahlverfahren beruhte auf einer Zusammenfassung der Bürger nach wirtschaftlicher Selbständigkeit, Hausbesitz oder Steuerleistung in drei Gruppen, wobei jede dieser Gruppen ein Drittel der Stadtverordneten" zu wählen hatte.[93] Die Wirkungsweise dieses Verfahrens wird besonders anschaulich durch den Hinweis, daß in Essen (Ruhr) der Industrielle Krupp zwischen 1886 und 1894 als einziger in der ersten Abteilung wählte und damit ein Drittel der Stadtverordneten allein bestimmte[94], während 9 von 10 Wählern in der dritten Abteilung ab-

stimmten; Frauen, Tagelöhner, z.T. sogar kleine Gewerbetreibende waren gar nicht wahlberechtigt.
So wurde das Besitzbürgertum vor allem in der zweiten Industrialisierungsphase nach 1875 Träger der gemeindlichen Selbstverwaltung. Unter den in die Stadtverordnetenversammlung gewählten Honoratioren der Industriestädte nahmen anfangs die Unternehmer des die Stadt prägenden Industriezweiges eine führende Stellung ein. Um 1900 waren in 25 untersuchten preußischen Städten zwischen 50 und 100 % der Stadtverordneten Hausbesitzer. Politisch dominierten die liberalen Parteien, sie allein konnten auch Oberbürgermeisterkandidaten durchbringen.[95] Die bürgerliche Selbstverwaltung der Städte erwies sich ebenso wie die Kreisverwaltung durch staatliche Beamte (Landräte) als solide Stütze des Kaiserreichs: „Bürgerliche Freiheit und eine starke, in den gesetzlichen Bahnen sich haltende Selbstverwaltung sind die Grundlage eines blühenden Gemeinwesens und zugleich eine feste Stütze für König und Vaterland", erklärte noch 1906 ein typischer Repräsentant der traditionsreichen Selbstverwaltung.[96]
Die dem politischen System des Kaiserreichs kritisch gegenüberstehenden Massenparteien des politischen Katholizimus (Zentrum) und der Arbeiterschaft (SPD) konnten nur ansatzweise in den Ratsversammlungen Fuß fassen. „So waren die Sozialdemokraten zwar bei den Reichstagswahlen aufgrund des gleichen Wahlrechts mit den meisten Stimmen und Mandaten vertreten, sie hatten aber vor allem in den großen Städten wie Hamburg, Kiel, Leipzig und Nürnberg praktisch keinen Einfluß"[97] „blieben also von der Mitverantwortung in den Gemeinden ausgeschlossen. Die politische Emanzipation des Bürgertums fand ihre Grenze an der Entwicklung des Proletariats und seiner Forderung nach dem gleichen Wahlrecht: „Gerade die Anhänger der Sozialdemokratie wurden durch die Vorschriften über den Erwerb des Bürgerrechts sowie durch den später nur Schritt für Schritt geminderten Einkommenszensus von der Teilnahme an den Gemeindewahlen ausgeschlossen"[98]. „Vertreter des Besitzbürgertums versuchten, das Kommunalrecht so zu gestalten, daß sich das Anwachsen des Proletariats so wenig wie möglich auf die Zusammensetzung der städtischen Vertretungskörperschaften auswirkte".[99]
Aber auch Wahlrechtsbeschränkungen konnten das Eindringen der Sozialdemokraten in die Kommunalpolitik nicht völlig aufhalten. In Baden, Sachsen und Württemberg gab es nach der Jahrhundertwende eine nennenswerte Zahl sozialdemokratischer Stadt- und Gemeinderäte. Allein zwischen 1907 und 1913 konnte die SPD die Zahl ihrer Gemeindevertreter im Reichsgebiet von etwa 5.000 auf 12.000 steigern.[100]
Da sozialdemokratische Gemeindevertreter (entsprechend der Konzentration ihrer Wähler in den Industriegebieten) nicht in allzu vielen

Gemeinden, dort aber relativ stark auftraten, trifft das „Bild von kompakten Inseln sozialdemokratischer Gemeindevertretungen... wohl am ehesten die damalige Realität". Auf die Auswahl von Magistratsbeamten und Bürgermeistern, die vor Antritt ihres Amtes die zusätzliche Hürde der staatlichen Betätigung nehmen mußten, konnte sich selbst eine solche Konzentration nicht auswirken: Zumindest bis 1900 können wir nach der heutigen Forschungslage „als gesichertes Ergebnis annehmen, daß es so gut wie... keine sozialdemokratischen Gemeindebeamten gegeben hat".[101]

Dennoch begann – unbeachtet aller Schwierigkeiten und Rückzugsgefechte mit den liberalen Honoratioren – auch in den Gemeinden bereits während des Kaiserreichs die Integration der Arbeiterschaft und ihrer politischen Repräsentanten in den Staat, die mit der Einführung des allgemeinen und gleichen Wahlrechts durch die deutsche Revolution von 1918 einen durchaus folgerichtigen Abschluß fand. Die Demokratisierung der kommunalen Selbstverwaltung bewirkte wesentliche Veränderungen in der Zusammensetzung von Stadtverordnetenversammlungen und Gemeindevertretungen: „Anstelle der früheren Honoratiorengruppen zogen jetzt die örtlichen Vertreter der Weimarer Parteien in die Rathäuser ein".[102] Dennoch blieben die kommunalen Machtstrukturen der vorrevolutionären Zeit im wesentlichen erhalten.

Sozialstrukturelle und parteipolitische Veränderungen bei den ehrenamtlichen Mitgliedern kommunaler Vertretungskörperschaften wirkten sich zum Teil nur langsam, häufig aber gar nicht auf das hauptamtliche Personal der Kommunalverwaltung aus. Die Revolutionäre von 1918 unterwarfen die monarchisch-konservative Beamtenschaft lediglich einer demokratischen Kontrolle, beließen sie aber weitgehend in ihren Ämtern. „Da die Sozialdemokratie, abgesehen von den letzten Kriegsjahren, keinen Zugang zu Beamtenstellungen gehabt hatte, konnte sie nach 1918 nur selten auf erfahrene Verwaltungsfachleute zurückgreifen. Den staatlichen Aufsichtsbehörden fiel es daher nicht schwer ..., Partei- und Gewerkschaftsfunktionäre wegen mangelnder 'fachlicher' Qualifikation zurückzuweisen."[103]

Vorherrschend blieb in den Spitzenpositionen der Typ des juristisch ausgebildeten Kommunalbeamten, der durch langjährige Amtsperioden (6 – 12 Jahre), eigene Entscheidungsbefugnisse, organisatorische Selbständigkeit der örtlichen Verwaltung weitgehend abgeschirmt war und in seinen politischen Gestaltungsmöglichkeiten durch die untereinander zerstrittenen Parteien der Stadtvertretungen nicht kontrolliert werden konnte.[104] Die Oberbürgermeister (und ihre Dezernenten) verstanden sich keineswegs als Vertreter einer Partei oder der bürgerlichen Gesellschaftsschicht, der sie entstammten, sondern als über den Parteien und Klassen stehende Leiter der kommunalen Verwaltung.

Während der Weimarer Republik vollendete sich, was bereits im Kaiserreich begonnen hatte: Mit zunehmendem Umfang „der kommunalen Aufgaben nahm die Bedeutung des kommunalen Berufsbeamtentums zu; von ihm wurde unaufhaltsam der Einfluß des bürgerschaftlichen Elements zurückgedrängt. . . . Schon gegen Ende des 19. Jahrhunderts nahm somit in der städtischen Verwaltung vielfach der Fachbeamte das Heft in die Hand, während die Erledigung von Verwaltungsaufgaben durch den gewählten Laien an Bedeutung verlor."[105] Der industrielle Kapitalismus zersetzte nicht nur die (als dauerhaft gedachte) örtliche Gemeinschaft, er verwandelte auch – durch Art und Umfang der von ihm verursachten Aufgaben – die bürgerschaftliche Laienverwaltung in eine kommunale Beamtenverwaltung.

Spätestens in der Weimarer Zeit war die ursprünglich betonte „Polarität zwischen bürgerlicher Selbstverwaltung und dynastischem Beamtenstaat"[106] durch Veränderungen in der Selbstverwaltung wie im Staatsaufbau hinfällig geworden. Die Kommunalwissenschaft der damaligen Zeit zog daraus jedoch nicht die Konsequenz, den Stellenwert kommunaler Politik neu zu bestimmen. Vielmehr wurde die Tradition der Selbstverwaltung umgedeutet, der ideologische Gegensatz von Staat und Gesellschaft in Form der Gegensatzpaare „Demokratie und Selbstverwaltung" bzw. „Parteienstaat und Selbstverwaltung" weiterhin behauptet.[107] Konsequenterweise sind seitdem „die eigentlichen Garanten der Selbstverwaltung heute nicht in den Reihen der Bürger, sondern der Beamten zu suchen."[108] Die Institution hatte sich von ihren ursprünglichen Trägern abgelöst: „ Der Lärm der Parteikämpfe in den Gemeindevertretungen verhallte meist wirkungslos in den Amtsräumen der Verwaltung, wo weiterhin in Ruhe die Sachaufgaben erledigt wurden."[109]

Allerdings wuchsen auch dort die Probleme; Kriegsfolgen und Wirtschaftskrise überforderten nicht nur die Weimarer Republik, sondern auch ihre Länder und Gemeinden, so daß die kommunale Selbstverwaltung als Institution und ihre Träger, die leitenden Kommunalbeamten, zu Beginn der dreißiger Jahre in erhebliche Bedrängnis gerieten. „Dazu haben Fehler in der kommunalen Kreditpolitik seit 1924 und auch die immer heftiger werdenden, hier und da zur Lähmung führenden Parteikämpfe in den Gemeindevertretungen"[110] beigetragen. Vor allem in den großen Städten mit Massen von Arbeitslosen, die auf Sozialleistungen der Gemeinde angewiesen waren, konnte die kommunale Selbstverwaltung während der Weltwirtschaftskrise bestenfalls ein gemildertes Abbild der allgemeinen Staats-

krise bieten. Die in der zeitgenössischen Literatur viel beschworene „Krise der kommunalen Selbstverwaltung" war sicherlich kein Produkt innerer Unzulänglichkeiten der demokratischen Gemeindeverfassung.[111]
Dennoch erwarteten die wissenschaftlichen Wortführer der deutschen Selbstverwaltungstradition eine neue Blüte, als das nationalsozialistische Regime die lang ersehnte Vereinheitlichung des Kommunalverfassungsrechts durchführte. Die deutsche Gemeindeordnung vom 30. 1. 1935 beseitigte nicht nur die Unterschiede zwischen den Gemeindeverfassungen der einzelnen Länder, sondern auch die „unterschiedliche Behandlung von Stadt und Land."[112] Trotz Gleichschaltung der Länder, Anwendung des „Führerprinzips" und Unterbringung „alter Kämpfer" in kommunalen Verwaltungspositionen erkannten damals nur wenige: „Das Selbstverwaltungsrecht war demontiert, seine Garantie entleert."[113] Erst die militärische Niederlage eröffnete 1945 die Möglichkeit zur Verbindung der (durchaus schillernden) deutschen Selbstverwaltungstradition mit den politischen Traditionen der westlichen Demokratien.

1.2.3 Rekonstruktion der gemeindlichen Selbstverwaltung

Wenn die Besatzungsmächte nach dem Ende des zweiten Weltkrieges die kommunale Selbstverwaltung ziemlich rasch wiederherstellen, dann waren dafür ebenso praktische wie ideologische Gründe maßgebend, die freilich im Verlauf der Entwicklung auch miteinander in Konflikt gerieten. Da die Gemeinden als einzige Verwaltungseinheit den Zusammenbruch des Deutschen Reiches einigermaßen intakt überlebt hatten, kam ihnen für die Versorgung der Bevölkerung mit den notwendigen Gütern (Wohnraum, Brennmaterial und Lebensmitteln) entscheidende Bedeutung zu. Unmittelbar nach Errichtung des Besatzungsregimes wurde deshalb auf der kommunalen Ebene zumindest ein Teil der Verantwortung (unter alliierter Oberaufsicht) den Deutschen übertragen.[114] Dies „war zweifellos eine große Zeit für die Gemeinden und eine ganze Anzahl tüchtiger, unkonventionell zupackender Bürgermeister."[115] Die Furcht vor einem Zusammenbruch der unteren Verwaltungsebene prägte die Besatzungspolitik so stark, daß im Konfliktfall dieses Effizienzkriterium die Bedeutung des ideologischen Aspekts kommunaler Selbstverwaltung, die Vermittlung und Einübung demokratischer Tugenden („re-education") zurücktreten ließ.[116]
Hier ist zunächst die besondere Wertschätzung der Amerikaner für die Gemeinde als „vorkonstitutionelle Selbstverständlichkeit"[117] zu erwähnen. In keinem Land der Erde spielt „die lokale Selbstregierung

in der Praxis und im politischen Denken der Bürger eine so wesentliche Rolle wie in Nord-Amerika."[118] Als historische Ursachen dafür werden das „protestantische Erbe", die Situation der „Grenze" (frontier) und eine spezifisch amerikanische Demokratietradition („Jacksonian democracy") genannt. Amerikaner glauben, wenn man den Chronisten trauen kann, daß
- „sie es der Gemeinde schuldig sind, an den öffentlichen Angelegenheiten Anteil zu nehmen";
- an der Grenze (zur Wildnis) „die Gemeindebewohner zur Selbsterhaltung auf Gedeih und Verderb aufeinander angewiesen" waren;
- „jeder gewöhnliche Bürger fähig sei, jede Angelegenheit von öffentlicher Bedeutung zu entscheiden."

Wer einen weniger emphatischen Grund sucht, kann sich daran erinnern, daß „Politik in Amerika immer schon eine Art von Massenunterhaltung" war.[119]

Aber auch die anderen Alliierten erhofften sich von einer demokratischen Selbstverwaltung auf lokaler Ebene eine erzieherische Wirkung. Bereits im Potsdamer Abkommen waren sich die Siegermächte über eine „Dezentralisierung der politischen Struktur" und die „Entwicklung einer örtlichen Selbstverwaltung" grundsätzlich einig. Unterschiede in den Auffassungen (auch zwischen den westlichen Besatzungsmächten) verfestigten sich allerdings sehr bald „zu konkreten praktischen und organisatorischen Differenzierungen im Wiederaufbau der kommunalen Selbstverwaltungseinrichtungen."[120] Bis heute sind die Unterschiede in den Kommunalverfassungen der einzelnen Bundesländer wesentlich auf das voneinander abweichende Verhalten der Besatzungsmächte zurückzuführen.[121] Damit ist freilich nur *eine* Traditionslinie benannt.

Eine weitere bildet die Tatsache, daß (in einer „entnazifizierten" Form) wesentliche Grundzüge und Schemata der (von den Nationalsozialisten erlassenen) Deutschen Gemeindeordnung und ihrer Neben- und Folgegesetze erhalten blieben. Das gilt vor allem im Bereich des Gemeindewirtschaftsrechts.[122] Ein dritter Strang ist die auf deutscher Seite betriebene „Rückkehr zum tradierten Recht."[123] Dabei hat das (keineswegs kritisch verarbeitete) ideologische Erbe eine realitätsgerechte Analyse der Probleme stark beeinträchtigt.[124] Die Identifikation von Honoratiorenherrschaft und Demokratie, der Dualismus von Staat und Gesellschaft, der Gegensatz von Sachorientierung und Parteipolitik sowie die (gedankliche) Isolierung der (überschaubaren) Gemeinde aus dem allzu komplexen gesellschaftlichen (und wirtschaftlichen) Zusammenhang fanden ungehinderten Eingang in die Formulierungen der einzelnen Gemeindeordnungen.

Amerikaner und Franzosen ließen „dem deutschen Drang nach

Wiederherstellung der traditionell vielfältigen deutschen Kommunalverfassungen relativ freie Bahn."[125] Die Franzosen waren aus nationalen Sicherheitserwägungen vor allem „an der Verhinderung allzu großer politischer Macht auf Länder- und Zonenebene interessiert."[126] Die Amerikaner beschränkten schon wegen der sehr verschiedenartigen (teilweise den deutschen ähnlichen) kommunalen Verfassungssysteme der USA ihren Einfluß auf eine Ergänzung der Kommunalverfassungen durch Elemente unmittelbarer Demokratie (wie die Bürgerversammlungen).[127] So kam es in den Ländern der amerikanischen und französischen Zone zu Gemeindeordnungen, die jeweils verschiedenartige deutsche Traditionen der örtlichen Selbstverwaltung reaktivierten.

Lediglich die Briten haben in ihrer Besatzungszone mit starkem Nachdruck „eine in der deutschen Tradition sonst nicht übliche Neuregelung nach dem Vorbild ihrer eigenen Selbstverwaltung durchgesetzt: die Trennung von Legislativ- und Exekutivfunktionen in der Gemeindeverwaltung und damit die Trennung des Bürgermeisters und des (neu eingeführten) Stadt- und Gemeindedirektors."[128] Die politische Führung sollte „ausschließlich bei den parlamentarischen Gremien mit einem nur ehrenamtlichen Bürgermeister ... als Ratsvorsitzendem liegen, das Beamtentum hingegen auf eine nur unpolitisch-ausführende Hilfsfunktion verwiesen werden."[129] Allerdings scheiterte der Versuch in den Ländern der britischen Besatzungszone, die kommunale *Selbstverwaltung* zur kommunalen Selbstregierung (also zur kommunalen Demokratie) zu entwickeln. Wie die Arbeiter- und Soldatenräte von 1918/19 (aber im Gegensatz zum Vorgehen der Nationalsozialisten[130] nach der „Machtergreifung" von 1933) verzichteten auch die Briten wie die anderen westlichen Besatzungsmächte weitgehend auf eine tiefgreifende „Säuberung" der kommunalen Beamtenschaft.

Schon im Interesse des raschen Aufbaus einer reibungslosen deutschen Verwaltung mußten auch die Briten die vermeintlich „unpolitischen" (insbesondere also die eher konservativ eingestellten) Kommunalbeamten in ihren Funktionen belassen. Das Unterlaufen der neuen Verfassung sowohl durch die im Amt verbliebenen „an Verwaltungswissen überlegenen kommunalen Beamten als auch durch die mit ihnen nach wie vor allein korrespondierenden staatlichen Behörden schränkten die Rechte der kommunalen Vertretungskörperschaften zugunsten der Bürokratie ... wieder ein."[131] Schließlich fiel es dann auch den leitenden Kommunalbeamten nicht schwer, auf dem Umweg über die kommunalen Spitzenverbände in den fünfziger Jahren an die herkömmliche Ideologie kommunaler Selbstverwaltung anzuknüpfen, einen Gegensatz zwischen staatlicher Verwaltung und örtlicher Selbst-

verwaltung zu konstruieren und den Reformimpuls der Besatzungsmacht abzuwehren.[132]
Auch der von außen kommende Impuls, die Traditionsströme der Demokratie und der lokalen Selbstverwaltung miteinander zu verbinden, scheiterte an den kommunalen Wahlbeamten, die aus ihrer persönlichen Interessenlage die kommunale Selbstverwaltung zu einer „Selbstverwaltung der Behörden", „Selbststeuerung des Verwaltungsapparates", „Herrschaft der Dienenden" entwickelten. Durch die von der Kommunalwissenschaft verbreiteten Hinweise auf „Sachgesetzlichkeiten, das Allgemeinwohl, das spezielle Ortsinteresse" wurde die Frage, „woher der kommunale Selbstverwaltungskörper seine Programmanweisungen erhalte, in wessen Interesse er also tätig werde"[133], der öffentlichen Wahrnehmung vorenthalten. Die Demokratisierung des politischen Systems blieb auch im kommunalen Bereich erneut bei den Vertretungskörperschaften stehen. Der Rückgriff auf die Traditionen der kommunalen Selbstverwaltung bietet ebensowenig eine Antwort auf die Frage nach den Formen demokratischer Entscheidung in lokalen Subsystemen wie Kriterien für eine wirksame Ausgrenzung öffentlicher Aufgaben im modernen Sozialstaat.

1.3 Gemeinden im Sozialstaat

So wie die gemeindliche Selbstverwaltung, die inneren Strukturen des Staates und die Lebensbedingungen seiner Bürger sich im Laufe von fast zwei Jahrhunderten verändert haben, unterlagen die Funktionen dieses Staates und die den Gemeinden überlassenen „Angelegenheiten der örtlichen Gemeinschaft" einem erheblichen Wandel. „Der Wandel der gesellschaftlichen und wirtschaftlichen Umwelt der kommunalen Selbstverwaltung zwingt zur Frage, ob sich auch die Funktionen der kommunalen Selbstverwaltung gewandelt haben."[134]
In der ersten Hälfte des 19. Jahrhunderts ließen sich die Bereiche von Staatspolitik („Militär-, Außen- und Sicherheitspolitik") und Kommunalpolitik (Wirtschafts- und Sozialpolitik) auch inhaltlich deutlich gegeneinander abgrenzen. Sobald industrielle Produktion, kapitalistische Wirtschaftsweise und rapide Verstädterung die gesamte Gesellschaft ergriffen, wurde die Unterscheidung hinfällig.[135] Heute ist die Gemeinde allenfalls noch jener Schnittpunkt an dem staatliche „Vorsorge und Planung mit den unmittelbaren Bedürfnissen der Menschen in überschaubaren und koordinierten Bereichen in Beziehung tritt."[136]
Soziale Leistungen sind angesichts ihrer zentralen Bedeutung für die ganze Bevölkerung nicht mehr kommunal organisierbar, wie zu der

Zeit, als die Städte noch „Inseln" in einer weitgehend agrarisch-feudalen Gesellschaft waren. Die „einst klassischen kommunalen Gestaltungsaufgaben, wie die Versorgung mit Einrichtungen der Aus- und Fortbildung, der Jugend- und Alterspflege, der Gesundheits- und Erholungsvorsorge, der Versorgung mit Wohnraum und Verkehrseinrichtungen, der Umweltreinhaltung (zur klassischen kommunalen Aufgabe der Straßenreinigung traten die Aufgaben der Luft- und Wasserreinhaltung hinzu) und der Energie- und Wasserversorgung mit den dazugehörigen Entsorgungssystemen"[137] wurden auch Gegenstand der staatlichen Bildungs-, Sozial-, Wohnungs- und Verkehrspolitik.

Gerade im Kernbereich der ursprünglich kommunalen Aufgaben machen aber seit Jahren Verflechtungen, die vertikal durch alle politischen Einheiten hindurchreichen, deutlich, daß „Angelegenheiten der örtlichen Gemeinschaft" heute zugleich überörtliche Bezüge und Auswirkungen haben. Daraus folgt, daß die „Angelegenheiten der örtlichen Gemeinschaft" nicht mehr ein für allemal feststehen, sondern „geschichtlicher Wandlung unterliegen und somit auch politisch veränderbar sind."[138] Dieser Prozeß scheint allerdings in Richtung auf wachsende Zentralisierung programmiert: Das Bemühen des Bundes, durch Rationalisierung der teilräumlichen Entwicklungsprozesse langfristig einen kontinuierlichen Wirtschaftsablauf zu gewährleisten, führt tendenziell zu einer Aufhebung der kommunalen Autonomie.

Diese Entwicklung wirft zwei Fragen auf, die in den beiden nächsten Abschnitten zu erörtern sind:
- Kann kommunale Autonomie in einem öffentlichen Aufgaben-, Planungs- und Finanzverbund gewährleistet werden?
- Ist kommunale Autonomie in einem Sozialstaat wünschenswert?

Zu diesen Fragen werden in der wissenschaftlichen und politischen Diskussion vor allem zwei unterschiedliche Thesen vertreten:
- Die gesamtstaatlichen und raumbezogenen Rahmenbedingungen verkürzen den gemeindlichen Ziel-, Projekt- und Mittelplanungsspielraum aufs äußerste;[139]
- Die Sozialstaatlichkeit gebietet die Bereitstellung gleichwertiger öffentlicher (auch lokal angebotener) Leistungen unabhängig von der gemeindlichen Leistungsfähigkeit.

1.3.1 Kommunale Autonomie vs. Einheitlichkeit der Lebensverhältnisse

Die Verfassung der Bundesrepublik Deutschland, das Grundgesetz, hat zwar in Art. 28 II das Selbstverwaltungsrecht der Gemeinden

garantiert, es aber durch andere Bestimmungen zur Gestaltung der politischen Ordnung in einen neuen Rahmen gestellt. Wesentlicher Teil dieses Rahmens ist das Sozialstaatspostulat:[140]
„Die politische Grundidee unserer Verfassung ist die des demokratischen und sozialen Rechtsstaates, der mit seiner Idee der Gleichheit und Gleichbehandlung aller Menschen auf einen Ausgleich der sozialen Gegensätze durch Herstellung gleichwertiger Lebensbedingungen ... hinausläuft."[141] Zu diesem Zweck steht dem Bund in einer Fülle von Fragen (Art. 74 GG: konkurrierende Gesetzgebung) ein Gesetzgebungsrecht zu, „soweit ein Bedürfnis nach bundesgesetzlicher Regelung besteht, weil ... die Wahrung der Rechts- oder Wirtschaftseinheit, insbesondere die Wahrung der Einheitlichkeit der Lebensverhältnisse über das Gebiet eines Landes hinaus sie erfordert."[142]
Verwaltungstechnisch ist Einheitlichkeit der Lebensverhältnisse nur durch „Gleichwertigkeit der Verwaltungsleistungen"[143] zu realisieren. Mit diesen Schlußfolgerungen aus den Verfassungsprinzipien Gleichheit und Sozialstaatlichkeit gerät jeder kommunale Autonomieanspruch unvermeidlich in Konflikt: „Gleiche soziale Lebensbedingungen an jedem Ort lassen sich kaum durch die (notwendig) unterschiedliche Aufgabenerfüllung autonomer Verwaltungsträger verwirklichen."[144] Die wachsenden Aufgaben der Daseinsvorsorge, des Umweltschutzes und der wirtschaftlichen Steuerung lassen den traditionell verstandenen Autonomieanspruch der kommunalen Selbstverwaltung problematisch werden.[145] Kommunalpolitik ist in größere Zusammenhänge eingebunden und damit in ihrer Eigenständigkeit gefährdet. Demokratische „Selbstbestimmung über Angelegenheiten der örtlichen Gemeinschaft wird tendenziell zur Partizipation der örtlichen Betroffenen an der Realisierung überregional und zentral entwickelter Verwaltungsprogramme."[146]
Dieses (in Wissenschaft und Staatsverwaltung zunehmend verbreitete) „funktionale" Verständnis der kommunalen Selbstverwaltung stößt gerade bei aktiven Kommunalpolitikern (insbesondere bei kommunalen Spitzenbeamten) auf deutliche Kritik. Die Kritik setzt ein mit dem Hinweis, Sozialstaatsprinzip und Gleichheitsgrundsatz würden durch eine derart weite Auslegung aus dem Zusammenhang gerissen und überinterpretiert. Außerdem werde die neben diesen Postulaten ebenfalls im Grundgesetz verankerte Selbstverwaltungsgarantie zu wenig beachtet.[147] Im übrigen sei es sehr fraglich, ob das Grundgesetz gebiete, auch „außerhalb der Grundversorgung für die örtlichen Gemeinschaften des ländlichen Raumes gleiche Lebensverhältnisse zu schaffen, wie sie in städtischen Ballungszonen bestehen."[148] Die Absicht, den Gemeinden auch dort einheitliche Lebensverhältnisse aufzuzwingen, wo sie für ihre Zwecke das Erstrebenswerte nach eigenen

Vorstellungen und Wünschen selbst entwickeln und herausfinden können, sei mit der angeblich verfassungsrechtlichen Forderung nach gleichen Lebensverhältnissen nicht zu begründen.
Bei allem Bemühen um die optimale Versorgung der Bürger mit Leistungen der öffentlichen Verwaltung sei zu beachten, „daß gemeindliche Selbstverwaltung ein hochrangiges Rechtsgut ist. Sie dient der Dezentralisierung politischer Macht, ist wesentlicher Bestandteil aktiver Demokratie und ein wichtiges Element von Freiheitlichkeit in unserem Staate."[149] Selbst wenn Einvernehmen darüber besteht, „daß Disparitäten zwischen einzelnen Teilräumen in der Ausstattung mit Einrichtungen der Infrastruktur, in dem Angebot von Erwerbsmöglichkeiten, in der Umweltsituation und z.T. sogar in der Siedlungsstruktur unerwünscht sind,"[150] darf Gleichwertigkeit der Lebensverhältnisse „*nicht* als absolutes Oberziel allen öffentlichen Handelns und Organisierens angegeben werden."[151] Eine öffentliche Verwaltung mit *eigenem* Verantwortungs-, Entscheidungs- und Gestaltungsbereich der dezentralen Einheiten bietet im übrigen politische und administrative Vorteile. Dezentralisation durch kommunale Selbstverwaltung
– beschleunigt den Geschäftsgang der Verwaltung,
– verbessert Entscheidungen durch größere Ortskenntnis,
– hält öffentliche Aufgaben, von denen die Lebensbedingungen in einer verstädterten Gesellschaft abhängen, auf der politischen Tagesordnung.[152]
Neben diesen Vorteilen dezentraler Aufgabenerfüllung erscheint ein weiterer Aspekt des traditionellen Selbstverwaltungsverständnisses angesichts der Debatte über die "öffentlichen Güter"[153] von bemerkenswerter Aktualität: Der ursprüngliche Gegensatz von (staatlicher) Hoheitsverwaltung und (genossenschaftlicher) Selbstverwaltung. Zu den klassischen Staatsaufgaben gehört als unverzichtbares Element der hoheitliche Zwang im Verhältnis zwischen Einzelmensch und Gesamtheit, also die Einordnung des einzelnen in den (wie immer gebildeten) Willen der Gesamtheit. Ob und in welcher Form der einzelne die staatliche Leistung (z.B. Sicherheit nach innen und außen) in Anspruch nimmt, ist unwichtig; er muß zu dieser Leistung persönlich (durch Wehrpflicht) und finanziell (durch Steuern) beitragen. Demgegenüber enthält Selbstverwaltung, der Gemeinden ebenso wie der Sozialversicherungsträger, Mitbestimmung der Leistungsempfänger und Zahlungsverpflichteten über Art und Umfang der Leistung kleinerer Einheiten und damit ein Element bürgerschaftlicher (solidarischer) Verantwortung für die betreffende Dienstleistung.
Entfällt dieser Bezug, so erwirbt der einzelne Bürger Ansprüche auf öffentliche Dienstleistungen, „die er als ein Entgelt für seine Steuer-

zahlung ansieht."[154] Damit wird er nach eigener Wahrnehmung zum Benutzer anonymer Anstalten. Insofern sind für die öffentliche Verwaltung in entwickelten Industriegesellschaften eine zunehmende Verflechtung der verschiedenen Ebenen und ein Wandel des Charakters öffentlicher Aufgaben festzustellen: „Der Bürger legt bei seiner Nachfrage nach derartigen Leistungen nicht das wesentliche Gewicht darauf, von wem sie erbracht werden, sondern vor allem darauf, daß sie zur Verfügung stehen."[155]
Im sozialen Leistungsstaat lassen sich bei der Planung, Entscheidung und Durchführung einzelner Maßnahmen Aufgaben des eigenen (kommunalen) Wirkungskreises von übertragenen (staatlichen) Aufgaben immer weniger unterscheiden. Juristisch eindeutige Abgrenzungen verlieren im kommunalpolitischen Alltag an Bedeutung: Leistungsstand der Nachbargemeinden, Rahmengesetze des Bundes und der Länder sowie die Erwartung finanzieller Zuschüsse tragen wesentlich dazu bei, scheinbar eindeutige Zuständigkeitsgrenzen zu verwischen.[156] Vom Aufgabenbestand und vom sachlichen Umfang ihrer Tätigkeit her ist die kommunale Selbstverwaltung „einer der wesentlichsten Träger der öffentlichen Verwaltung in der Bundesrepublik Deutschland."[157] Im Verhältnis zwischen Staat und Gemeinden ist ein Planungs- und Aufgabenverbund entstanden, der durch entsprechende Regelungen im fiskalischen Bereich, also einem Finanzverbund, abgesichert wird.

1.3.2 Planungs-, Aufgaben- und Finanzverbund vs. Selbstverwaltungsgarantie

Der seit dem Ende der sechziger Jahre in der Bundesrepublik Deutschland diskutierte und zum Teil durchgeführte Auf- und Ausbau öffentlicher Planungssysteme setzt u.a. Entscheidungen darüber voraus, welche Reichweite für derartige Planungen in fachlicher und räumlicher Hinsicht anzustreben und zu realisieren ist. Letztlich handelt es sich dabei keineswegs nur um formale Zuständigkeitsfragen oder gar reine Kompetenzstreitigkeiten zwischen verschiedenen Verwaltungsbehörden, sondern um die Frage nach der möglichst weitgehenden Übereinstimmung von Planungs-, Verwaltungs- und Investitionsraum. Nur bei einer maßstabsgerechten Verteilung öffentlicher Aufgaben auf die einzelnen Gebietskörperschaften stimmt deren räumliche Zuständigkeit mit der räumlichen Bedeutung der betreffenden öffentlichen Aufgabe überein.
Ein scheinbar idealtypisches Beispiel ist der Straßenbau: Hier ist der Bund für Planung, Bau und Unterhaltung des Fernstraßennetzes (Autobahnen und Bundesstraßen), das jeweilige Land (bzw. in seinem Auftrage etwa ein Landschafts- oder Bezirksverband) für das regionale

Straßennetz, die einzelnen Kreise und Gemeinden für Straßen mit rein örtlicher Bedeutung zuständig. Das Problem der Ortsdurchfahrten, der Bau von Bundesfernstraßen in Auftragsverwaltung und die Gewährung von Finanzhilfen des Bundes und der Länder für den kommunalen Straßenbau zeigen aber, daß auch in diesem Bereich ein Planungs-, Finanz- und Aufgabenverbund festzustellen ist.

Die Entstehung dieses Verbundsystems wirft eine Vielzahl von Problemen auf, von denen einige bereits erörtert wurden, andere noch zu behandeln sind:
– Wahrnehmung neuer, bisher nicht vorhandener Aufgaben,
– Verschiebung von Aufgaben zwischen Staat (Bund, Land) und Kommunen (Kreis, Gemeinden),
– Verlagerung von Aufgaben zwischen Gemeinden und Kreis einerseits und privatrechtlichen Trägern andererseits,
– „Verschiebung zwischen ehrenamtlichen und hauptberuflichen Elementen,[158]
– Notwendigkeit fachlicher Ausbildung und Spezialisierung",
– Entwicklung von Kooperationsformen zwischen verschiedenen Aufgabenträgern („Politikverflechtung").[159]

Gerade für eine wirkungsvolle Kooperation im „Drei-Ebenen-System des Grundgesetzes" wäre es sicherlich in hohem Maße wünschenswert, wenn die zentrale Steuerung der öffentlichen Verwaltung beim Bund, die regionale Zuordnung bei den Ländern und die Einpassung aller Maßnahmen in die örtliche Gemeinschaft bei den Gemeinden liegen würde.[160]

„Die Eigenverantwortlichkeit der Gemeinden kann auch bei zunehmender Verknüpfung der Handlungsbereiche der verschiedenen Ebenen weitgehend erhalten bleiben, wenn sich gesetzliche Festlegungen und regionale Pläne darauf beschränken, Rahmenregelungen zu sein, und wenn den Gemeinden bei unvermeidbaren Einschränkungen angeboten wird, in einem Gegenstromverfahren substantiell mitzuwirken."[161] Planungsverbund muß keineswegs schlichte Determinierung der nachgeordneten Verwaltung durch Pläne der nächsthöheren Ebene bedeuten, wenn dem Gedanken der Führung durch Planung ein Organisationssystem entspricht, in dem Handlungs- und Initiativräume funktional abgegrenzt sind. Die Gestaltung der Kompetenzverteilung im System der öffentlichen Verwaltung, also die Zuweisung bestimmter Aufgaben zu bestimmten Trägern, kann gerade dafür geeignete Bedingungen schaffen.

„Damit örtliche Selbstverwaltung so funktioniert, daß einerseits die Bürger wirklich beteiligt und andererseits die gestellten Aufgaben gelöst werden, müssen die Regeln für die Aufgabenerledigung zum

Bürger hin offen sein, muß es hinsichtlich der Aufgaben einen genügend großen Entscheidungsspielraum geben und müssen diese Aufgaben in einem gesamtgesellschaftlichen Kontext stehen."[162] In welchem Umfang dies realisiert werden kann, ist in hohem Maße von der konkreten Ausgestaltung des Finanzverbundes abhängig.
Den ersten Schritt zum Finanzverbund (und seiner heutigen Ausgestaltung) bildete die Erzberger'sche Steuerreform von 1920. Damals wurde das System der gemeindlichen Zuschläge zur Einkommen- und Körperschaftsteuer aufgehoben, was die steuerpolitische Selbständigkeit der Gemeinden erheblich einschränkte.[163] Die Finanzreform sollte das kommunale Finanzsystem von den besitzbürgerlichen Strukturen am Ort lösen, reichseinheitliche Regelungen der kommunalen Finanzverhältnisse schaffen und eine gleichmäßigere Versorgung der Bevölkerung über die örtlichen Grenzen hinweg gewährleisten. Neben den kleinen Gemeindesteuern (Hundesteuer, Vergnügungssteuer, Beherbungssteuer) verblieben den Gemeinden vor allem die Grund- und die Gewerbesteuer. Außerdem erhielten die Gemeinden Anspruch auf einen Anteil an den vom Reich den Ländern zugewiesenen Steuereinnahmen, dessen Höhe allerdings von den Ländern festgesetzt und im einzelnen sehr unterschiedlich geregelt wurde.
An diesen Regelungen knüpft die Gestaltung der Finanzverfassung in der Bundesrepublik Deutschland wieder an. Nachdem die Gemeinden zunächst keine grundgesetzliche Garantie eigener Steuerquellen erlangen konnten, sicherten sie sich 1956 durch Art. 106 Abs. 6, Satz 1 GG eine Garantie der alleinigen Verfügung über das Aufkommen aus Grund- und Gewerbesteuern. Schließlich hat die Finanzreform von 1969[164] den eigenständigen Anspruch der Gemeinden auf eine Beteiligung am Aufkommen der wichtigsten Steuerarten grundgesetzlich verankert und die finanzielle Situation der stark verschuldeten Gemeinden vorübergehend verbessert. Andererseits wurden, durch diese Finanzreform die Gemeinden so stark wie nie zuvor in den öffentlichen Finanzverbund einbezogen. Allerdings verhinderte die föderale Struktur der Bundesrepublik eine bundeseinheitliche Gestaltung des kommunalen Verfassungsrechts und der Gemeindefinanzen. Darin liegen vielfältige Anstöße für aktuelle Probleme der kommunalen Selbstverwaltung.

1.3.3 Aktuelle Probleme der Kommunalpolitik

Die Kommunalpolitik jeder Gemeinde unterscheidet sich ohne Zweifel von derjenigen anderer: „Die Gegebenheiten in Paderborn sind anders als in Northeim." Kommunalpolitische „Entscheidungen

können in Stuttgart nicht deckungsgleich sein mit den Entscheidungen in Buxtehude. Und Nürnberg ist nicht Vilshofen."[165] Dennoch gibt es zumindest drei Problemkreise, von denen alle Gemeinden in der Bundesrepublik Deutschland in ihrer täglichen Arbeit wie in ihrer Existenz als Selbstverwaltungseinheiten betroffen sind. Dies sind die schon angedeuteten Fragen nach
– einer angemessenen Verteilung der öffentlichen Aufgaben zwischen Bund, Ländern und Gemeinden;
– einer auf diese Aufgabenverteilung abgestimmte Verfügung über die erforderlichen Finanzmittel;
– der geeigneten Organisationsform für die Erledigung gemeindlicher Aufgaben.

Die in allen Ländern der Bundesrepublik, insbesondere in den „Flächenstaaten," aber auch im Verhältnis zwischen Bund und Ländern seit den sechziger Jahren intensiver geführte politische Auseinandersetzung über Strukturfragen der kommunalen Selbstverwaltung läßt sich ohne Mühe diesen drei Fragen zuordnen.[166]

Die Aufgabenverteilung steht im Mittelpunkt der Debatte um eine „Funktionalreform."[167] Deren theoretisch einleuchtende Absicht, Einheitlichkeit und Einräumigkeit der öffentlichen Verwaltung herzustellen, findet ihre Schranken in einer Vielzahl von praktischen Hindernissen, nicht zuletzt im Kompetenzkatalog des Grundgesetzes und der bestehenden Verteilung öffentlicher Finanzmittel. Beide waren zwar schon Gegenstand von Änderungen, allerdings bisher nicht mit dem Ziel, das bestehende Geflecht, z.T. sogar Gestrüpp, von Planungs-, Durchführungs- und Kontrollaufgaben oder die praktizierten Formen der Mischfinanzierung (im Steuerverbund bzw. durch verschiedene Arten von Zuweisungen) zu entwirren oder gar zu bereinigen.

Die bisherigen Änderungen wollten vielmehr die offenkundigen Leistungs- und Finanzierungsdefizite gerade durch eine Ausweitung des Aufgaben- und Finanzverbundes abbauen. Die gegenwärtig aktuelle Zurückdrängung der Gewerbesteuer (Abschaffung der Lohnsummensteuer, eventuell auch der Gewerbekapitalsteuer, Erhöhung der Freigrenzen) mit ihren schwierigen Ausgleichsproblemen offenbart das Ausmaß der Verflechtungen. Wenn auch weniger öffentlichkeitswirksam, so doch keineswegs weniger intensiv wird seit Jahren auch die optimale Gestaltung der gemeindlichen Selbstverwaltung (im Sinne eigenständiger Erfüllung ortsbezogener öffentlicher Aufgaben) diskutiert: Vereinheitlichung der Kommunalverfassung, Stadt-Umland-Problem, Bezirksverfassung, imperatives Mandat, kommunale Entwicklungsplanung, Politikberatung sind nur einige Stichworte zu diesem Problemkreis. Sie reichen aber aus, um nicht nur Aufgaben

und Finanzmittel der Gemeinden, sondern auch die Entscheidungen über beides als aktuelles Problem kommunaler Politik auszuweisen.
- Welche Aufgaben hat eigentlich eine Gemeinde?
- Wie wird die Erfüllung dieser Aufgaben finanziert?
- Wie wird darüber entschieden?

Zu diesen drei Fragen wollen wir in den folgenden drei Kapiteln erste Antworten geben. Unsere Antworten beziehen sich vorrangig auf die bereits genannten Kleinstädte. Das kommunalpolitische Geschehen in Landkreisen,[168] kreisfreien Städten[169] und kommunalen Zweckverbänden[170] bleibt weitgehend außer Betracht. Die Beispiele sind allerdings so gewählt, daß sie auch für größere und kleinere Gemeinden Bedeutung haben.

2. Aufgaben der Gemeinden:
Bürgernahe Versorgung und kleinräumige Umweltgestaltung

Stellen wir uns eine Gemeinde vor, die etwa 20.000 Einwohner hat oder auch zehnmal so viele oder auch nur ein Viertel davon. Was erwarten die Bürger von ihrer Gemeinde?
Nehmen wir etwa die Stadt Leichlingen in Nordrhein-Westfalen. Diese Gemeinde mit heute ca. 25.000 Einwohnern liegt im Einzugsbereich der Oberzentren Düsseldorf und Köln, der Mittelzentren Leverkusen und Solingen. Sie verfügt über viele Einrichtungen, die Menschen zum Leben brauchen: Wohnungen, Arbeitsplätze, Einkaufsmöglichkeiten, Schulen, einen Stadtpark und andere Freizeiteinrichtungen, u.a. auch ein Freibad. Seit langem bestand der Wunsch, Leichlingen solle neben dem Freibad auch ein Hallenbad haben, damit sportlich interessierte und aktive Bürger jederzeit einer gesunden Freizeitbeschäftigung nachgehen können. Natürlich bietet ein Hallenbad auch dem Schulsport neue Möglichkeiten. Aber sein Bau und seine Unterhaltung kosten auch viel Geld. Etwa 5 Mill. DM mußten für den Bau und ca. 850.000 DM müssen als jährliche Ausgaben bereitgestellt werden. Woher sollte das Geld kommen? Wer konnte darüber entscheiden? Zunächst einmal der Rat der Stadt.
Ebenso wie in der erst kürzlich zur Stadt erhobenen Gemeinde Westerstede in Niedersachsen. Westerstede liegt westlich von Oldenburg und ist traditionell Kreissitz des (durch die Kreisreform von 1977 vergrößerten) Kreises Ammerland. Im Ortskern dieser Stadt mit ca. 18.000 Einwohnern soll eine Fußgängerzone angelegt werden. Eine solche Maßnahme hat der Deutsche Städtetag bereits 1960 für innerstädtische Bereiche empfohlen.[171] In Westerstede wurde diese Entwicklungsmöglichkeit erstmals 1974 öffentlich diskutiert;[172] 1977 rückte sie dann stärker in den Mittelpunkt der örtlichen Politik. Der Durchgangsverkehr, der bis jetzt durch den Ortskern geht, muß über eine Entlastungs-(Umgehungs)straße am Ortsrand vorbei geleitet werden. Die Geschäftsleute im Ortskern und die von der Umgehungsstraße am Ortsrand betroffenen Bürger waren gegen eine Fußgängerzone. Die Gemeinde hat ohnehin wenig Geld. Wer soll die erforderlichen Baumaßnahmen bezahlen? Der Gemeindedirektor

rechnete mit Bundesmitteln aus dem Programm für „Zukunftsinvestitionen". Eile war geboten, der Gemeinderat stimmte zu.
Wer für sein Vorhaben kein Geld von Bund oder Land zu erwarten hat und zudem einen gewissen Eigenbeitrag finanzieren muß, kann vielleicht im eigenen Hause sparen. Einen Weg dazu sah die Verwaltung von Nagold, einer Stadt mit ca. 19.000 Einwohnern am östlichen Rande des Nordschwarzwaldes in Baden-Württemberg. Die Reinigung der öffentlichen Gebäude, insbesondere auch der insgesamt 12 Schulen, kostete in Nagold jährlich etwa DM 750.000. Der Bürgermeister schlug deshalb dem Verwaltungsausschuß des Gemeinderates vor zu prüfen, ob der Reinigungsdienst nicht anders organisiert werden könne oder gar durch Übertragung auf ein privates Unternehmen („Privatisierung"[173]) billiger zu bewältigen sei. Nach den Erfahrungen anderer Städte sei etwa die Einsparung von 40 % der bisherigen Kosten, für Nagold also von ca. DM 300.000 zu erwarten. Bei einem Haushaltsvolumen von über DM 30 Millionen wäre das zwar weniger als 1 % aller gemeindlichen Ausgaben, aber dennoch eine beachtliche Einsparung.
Einige Beispiele für die Tätigkeit der Gemeinden haben wir nun vorgestellt; sicher gibt es auch andere, vielleicht sogar bessere. Aber bereits diese Beispiele zeigen, um welche Art von Aufgaben es geht: Die Gemeinden
– versorgen ihre Bürger mit öffentlichen Dienstleistungen und
– steuern für begrenzte Räume die Prozesse der Umweltgestaltung.[174]
Diese Formulierung soll und kann nicht einen umfassenden Anspruch der Gemeinden auf bestimmte öffentliche Aufgaben begründen. Sie kann aber dazu dienen, die Fülle der von den Gemeinden (aus eigenem Antrieb oder gesellschaftlichen Zwangslagen, aufgrund einer gesetzlichen Verpflichtung oder eines staatlichen Auftrages) tatsächlich wahrgenommene Aufgaben übersichtlicher zu machen.[175]

2.1 Bürgernahe Versorgung mit öffentlichen Dienstleistungen

Wenn wir nicht nur Beispiele erörtern, sondern uns einen systematischen Überblick über die Dienstleistungen einer Gemeinde verschaffen wollen, dann bieten sich zwei Wege an. Beide führen ins Rathaus. Dort findet sich am Eingang fast immer eine Hinweistafel, die angibt, welche Dienststellen der Gemeinde („Ämter") in welchen Räumen zu finden sind. Wie bei jeder Behörde gibt es auch andere Übersichten zur Struktur der kommunalen Verwaltung, etwa den für die Gestaltung der öffentlichen Finanzwirtschaft verbindlichen Haushaltsplan der Gemeinde und das (der Hinweistafel am Rathauseingang zugrunde liegende) Organisationsschema für den Aufbau der örtlichen Verwaltung.

2.1.1 Darstellung anhand des Verwaltungsaufbaus

Bei der Stadt Leichlingen sieht der Organisationsplan der Stadtverwaltung insgesamt 2 Dezernate und 7 Ämter mit einer Vielzahl von Sachgebieten und Mitarbeitern vor (s. Abb. 1). Die Verwaltungsspitze besteht aus dem Verwaltungschef, der (in Nordrhein-Westfalen) auf 12 Jahre gewählt wird und Stadtdirektor heißt, und seinem Stellvertreter, einem weiteren Wahlbeamten, der (in Nordrhein-Westfalen) die Amtsbezeichnung Beigeordneter führt. Beide leiten jeweils einen Teil der Stadtverwaltung, ein Dezernat, zu dem verschiedene Fachbereiche der Verwaltung, die Ämter, gehören. An der Spitze dieser Ämter stehen Lebenszeitbeamte, die Amtsleiter. Den einzelnen Ämtern sind die verschiedenen Sachgebiete zugeordnet, die in der Stadtverwaltung bearbeitet werden.

Zum Aufgabenbereich des Leichlinger Verwaltungschefs (Stadtdirektors) gehören im einzelnen:
– Mitwirkung an der Gestaltung der Verfassung der Stadt, der Entwicklung des Ortsrechtes und an der Willensbildung der politischen Gremien
– Dienstleistungen für die gesamte Verwaltung (z.B. Organisation, Beschaffung, Personalwirtschaft, Postverteilung, Schreibdienst, Rechtsberatung, Prozeßvertretung, Rechnungsprüfung)
– Festsetzung und Einziehung von Steuern, Beiträgen, Gebühren und Benutzungsentgelten
– Kämmerei- und Kassenaufgaben
– Bau, Einrichtung und Verwaltung von Schulen und Sportanlagen
– Fortbildung und Freizeitgestaltung als Angebot an die Bürger
– Verwaltung der gemeindeeigenen Liegenschaften
– Bauleitplanung (einschl. Bebauungspläne)
– Bodenordnung, soweit sie die Bauleitplanung betrifft
– Überwachung von Baumaßnahmen und deren Nutzung
– Durchführung und Überwachung von Erschließungen aufgrund von Planungen.

Zum Aufgabenbereich des weiteren Dezernenten (Beigeordneten) gehören in Leichlingen:
– Angelegenheiten der öffentlichen Sicherheit und Ordnung (einschl. Meldewesen)
– Aufgaben nach dem Personenstandsgesetz (Standesamt)

Abb. 1: Organisationsplan der Stadtverwaltung Leichlingen 1978
Dezernat I – Stadtdirektor
(10) Hauptamt
- Zentrale Verwaltungsaufgaben
- Büro für Ratsangelegenheiten
- Verwaltungsnebenstelle im Ortsteil Witzhelden
- Ausbildung
- Standesamt
- Organisation, Hausverwaltung
- Personalabteilung
(14) Rechnungsprüfungsamt
(20) Kämmerei, Kasse
- Kämmerei
- Steuerabteilung
- Liegenschaften
- Wohnungsbauförderung, Wohnungsbaufürsorge
- Kasse
(40) Amt für Schule, Kultur, Sport
- Schulangelegenheiten
- Grundschulen
- Hauptschule
- Realschule
- Gymnasium
- Kultur
- Volkshochschule
- Bücherei
- Sportangelegenheiten
- Bäder
(60) Bauamt
- Bauverwaltung
- Hochbau
- Planung, Vermessung
- Bauordnung
- Tiefbauverwaltung
- Gemeindestraßen
- Stadtentwässerung
- Park- und Gartenanlagen
Dezernat II – Beigeordneter
(32) Ordnungsamt
- Öffentliche Sicherheit und Ordnung
- Einwohnermeldeamt
- Statistik
- Versicherungsstelle
(50) Sozialamt
- Sozialhilfe
- Verwaltung und Jugendhilfe
- Lastenausgleichsstelle
- Kindergarten Förstchen
- Kindergarten Am Hammer
- Sonstige Einrichtungen der Jugendhilfe

- allgemeine und besondere (offene und geschlossene) Sozialhilfe
- Jugendhilfe, Lastenausgleich und Versicherungswesen
- Betrieb von Kindergärten.

Natürlich gibt es auch Unterschiede zwischen der Aufgabengliederung einer Kleinstadt wie Leichlingen, einer Mittelstadt, einer ländlichen Gemeinde und einer Großstadt. Für eine voll ausgebaute Großstadtverwaltung hat die Kommunale Gemeinschaftsstelle für Verwaltungsvereinfachung (KGSt) eine allgemeine Organisationsstruktur (s. Abb. 2) empfohlen. Die darin enthaltenen Bezeichnungen der Ämter deuten meist ohne weitere Erläuterung auf deren Aufgabe.

Lediglich bei Amt 81 (Eigenbetriebe) mag eine Ergänzung notwendig sein. Diese Betriebe erbringen traditionell unmittelbare Dienstleistungen für die Bevölkerung, wie etwa die Versorgung mit Strom, Gas und Wasser, die Entsorgung beim Abwasser sowie den Betrieb von Nahverkehrsmitteln (Bussen und Straßenbahnen). Viele Städte bzw. Zusammenschlüsse kleinerer Städte haben für diese Aufgaben allerdings längst gemeindeeigene Kapitalgesellschaften gegründet. Dazu gehören etwa Bremer Straßenbahn AG., Stadtwerke Achim AG., Stadtwerke Michelstadt GmbH., Stadtwerke Saarbrücken AG., Straßenbahn Esslingen-Nellingen-Denkendorf GmbH., Technische Werke der Stadt Stuttgart AG., Verkehrsbetriebe Kreis Plön GmbH., Versorgung und Verkehr Kiel GmbH.[176] . Diese und andere Aufgaben wie etwa die Denkmalpflege, der Landschaftsschutz und die Gesundheitsvorsorge werden auch durch die Kreise,[177] eine Art Gemeindeverband mit Zwangsmitgliedern, bzw. durch (freiwillig und nur für einzelne Aufgaben begründete) kommunale Zweckverbände gemeinsam erledigt[178] oder durch private Träger im Auftrage der Gemeinden erfüllt, wie etwa die Stadtreinigung in Westerstede.

Der Bau einer Schwimmhalle (wie in Leichlingen) betrifft unmittelbar die Schaffung von Freizeiteinrichtungen bzw. genauer die Förderung des Sports; das Amt für Schule, Kultur und Sport ist für diese Maßnahme zuständig. Ihre Realisierung berührt aber auch andere Bereiche der städtischen Aufgabenerfüllung: für den Bau braucht die Stadt Leichlingen Geld, ein Grundstück (beides Kasse/Kämmerei) und Pläne (Bauamt). Je nach Standort werde u.U. Fragen des Denkmalschutzes (Abriß von Häusern) oder des Landschaftsschutzes berührt. Die Pläne müssen ausgeführt, die Umgebung des Hallenbades in geeigneter Weise gestaltet werden (beides wieder Bauamt). Eventuell muß die Stadt im Interesse der Benutzer eine Buslinie umlenken und dazu mit den Stadtwerken Solingen und der Kraftverkehr Wupper-Sieg AG. verhandeln. Für den Betrieb des Schwimmbades sind Energie

Abb. 2: Verwaltungsgliederungsplan der KGSt*

1	2	3	4	5	6	7	8
Allgemeine Verwaltung	Finanzverwaltung	Rechts-, Sicherheits- und Ordnungsverwaltung	Schul- und Kulturverwaltung	Sozial- u. Gesundheitsverwaltung	Bauverwaltung	Verwaltung für öffentliche Einrichtungen	Verwaltung für Wirtschaft und Verkehr
10 Hauptamt	20 Stadtkämmerei	30 Rechtsamt	40 Schulverwaltungsamt	50 Sozialamt	60 Bauverwaltungsamt	70 Stadtreinigungsamt	80 Amt für Wirtschafts- u. Verkehrsförderung
11 Personalamt	21 Stadtkasse	31 Polizei	41 Kulturamt	51 Jugendamt	61 Stadtplanungsamt	71 Schlacht- und Viehhof	81 Eigenbetriebe
12 Statistisches Amt	22 Stadtsteueramt	32 Amt für öffentliche Ordnung		52 Sportamt	62 Vermessungs- u. Katasteramt	72 Marktamt	82 Forstamt
13 Presseamt	23 Liegenschaftsamt	33 Einwohnermeldeamt		53 Gesundheitsamt	63 Bauordnungsamt	73 Leihamt	
14 Rechnungsprüfungsamt	24 Amt für Verteidigungslasten	34 Standesamt		54 Amt für Krankenanstalten	64 Amt für Wohnungswesen	74 Bäderamt	
		35 Versicherungsamt		55 Ausgleichsamt	65 Hochbauamt		
		36 Veterinäramt			66 Tiefbauamt		
		37 Feuerwehr			67 Garten- und Friedhofsamt		
		38 Amt für Zivilschutz					
		39 Straßenverkehrsamt					

und Wasser einzusetzen (Stadtwerke). Schließlich muß die Stadt Personal einstellen, eine Benutzungsordnung vorbereiten (beides Hauptamt), die Benutzer schützen (Ordnungsamt, Feuerwehr) und für die Benutzung des Hallenbades werben.
Ähnlich komplex gestaltet sich die Einrichtung einer Fußgängerzone. In Großstädten mit voll ausgebauter Verwaltungsgliederung wären in engerem Sinne das Tiefbauamt für die Entwicklung der Pläne und deren Durchführung zuständig. Die Kämmerei muß das notwendige Geld beschaffen, das Steueramt in Verbindung mit der Stadtkasse die Beiträge der Anlieger einziehen. Für die Attraktivität einer Fußgängerzone sind aber auch die Randbebauung und ihre Gestaltung von Bedeutung. Hier werden die Aufgaben des Planungsamtes, des Hochbauamtes, des Wohnungsamtes, des Amtes für Wirtschaftsförderung, u.U. der Denkmalpflege angesprochen. Die dauernde Unterhaltung berührt neben dem Gartenamt (Blumenkübel) auch die Stadtreinigung und für die Energieversorgung (Beleuchtung) die Stadtwerke; um die öffentliche Sicherheit muß sich das Ordnungsamt kümmern.
Wird die Reinigung öffentlicher Gebäude, also etwa (wie in Nagold erwogen) das Putzen von Schulen auf ein privates Reinigungsunternehmen übertragen, dann werden durch diese Privatisierungsmaßnahme verschiedene Dienststellen der örtlichen Verwaltung entlastet: Zunächst einmal das Hauptamt bzw. das Schulverwaltungsamt, je nachdem, wer bisher für die ordnungsgemäße Reinigung der Schulen zu sorgen hatte. Sowohl die schulische Arbeit als auch die ordnungsgemäße Unterhaltung der Gebäude können u.U. durch die Rationalisierungsmaßnahmen der Firma beeinträchtigt werden. Das Gesundheitsamt muß sich darum kümmern, daß die Sauberkeit der Schulen den hygienischen Anforderungen entspricht. Wenn das Reinigungsunternehmen die Haftung für Unfälle und andere Gefahren übernimmt, so entlastet es das Amt für öffentliche Ordnung und das Rechtsamt. Die Lohnbuchhaltung für das Reinigungspersonal geht ebenfalls über und bringt für das Personalamt Vorteile. Die finanziellen Einsparungen schließlich werden in der Kämmerei spürbar. Von dort erschließt sich auch ein weiterer Zugang zu den kommunalen Aufgaben, nämlich über die Ausgabenseite des Haushaltsplanes.

2.1.2 Niederschlag in der Ausgabenseite des Haushaltsplans

Der von allen Gemeinden (wie von anderen Zweigen der öffentlichen Verwaltung) alljährlich aufzustellende Haushaltsplan bietet ebenso wie der Organisationsaufbau eine Übersicht zu den kommunalen Aufgaben. Jede Ausgabe und Einnahme einer Gemeinde (die Einnahmen werden uns später noch beschäftigen[179]) ist nach Art und Umfang im Haushaltsplan zu berücksichtigen (zu veranschlagen). Jeder Bürger hat das Recht, den Haushaltsplan seiner Gemeinde einzusehen; davon machen aber nur ganz wenige Gebrauch, weil fast allen Bürgern der Haushaltsplan als ein „Buch mit 7 Siegeln" erscheint. Tatsächlich ist er das nicht, man muß allerdings wenigstens die grundsätzlichen Prinzipien des Aufbaues kennen.

Glücklicherweise gelten für die Gliederung des Haushaltsplanes in allen Bundesländern die gleichen Grundsätze. Jeder Gemeindehaushalt gliedert sich zunächst einmal in den Verwaltungshaushalt und den Vermögenshaushalt. Der Verwaltungshaushalt umfaßt die laufenden Geschäfte der Verwaltung, also alle Einnahmen und Ausgaben, die nicht vermögenswirksam sind. Der Vermögenshaushalt enthält alle Einnahmen und Ausgaben, die sich auf Investitionsmaßnahmen der Gemeinde beziehen. Beide Haushalte gliedern sich wiederum in Einzelpläne (s. Tab. 1). Den beiden Haushaltsteilen und ihren (gleichlautenden) Einzelplänen werden alle kommunalen Aufgaben, die zu ihrer Erfüllung erforderlichen Ausgaben und die dabei anfallenden Einnahmen zugeordnet.

Tab. 1: Zusammenfassung der Einnahmen und Ausgaben im Haushaltsplan der Stadt Nagold für das Haushaltsjahr 1977 (in DM)

Einzelpläne	Verwaltungshaushalt		Vermögenshaushalt		Insgesamt	
	Einnahmen	Ausgaben	Einnahmen	Ausgaben	Einnahmen	Ausgaben
0 Allgemeine Verwaltung	233 500	2 685 115	–	115 900	233 500	2 801 015
1 Öffentliche Sicherheit und Ordnung	261 100	518 895	48 000	141 200	309 100	660 095
2 Schulen	1 340 058	1 742 310	1 000	235 890	1 341 058	1 978 200
3 Wissenschaft, Forschung, Kulturpflege	172 230	501 130	61 500	149 200	233 730	650 330
4 Soziale Sicherung	2 042 685	2 890 868	12 000	92 400	2 054 685	2 983 268
5 Gesundheit, Sport, Erholung	308 700	900 125	–	261 000	308 700	1 161 125
6 Bau- und Wohnungswesen, Verkehr	496 970	2 507 250	2 106 800	2 306 715	2 603 770	4 813 965
7 Öffentliche Einrichtungen, Wirtschaftsförderung	2 492 854	3 252 917	2 079 200	4 253 555	4 572 054	7 506 472
8 Wirtschaftliche Unternehmen, allgemeines Grund- und Sondervermögen	1 771 075	1 530 184	296 500	430 700	2 067 575	1 960 884
9 Allgemeine Finanzwirtschaft	16 995 828	9 586 206	4 450 000	1 068 440	21 445 828	10 654 646
Insgesamt	26 115 000	26 115 000	9 055 000	9 055 000	35 170 000	35 170 000

Nach der Gemeindehaushaltsverordnung (GemHVO)[180] umfaßt der *Vermögenshaushalt* (früher: außerordentlicher Haushalt) auf der

Einnahmenseite
- Einnahmen aus der Veränderung des Anlagevermögens
- Entnahmen aus Rücklagen
- Zuweisungen und Zuschüsse Dritter, Beiträge und Entgelte für Investitionen
- Einnahmen aus Krediten und inneren Darlehen
- Übertragung von Mitteln (Zuführung) aus dem Verwaltungshaushalt

Ausgabenseite
- Tilgung, Rückzahlung und Ablösung von Krediten, Darlehen und Dauerlasten
- Ausgaben für die Veränderung des Anlagevermögens
- Zuweisungen und Zuschüsse für Investitionen Dritter
- Zuführungen zu Rücklagen
- Deckung von Fehlbeträgen aus den Vorjahren
- Übertragungen an den Verwaltungshaushalt.

Alle anderen Einnahmen und Ausgaben einer Gemeinde (oder eines Kreises) gehören in den *Verwaltungshaushalt* (früher: ordentlicher Haushalt). Dazu rechnen insbesondere Personalausgaben (Dienstbezüge der Beamten, Gehälter der Angestellten, Löhne der Arbeiter, sonstige Beschäftigungsentgelte und Aufwandsentschädigungen; Beiträge für Versorgungskassen, Zusatzversicherung, Sozial- und Unfallversicherung; Beihilfen, Unterstützungen, andere Personalnebenausgaben sowie das Kindergeld), Bürobedarf (einschl. Bücher, Zeitschriften, Drucksachen, Post- und Fernmeldegebühren, öffentliche Bekanntmachungen, Dienstreisen), aber auch zweckgebundene Ausgaben für einzelne Dienstleistungen der Gemeinde.

Die voraussichtlichen Ausgaben werden in Einzelplänen veranschlagt, die sich in Abschnitte (und Unterabschnitte) gliedern. Zum Einzelplan 5 (Gesundheit, Sport, Erholung) gehören u.a. die Abschnitte

55 – Förderung des Sports
56 – Eigene Sportstätten
57 – Badeanstalten
58 – Park- und Gartenanlagen

Die einzelnen Abschnitte gliedern sich wiederum in Unterabschnitte; diese enthalten verschiedene Haushaltsstellen. In Leichlingen sah der Verwaltungshaushalt für 1975[181] (also noch vor der Fertigstellung des Hallenbades) im Abschnitt 57 (Badeanstalten) beim Unterabschnitt 570 (Städtisches Hallen- und Freibad) folgende Ausgaben vor:

570.400 – Personalkosten   DM 159.843,–
570.500 – Sächliche Verwaltungs- und Betriebsausgaben DM   4.460,–
570.501 – Unterhaltung der Gebäude und Außenanlagen   DM 13.000,–

570.520 – Unterhaltung und Beschaffung von Geräten, Ausstattungs- und Ausrüstungsgegenständen	DM	3.000,–
570.540 – Steuern (ohne Umsatzsteuer) und sonstige Ausgaben, Versicherungen	DM	1.200,–
570.541 – Umsatzsteuer, Mehrwert- und Vorsteuer	DM	4.000,–
570.542 – Heizung, Beleuchtung, Wasserversorgung, sächliche Reinigungs- und andere Bewirtschaftungskosten	DM	40.000,–
570.632 – Fernmeldegebühren und dergl.	DM	.800,–
570.665 – Vermischte Ausgaben	DM	. 50,–
Ausgaben insgesamt:	DM	226.353,–
Diesen Ausgaben standen gegenüber Einnahmen von insgesamt	DM	199.600,–
so daß sich allein für das Freibad ein Zuschußbedarf von insgesamt	DM	26.753,–
ergab.		

Angaben zum Personal der Badeanstalten enthält der Stellenplan, der alle Beamtenstellen und die Stellen der dauerbeschäftigten Angestellten und Arbeiter ausweist und zeigen soll, in welchem Aufgabenbereich das Personal tätig ist und in welche Besoldungsgruppe es eingestuft ist. In Leichlingen wiesen der Stellenplan[182] und die Stellenübersicht bereits vor Eröffnung des Hallenbades eine Stelle der Besoldungsgruppe Vc, eine Stelle der Besoldungsgruppe VIb, vier der Besoldungsgruppe VII/IX, zwei der Lohngruppe I und drei der Lohngruppe III/IV, eine der Lohngruppe VII aus. Besetzt werden diese Stellen durch Bademeister, Kassierer, sonstiges Verwaltungspersonal und Reinmachefrauen. Die für dieses Personal erforderlichen Ausgaben (Gehälter, Löhne, Personalnebenkosten) sind im Sammelnachweis für die Personalausgaben (in Leichlingen als Sammelnachweis 1[183] bezeichnet) enthalten; ihre Summe wird in die Haushaltsstelle 570.400 übertragen.

Während die laufenden Ausgaben einer öffentlichen Einrichtung sich im Verwaltungshaushalt finden, gehören die Investitionsausgaben in den entsprechenden Einzelplan, Abschnitt und Unterabschnitt des Vermögenshaushaltes. Der Bau eines Hallenbades findet also seinen Niederschlag im Vermögenshaushalt, Einzelplan 5, Abschnitt 57, Unterabschnitt 570. Die Kosten für den Bau und den laufenden Betrieb einer Badeanstalt sind vor und nach der Eröffnung eines neugebauten Hallenbades im Haushaltsplan (Verwaltungshaushalt bzw. Vermögenshaushalt, Unterabschnitt 570) leicht auffindbar.

Bei den Ausgaben für die Reinigung bestimmter öffentlicher Gebäude, also etwa der Schulen in Nagold[184], erweist sich die Haushaltsgliederung als weniger „benutzerfreundlich". Zwar wissen wir, daß die gesuchten Ausgaben im Verwaltungshaushalt veranschlagt sein müssen. Aber dort stoßen wir im Einzelplan 2 (Schulen) auf die Abschnitte

20 – Schulverwaltung
21 – Grund- und Hauptschulen
22 – Realschulen
23 – Gymnasien
24 – Berufsschulen
25 – Fachschulen
26 – Fachoberschulen
27 – Sonderschulen

Die Löhne und Lohnnebenkosten für den Reinigungsdienst der Schulen finden sich dort zusammen mit anderen Personalausgaben in der Haushaltsstelle 400 (Personalausgaben) jedes einzelnen Unterabschnitts. Von den dort ausgewiesenen Beträgen (insgesamt DM 645.010,–) entfallen in der Stadt Nagold auf die Löhne und Lohnnebenkosten der Putzfrauen nach Maßgabe des Stellenplanes und des Sammelnachweises für die Personalausgaben im Haushaltsjahr 1977 DM 342.560,– (s. Tab. 2).
Diese Aufwendungen machen fast die Hälfte aller im Einzelplan 2 des Verwaltungshaushaltes der Stadt Nagold für 1977 veranschlagten Personalausgaben und knapp ein Fünftel aller in diesem Einzelplan überhaupt veranschlagten Ausgaben aus. Insgesamt entfallen in dieser

Tab. 2: Personalausgaben für den Reinigungsdienst der städtischen Schulen in Nagold 1977*

Unterab-schnitt Nr.	Schule	Dienst-bezüge	Beschäftig. Entgelte (jeweils nur Arbeiter)	Beiträge z. Versorg. Kassen	z. gesetzl. Sozialvers.	Insgesamt
2111	Kernenschule	18.200	1.750	100	2.960	23.010
2112	Grundschule Iselshausen	10.500	–	25	1.555	12.080
2113	Grundschule Gündringen	13.200	500	15	575	14.290
2116	Grundschule Hochdorf	13.300	500		1.700	15.500
2117	Grundschule Emmingen	7.810	500	25	165	8.500
2151	Zellerschule	52.550	5.000	50	8.660	66.260
2152	Lembergschule	49.050	4.000	150	6.215	59.415
22	Realschule	31.800	4.000	80	5.120	41.000
23	Otto-Hahn-Schule	53.170	1.500	125	8.775	63.570
242	Kaufm. Berufsschule	8.000		15	1.225	9.240
243	Hausw. Berufsschule	9.900	500	5	810	11.215
271	Burgschule	14.700	1.500	20	2.380	18.600
Einzelplan	Schulen (insgesamt)	282.180	19.750	500	40.130	342.560

*Auszug aus dem Sammelnachweis für Personalausgaben der Stadt Nagold im Haushaltsjahr 1977 (Haushaltsplan S. 322 f.)

Stadt auf Personalausgaben über ein Drittel des Verwaltungshaushalts für 1977, das sind etwa ein Viertel des gesamten Haushaltsvolumens (vgl. Tab. 1). Gerade angesichts langfristig steigender Anteile der Personalausgaben[185] (vgl. Abb. 3) am gesamten Haushaltsvolumen gewinnen Überlegungen an Gewicht, durch Privatisierung öffentlicher Leistungen eine rationellere, d.h. insbesondere billigere, Aufgabenerfüllung sicherzustellen.

Wir werden diese Überlegungen später wieder aufgreifen[186], wollen uns aber zunächst einem anderen bedeutsamen Aufgabenposten im Haushalt der Gemeinden zuwenden: nahezu 20 % des Haushaltsvolumens (Verwaltungshaushalt und Vermögenshaushalt zusammengenommen) entfallen in den drei Beispielgemeinden (aber auch im Durchschnitt aller Gemeinden) auf die (im Vermögenshaushalt veranschlagten) Baumaßnahmen[187] (s. Abb. 3). Bereits diese Zahl läßt einen erheblichen Anteil der Gemeinden an den öffentlichen Investitionen zur Gestaltung der gesellschaftlichen Umwelt, insbesondere der Infrastruktur, vermuten.

2.2 Kleinräumige Steuerung der Umweltgestaltung

Einrichtungen für öffentliche Dienstleistungen, z.B. in den Bereichen Bildung (Schulen, Volkshochschule), Sozialwesen (Kindergärten, Krankenhäuser, Altenheime), Erholung (Grünanlagen, Sportplätze, Badeanstalten), gehören zur Infrastruktur im weitesten Sinne. Faßt man diesen Begriff jedoch enger, dann rücken öffentliche Einrichtungen der Versorgung und Entsorgung sowie die Verkehrswege in den Mittelpunkt der Betrachtung. Zusammen mit den Maßnahmen der Bauleitplanung schaffen solche Investitionen die unerläßlichen Voraussetzungen für den Bau von Wohnungen und die Einrichtung von Arbeitsplätzen. Eine Verknüpfung des kommunalen Dienstleistungsangebots mit der Nutzung der im Gemeindegebiet vorhandenen Flächen und den öffentlichen Infrastrukturinvestitionen erwarten viele Gemeinden von der kommunalen Entwicklungsplanung.

2.2.1 Kommunale Entwicklungsplanung – Planwerk oder Aufgabe?

Nehmen wir unsere Beispiele: die Frage, wie eine Innenstadt attraktiver zu machen ist, wurde in nahezu allen Großstädten, aber auch in vielen Klein- und Mittelstädten durch Einrichtung einer Fußgängerzone beantwortet. Nach den bisherigen Erfahrungen scheinen sich hochgesteckte Erwartungen besonders in kleinen Städten zu er-

Abb. 3: Ausgewählte Ausgaben der Kommunalhaushalte 1966 – 1976 (in Mrd. DM)*

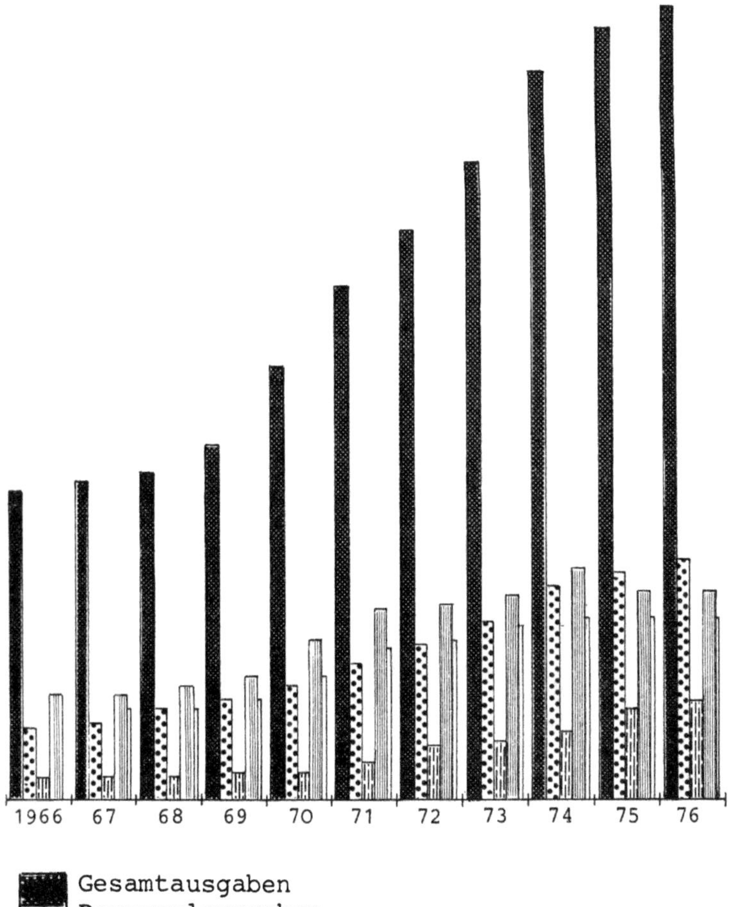

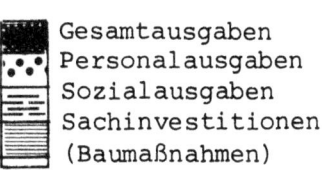

1966
67
68
69
70
71
72
73
74
75
76
Gesamtausgaben
Personalausgaben
Sozialausgaben
Sachinvestitionen
(Baumaßnahmen)

* Bundesministerium der Finanzen: Finanzbericht 1978, Bonn 1977, S. 124 und Klein/Münstermann (Bibliographie Nr. 34) / S. 18

füllen: „Je kleiner die Stadt, desto eher hat sie die Chance, sich zur Fußgängerstadt zu mausern"[188]. Dabei kommt es wesentlich auf ein attraktives Angebot an Läden, Arztpraxen, Gastronomie neben dem Wohnen und ein das Stadtbild prägendes Nebeneinander von Alt und Neu an. Um den Ortskern in Westerstede neu zu gestalten, müssen Planungs- und Investitionsmaßnahmen einander ergänzen. Die Stadt Westerstede ist Trägerin der Planungshoheit; sie muß den Verlauf der Verkehrswege im Stadtgebiet festlegen. Gleichzeitig ist sie auch Trägerin des öffentlichen Wegebaus; sie muß also die Umgehungsstraße bauen und auch die bisherige Durchgangsstraße als Fußgängerstraße herrichten lassen. Dabei werden nicht nur Verkehrsbeziehungen, sondern u.U. der ganze Lebensrhythmus einer Stadt verändert; der Zusammenhang mit Fragen der Stadtentwicklung ist leicht erkennbar.

Auch der Bau des Hallenbades in Leichlingen darf nicht isoliert betrachtet werden; er fügt sich ein in die gesamtstädtische Entwicklung. Als kommunales Freizeitangebot muß das Vorhaben mit ähnlichen Angeboten abgestimmt werden; als mögliche Stätte des Schulsports bedarf das Hallenbad der räumlichen Nähe zu den wichtigsten Schulen. Auch der Baukörper des Neubaus sollte sich in das städtische Gefüge insgesamt einpassen. In finanzieller Hinsicht können durch den Bau andere Maßnahmen zeitweilig verschoben oder gar überhaupt unmöglich gemacht werden. Dadurch entwickelt sich der scheinbar problemlose Hallenbad-Bau zu einer zentralen Frage der kommunalen Entwicklungsplanung.

Der Begriff „Entwicklungsplanung" kennzeichnet die jüngste, vom Planungsumfang her anspruchsvollste, keineswegs aber allgemein akzeptierte und bisher auch nicht verbindlich geregelte Form der Stadtplanung. Bereits im letzten Viertel des 19. Jahrhunderts erforderte die ungeordnete, aber außerordentlich stürmische Bautätigkeit der Industrialisierungsphase („Gründerjahre") Maßnahmen, die ein Mindestmaß an Sicherheit, Ordnung und Hygiene in den sich ausbreitenden Stadtregionen sicherstellten. „Fluchtlinien" sollten die der öffentlichen Verantwortung unterliegenden Straßen von den solcher Einwirkung verschlossenen privaten Grundstücksflächen trennen. „Das Recht zur Festlegung dieser Fluchtlinien oblag zunächst dem Staat, später wurde es auf die Gemeinden übertragen"[189]. Die Einsicht, daß eine darüber hinausgreifende Stadtplanung erforderlich sei, wenn die Flächen der Städte sinnvoll genutzt werden sollten, setzte sich allerdings erst später durch. So dauerte es nach dem zweiten Weltkrieg über 10 Jahre, bis die Aufbaugesetze der einzelnen Bundesländer durch ein Bundesbaugesetz [190] abgelöst wurden. Das BBauG gab den Gemeinden die Planungshoheit, das alleinige Recht der um-

fassenden und spezifizierten öffentlich-rechtlichen Einwirkung auf alle flächenbezogenen Planungen.
Damit war neben dem Bereich des Finanzwesens, der mit seinen jährlichen Haushaltsplänen in allen Zweigen der öffentlichen Verwaltung eine erhebliche Planungstradition und -erfahrung aufweist, die Bauleitplanung als fester Bereich ressourcen-bezogener Planung in den Gemeinden verankert. Um in der Auseinandersetzung mit den relativ entwickelten Planwerken des Finanzwesens und der Flächenplanung bestehen zu können, gingen die einzelnen Dienstleistungsbereiche der großen Kommunalverwaltungen in den sechziger Jahren dazu über, für ihren Aufgabenbereich einzelne Fachpläne auszuarbeiten oder in Auftrag zu geben. Der Impuls zur gegenseitigen Abstimmung und Zusammenfassung der verschiedenen Abteilungen einer „planenden Verwaltung"[191] konnte nicht ausbleiben. Die Forderung nach einer kommunalen Entwicklungsplanung schien die Lösung dieser und anderer Fragen anzubieten.
Mit dem in der wissenschaftlichen Literatur ebenso wie in der kommunalpolitischen Praxis noch keineswegs endgültig geklärten Begriff der Entwicklungsplanung verbinden sich insbesondere vier Erwartungen:
– Zusammenfassung von Bereichs- und Fachplanungen unter Berücksichtigung ihrer Raum-, Zeit-, Finanz- und Sozialdimensionen;
– Ergänzung/Umsetzung/Beeinflussung überörtlicher Planungen (insbesondere der Landes- und Regionalplanung);
– „Instrument zur politischen Steuerung der kommunalen Gesamtentwicklung...
– Ausdruck politisch-administrativer Handlungsfähigkeit."[192]
Diesen umfassenden Maßstäben entspricht natürlich keineswegs alles, was im kommunalpolitischen Alltag die Bezeichnung „Entwicklungsplanung" trägt. Allerdings wird kommunale Entwicklungsplanung überall zumindest zwei der genannten Aspekte einschließen. Zu beachten ist, daß allein die Größe einer Gemeinde sich bereits auf die Erwartungen an und die Gestaltungsmöglichkeiten für Entwicklungsplanungen auswirkt. Einige Großstädte haben einen beachtlichen Planungsapparat (zum Teil in Form eines Stadtentwicklungsreferats oder -dezernats) aufgebaut (z.B. München,[193] Nürnberg, Wuppertal, Köln[194]). Kleinere Städte und Gemeinden haben sich mit dem Auftrag für ein Stadtentwicklungsgutachten begnügt (z.B. Leichlingen, Renningen[195]).

Relativ unabhängig von den jeweils gewählten Organisationsformen und -verfahren zeigen sich inzwischen wesentliche Grenzen einer gemeindlichen Entwicklungsplanung. Zunächst einmal beginnen alle Gemeinden ihre Entwicklungsplanung nicht mit einem

„weißen Blatt", sondern mit den durch die bisherige Entwicklung und früheren Entscheidungen geschaffenen Strukturen. Lediglich deren Ergänzung und allmähliche Umgestaltung in Richtung der Entwicklungsziele kann sinnvollerweise angestrebt werden[196]. Außerdem reicht die (in der eigenen Verwaltung aufgebaute oder in der Form verwaltungsexternen Sachverstandes angekaufte) Planungskapazität in keinem Falle aus, eine gleichermaßen umfassende wie weitgehend flexible Entwicklungsplanung bereitzustellen und vorzuhalten.

Schließlich ergaben sich auch bei der Umsetzung (Implementation) der planerischen Konzepte vielfältige Hindernisse, von denen hier nur die am Ort liegenden, verwaltungsexternen angesprochen werden sollen[197]: die Vorstellung, gemeindliche Investitionsvorhaben (insbesondere im Hoch- und Tiefbau) könnten in einer dem örtlichen Entwicklungsplan entnommenen Reihenfolge verwirklicht werden, vernachlässigt nahezu alle (von uns noch zu erörternden) Strukturelemente kommunalpolitischer Willensbildung und Entscheidung[198].

Die Einwirkungsmöglichkeiten der öffentlichen Hand auf das, insbesondere für die bauliche Entwicklung einer Gemeinde maßgebende, Verhalten privater Investoren (in den Bereichen Wohnungen und Arbeitsplätze) sind geringer als Begriffe wie „kommunale Autonomie" und „Planungshoheit" nahelegen. Mit der Einsicht in diese Beschränkungen reduzieren sich zugleich übertriebene Erwartungen gegenüber jeder kommunalen Entwicklungsplanung.

Gerade für Mittelstädte und kleinere Großstädte hat es sich als empfehlenswert erwiesen, für Zwecke der kommunalen Entwicklungsplanung Ergebnisse der Bedarfsplanungen in den verschiedenen Dienstleistungsbereichen in die verfügbaren Instrumente der Ressourcenplanung (Finanzplanung, Bauleitplanung) einzubauen. Insbesondere die Bauleitplanung bildet bis heute eine der wirksamsten Möglichkeiten der Gemeinden auf die Gestaltung der örtlichen Entwicklung einzuwirken.

2.2.2 Steuerungsmöglichkeiten der Gemeinden

Zur Durchsetzung ihrer Entwicklungsplanung steht den Gemeinden die Möglichkeit einer entsprechenden Gestaltung des Ortsrechts, also der für alle Bürger einer Gemeinde verbindlichen Regelungen, zur Verfügung. So können etwa in Form von Ortsbildsatzungen[199], Innenbereichssatzungen (nach § 34 BBauG) oder eines Anschluß- und Benutzungszwangs für kommunale Versorgungseinrichtungen (einschließlich der Fernwärme) Rahmenbedingungen geschaffen und damit die Entwicklung einer Gemeinde beeinflußt werden.

Wichtigstes Instrument der Gemeinden zur Steuerung der örtlichen Entwicklung ist aber die Bauleitplanung. Das Bundesbaugesetz bestimmt als Aufgabe der Bauleitplanung, vorausschauend die städtebauliche Entwicklung einer Gemeinde zu ordnen, die „bauliche und sonstige Nutzung der Grundstücke in der Gemeinde ... vorzubereiten und zu leiten" (§ 1 BBauG), also die Bebauung rechtsverbindlich zu regeln. Damit wird zugleich das Zusammenleben der Menschen in einer Stadt oder Landgemeinde entscheidend beeinflußt[200]
Bauleitpläne im engeren Sinne sind der *Flächennutzungsplan* und die Bebauungspläne. Im Flächennutzungsplan spiegelt sich die Absicht einer Gemeinde wider, die planerische Zielsetzung der Flächennutzung für ihr gesamtes Gebiet darzustellen. Während der Flächennutzungsplan (= vorbereitender Bauleitplan) als Gesamtkonzept zur Verteilung der verschiedenen Nutzungen im Gemeindegebiet, die örtliche Entwicklung insgesamt „nach den voraussehbaren Bedürfnissen der Gemeinde in den Grundzügen" längerfristig festlegt (§ 5, 1 BBauG), entwickeln die Bebauungspläne (= verbindliche Bauleitpläne) für Teilbereiche einer Gemeinde auf der Grundlage des Flächennutzungsplanes Festsetzungen für „Art und Maß der baulichen Nutzung". Die Begriffe „Art und Maß der baulichen Nutzung" werden durch die Baunutzungsverordnung (§§ 1–11 BauNVO[201]) näher bestimmt.
So sind etwa im Flächennutzungsplan neben Straßenflächen, Flächen für Versorgungsanlagen (z.B. Mülldeponie, Klärwerk), Flächen für öffentliche Einrichtungen (z.B. Kinderspielplatz, Schule = Flächen für den Gemeinbedarf), Grünflächen, Flächen für die Landwirtschaft, insbesondere Wohnflächen, gemischte Bauflächen, gewerbliche Bauflächen und Sonderbauflächen ausgewiesen. Die Baunutzungsverordnung enthält insgesamt 10 Grundtypen von Baugebieten (§ 1, 2 BauNVO), deren Eigenart auch bei Zulassung der ausdrücklich vorgesehenen Durchbrechungen grundsätzlich gewahrt bleiben muß (§ 1, 5 BauNVO). Die z.B. für die Funktionen Wohnen und Arbeiten vorgesehenen Flächen können im *Bebauungsplan* weiter konkretisiert werden als reine Wohngebiete (WR), allgemeine Wohngebiete (WA), besondere Wohngebiete (WB), Dorfgebiete (MD), Mischgebiete (MI), Kerngebiete (MK), Gewerbegebiete (GE), Industriegebiete (GI). Darüber hinaus kann ein Bebauungsplan – auch bezogen auf einzelne Parzellen – weitere Festsetzungen enthalten, die sich insbesondere auf Bauweise, Freiflächen, Grünflächen, öffentliche Flächen (Verkehr, Versorgung), Flächen für Gemeinschaftsanlagen beziehen.
Das Maß der baulichen Nutzung (§§ 16–21 BauNVO) wird bestimmt durch die Zahl der Vollgeschosse (Z), die Grundflächenzahl (GRZ), die Geschoßflächenzahl (GFZ) und die Baumassenzahl (BMZ). So-

weit Vollgeschosse dem Wohnen dienen sollen, müssen sie mindestens 2,50 m hoch sein. Die drei Zahlen GRZ, GFZ und BMZ geben an, wieviel Quadratmeter Grundfläche (bebaute Fläche), Quadratmeter Geschoßfläche oder Kubikmeter Baumasse (jeweils bezogen auf die Grundstücksfläche) zulässig sind.
Dabei ist freilich nicht zu verkennen, daß die Gemeinde fast immer für die Verwirklichung ihrer Planungen private Investoren (Bauherren, Bauträger) finden muß. Das gilt insbesondere für umfangreiche Neubau- oder Modernisierungs-(Sanierungs-)Maßnahmen, die in erheblichem Umfang privates Kapital binden. In solchen Fällen kann es vorkommen, daß sich das Verhältnis von (öffentlicher) Rahmensetzung und (privater) Ausführung umkehrt: Ein Maßnahmenträger (Industrieunternehmen, Wohnungsbaugesellschaft) liefert den Bebauungsplanentwurf und gegebenenfalls die Änderung des Flächennutzungsplanes gleich mit; die Gemeinde braucht beides nur noch zu beschließen und genehmigen zu lassen.
Unabhängig von der Art ihres Zustandekommens und den jeweiligen Eigentumsverhältnissen binden die Festsetzungen eines rechtskräftigen *Bebauungsplans* als Ortsrecht jeden Eigentümer eines Grundstücks im Plangebiet. Bei der Erteilung von Baugenehmigungen wird jeweils die Zulässigkeit des Vorhabens, d.h. seine Vereinbarkeit mit einem gültigen Bebauungsplan (in beplanten Ortsteilen), der bisherigen Bebauung in der Nachbaschaft (in bereits bebauten Ortsteilen ohne Bebauungsplan) oder einem der Priviligierungstatbestände [202] (im Außenbereich) geprüft.
So gilt für alle Baumaßnahmen im Ortskern von Westerstede bislang die Regelung des § 34 BBauG; die Gemeinde verfügt nicht über Möglichkeiten der Einwirkung auf Bauvorhaben, die im wesentlichen der bisherigen Bebauung entsprechen. Deshalb wurde bereits 1967 beschlossen, für diesen Bereich einen Bebauungsplan (Nr. 14) aufzustellen, der inzwischen in Form der Teilpläne Nr. 14a – 14l diskutiert und bearbeitet wird [203]. Als wesentliche Informationen enthalten der Bebauungsplan Nr. 14 (bzw. seine Teilpläne) Festsetzungen für Art und Maß der baulichen Nutzung nach den Regelungen der BauNVO. Der Westersteder Innenstadtbereich ist als Kerngebiet (§ 7 BauNVO), Mischgebiet (§ 6 BauNVO) und „allgemeines Wohngebiet" (§ 4 BauNVO) ausgewiesen.
Für Kerngebiete gilt grundsätzlich die Trennung von Wohnen und Arbeiten. Die Wohnnutzung ist nur ausnahmsweise zulässig, sowie auf Wohnungen beschränkt, die oberhalb eines bestimmten Geschosses liegen [204]. In Mischgebieten ist neben dem Wohnen auch die „Unterbringung von Gewerbebetrieben" zulässig, „die das Wohnen nicht wesentlich stören" (§ 6 BauNVO). Keine der beiden Nutzungs-

arten kann also einen Vorrang in Anspruch nehmen. Da die Gemeinden (mit Rücksicht auf eventuelle Entschädigungsforderungen der Eigentümer) meist Gebiete als Mischgebiete ausgewiesen haben, deren Charakter sich verändert, bleibt es dem Eigentümer überlassen, welche der sieben zulässigen Nutzungsarten er im einzelnen wählt. Die Folge ist, daß im Regelfall gebaut wird, was die größte Rendite bringt [205]. Das hat insbesondere am Rande der Innenstädte [206] zu einem Verdrängungswettbewerb geführt. Zur Verhinderung von Verdrängungsprozessen kommen vor allem Maßnahmen in Betracht, die aufgrund der Baunutzungsverordnung, des Denkmalschutzes und der Wohnraumzweckentfremdungsverordnungen der Länder möglich sind [207].

Zuweilen wird die generelle „Untauglichkeit" des bestehenden bauplanungsrechtlichen Instrumentariums zur Beeinflussung oder gar Steuerung der privaten Nutzung von Grundstücken und Gebäuden behauptet. Wesentlich erscheint aber (neben strukturellen Mängeln der Festsetzungsmöglichkeiten [208] und den einseitig auf den Schutz des privaten Eigentums abgestellten Entschädigungsregelungen), daß die Gemeinden gerade dort auf Möglichkeiten der Steuerung verzichten, wo diese ganz besonders erforderlich wäre. Das Maß der baulichen Nutzung wird im Westersteder Bebauungsplan Nr. 14 im Interesse einer stärkeren Verdichtung im Ortskern (problematisch sind vor allem die offene Bauweise [209] und der großzügige Grundstückszuschnitt, der eine weitere Bebauung im Hinterland bestehender Häuser noch zulassen würde) mit einer GRZ bis zu 1,0 und einer GFZ bis 2,2 höher angesetzt als es der bisherigen Bebauung entspricht.

Als zweite wichtige Festsetzung enthalten die Teilpläne des Westersteder Bebauungsplans Nr. 14 die Trassenführung von Straßen, so z.B. die geplante Entlastungs- und Umgehungsstraße, während der Fußgängerbereich nur indirekt dem Plan zu entnehmen ist, z.B. durch die Verbreiterung angrenzender Straßen bzw. großzügige Ausweisung von Parkraum. Die Fußgängerzone ist aber als Entwicklungsmöglichkeit im Generalverkehrsplan [210] enthalten, der ein weiterer Bestandteil der Bauleitplanung ist. Ein solcher Plan wird in kleineren Gemeinden (weil eigene Planungskapazität fehlt) häufig durch externe Institute erarbeitet. So wurde auch der Generalverkehrsplan für Westerstede in den Jahren 1972/73 vom Büro Dr.-Ing. Hellmut Schubert erstellt und von der Gemeinde beschlossen. Da es sich beim Generalverkehrsplan um eine längerfristige Planung (für einen Zeitraum von 20–30 Jahren) handelt, entwickelt sich die Verkehrsplanung immer mehr zu einer eigenständigen Planung neben der Flächennutzungsplanung [211].

Der Westersteder Generalverkehrsplan enthält neben der Fußgängerzone auch deren sachliche Voraussetzungen: innerstädtische Entlastungsstraßen sowie die Umgehungsstraße. Auf diese Planungen wird deshalb im Bebauungsplan Nr. 14 Bezug genommen. Der Bebauungsplan legt nunmehr die Trasse für die Umgehungsstraße fest, trifft hier also eine wesentliche Vorentscheidung. Da die Fußgängerzone in die Trasse der bisherigen Durchgangsstraßen fällt, schafft der Bebauungsplan hierzu nur Möglichkeiten, durch entsprechende Beschlüsse den Bau der Fußgängerzone in Angriff zu nehmen. Der Bebauungsplan kann im Innenstadtbereich eher als „Möglichkeitsplanung" bezeichnet werden[212]: spätere Entscheidungen öffentlicher (Fußgängerzone) und privater Investoren (Ortskernsanierung) können folgen; sie müssen es aber nur dann, wenn die Gemeinde den Bau der Fußgängerzone als Auslöser für eine Modernisierung des Ortskerns nutzen will. Dabei ist sie allerdings in hohem Maße auf die Mitwirkung der Grundstückseigentümer im Plangebiet angewiesen. Es hängt nämlich von privaten Bau- und Investitionsentscheidungen ab, ob die privaten Eigentümer von der ihnen eingeräumten Möglichkeit Gebrauch machen[213].

Ungeachtet einer Verbesserung der Rechtslage durch die Neufassung des BBauG wird die Stadt Westerstede auch beim Bau der Entlastungsstraße und der Anlage weiterer Parkplätze im Bereich des Ortskerns gut beraten sein, zunächst einmal an die Einsicht der Betroffenen zu appellieren und zu fragen, ob sie wegen privater Interessen zukunftsweisende Projekte scheitern lassen wollen. In solchen Verhandlungen verfügen die Gemeinden durch die Neufassung des Enteignungsrechts (§§ 109, 2 und 112, 2 BBauG) jetzt über ein Druckmittel: kommt eine Einigung nicht zustande, kann die Gemeinde ihren Willen auch gegen den Widerstand der betroffenen Eigentümer durchsetzen[214]. Dennoch bleibt der freihändige An- und Verkauf von Grundstücken durch die Gemeinde, die kommunale Liegenschaftspolitik, ein wichtiges Mittel zur Durchsetzung lokalpolitischer Ziele.

Dabei geraten die Gemeinden allerdings in fünf überaus schwierige Konfliktlagen: betreiben die Gemeinden eine umfangreiche Bodenvorratspolitik, so beteiligen sie sich selbst an der (privaten) Bodenspekulation, die gerade den öffentlichen Steuerungsmöglichkeiten der Gemeinden entgegenwirkt („Spekulationskonflikt"). Verfügen die Gemeinden über ausreichende Vorratsflächen, dann besteht die Gefahr, daß der Einfachheit halber solche Flächen für die verschiedenen Arten von „Gemeinbedarf" (also etwa für alle Hochbauvorhaben der Gemeinde) vorrangig eingesetzt werden. Die Standortbestimmung erfolgt nicht bedarfsgerecht, sondern ressourcenbezogen („Planungs-

konflikt"). Gibt die Gemeinde Vorratsflächen aber durch Verkauf zur privaten Nutzung frei, so verzichtet sie auf einen Teil der durch aktive Liegenschaftspolitik gewonnenen Handlungs- und Steuerungsmöglichkeiten („Veräußerungskonflikt"). Ein weiterer Konflikt ergibt sich aus „dem Widerstreit zwischen dem Gebot einer völligen Transparenz öffentlichen Handelns, also einer umfassenden Rechenschaftslegung, einerseits und andererseits der Notwendigkeit, eigene Überlegungen ... geheimzuhalten" um unmäßige – aber marktgerechte – Preissteigerungen zu vermeiden („Öffentlichkeitskonflikt")[215].
Schließlich werden einer umfassenden Liegenschaftspolitik auch durch die kommunale Finanznot enge Grenzen gezogen: Gemeindevermögen, das mit dem Blick auf Steuerungsmöglichkeiten für die gemeindliche Entwicklung auch nur mittelfristig in einem Flächenvorrat gebunden werden könnte, ginge prinzipiell zu Lasten aller gemeindlichen Investitionsvorhaben, ist aber angesichts der starken Verschuldung der Gemeinden ohnehin nicht recht vorstellbar. Auch in Westerstede verbietet die Haushaltslage einen derartigen Einstieg in die Erneuerung des Ortskerns. Dort scheinen die Politiker eher auf die Eigendynamik einer Fußgängerzone setzen zu wollen: jeder Geschäftsinhaber und Hauseigentümer muß seinen Beitrag zur Attraktivität leisten, damit die Einrichtung erfolgreich wird. Allerdings kann die Gemeinde ein solches Verhalten nicht erzwingen.
Nur in Grenzfällen kann das aus dem Städtebauförderungsgesetz [216] in das neue BBauG übernommene Instrumentarium (z.B. Nutzungsgebot, Modernisierungs- und Instandsetzungsgebot, Abbruch- bzw. Umbauverbot) für die Durchsetzung von Maßnahmen (wie Westerstede sie plant) hilfreich sein. Zu den Einsatzmöglichkeiten dieser Instrumente werden nämlich begründete Zweifel vorgebracht. So wird etwa das Modernisierungsgebot voraussichtlich keine Anwendung finden: „Da die Modernisierungskosten unbegrenzt auf den Mieter abgewälzt werden können, werden regelmäßig sozialpolitische Erwägungen gegen den Erlaß eines Gebotes sprechen"[217]. Für die praktische Durchsetzung einer bestimmten Stadtentwicklungspolitik können die neuen Instrumente vor allem als Druckmittel Bedeutung erlangen: die Gemeinde kann jetzt einzelnen (nicht kooperationswilligen) Eigentümern bestimmte Maßnahmen glaubwürdig androhen. Für Vorhaben wie einer Modernisierung der Westersteder Ennenstadt kommt diesem neuen Instrument freilich kaum praktische Bedeutung zu.
Die Ausgestaltung der Instrumente ist zu sehr an den Problemlagen prientiert, die sich bei der Sanierung alter Ortskerne in Ballungsgebieten oder Ballungsrandzonen durch den Umnutzungsdruck des Agglomerationsprozesses ergeben. Die Gebote und Verbote des neuen

BBauG bringen für solche Gebiete neue Steuerungsmöglichkeiten ohne die vergleichsweise strengeren Anforderungen des Städtebauförderungsgesetzes. Auch nach dieser Gewichtsverlagerung verbleibt die Stadtentwicklungsplanung im Spannungsfeld zwischen Steuerungsbemühungen der Gemeinden und der Bereitschaft privater Grundeigentümer, die Planungsvorgaben der Gemeinde umzusetzen. Eher mag es ihr gelingen, durch Bereitstellung öffentlicher Finanzhilfen Anreize für die Eigentümer zu schaffen. Da keine Gemeinde über ausreichende eigene Mittel verfügt, wird jede Gemeinde versuchen, entsprechende Landes- oder Bundesmittel zu beschaffen[218]. Ihre Grenzen findet die kommunalpolitische Einwirkung auf die Gestaltung der örtlichen Lebensverhältnisse allerdings nicht nur im Verhalten der privaten Investoren und in den tendenziell „leeren Kassen" der Gemeinden, sondern auch in der Einbindung kommunalpolitischer Vorhaben in überörtliche Planungen/Konzepte.

2.2.3 Zusammenhänge mit überörtlichen Planungen

Bereits bei der Aufstellung der Bauleitpläne müssen sich die Gemeinden den Vorgaben überörtlicher Verwaltungen unterordnen: „Die Bauleitpläne sind den Zielen der Raumordnung und Landesplanung anzupassen" (§ 1, 4 BBauG). Damit sind zunächst die Gestaltungsmöglichkeiten der Gemeinden beschränkt, zugleich aber auch Bund und Land als die beiden Träger überörtlicher Planungen angesprochen.
Den allgemeinen Rahmen setzen das Bundesraumordnungsgesetz und das aufgrund dieses Gesetzes entwickelte Raumordnungsprogramm[219]. Hier werden Aufgaben, Ziele und Grundsätze der Raumordnung nieder gelegt (z.B. Maßnahmen zur Strukturverbesserung, zur besseren verkehrs- und versorgungsmäßigen Erschließung, räumliche Strukturen mit ausgewogenen wirtschaftlichen, sozialen und kulturellen Verhältnissen, Verdichtungsräume), die sich allerdings aufgrund ihres „Leerformelgehaltes" weder unmittelbar als Handlungsziele eignen[220] noch ausreichende Beurteilungskriterien für einzelne Maßnahmen sind. Dennoch bilden diese Festsetzungen den Rahmen für die Landesplanung, die eine Verfeinerung der gesamtstaatlichen Planung erbringt. Die Planung eines Landes wird entweder für einzelne Landesteile (in der Regel Bezirke) in Form sogenannter Regionalpläne oder für bestimmte Aufgabenbereiche in besonderen Fachplänen verfeinert.
Wesentlichste Aussagen in überörtlichen Plänen sind die Festlegung der Bedeutung einzelner Städte und Gemeinden innerhalb der Region (Ober-, Mittel-, Neben-, Unterzentrum) und das Aufzeigen der Ent-

wicklungsrichtung: verstärkte Entwicklung für die Funktionen Wohnen, Arbeiten (häufig kombiniert), Freizeit (Kurzerholung, längerfristige Erholung). Diese Festlegungen haben insofern Auswirkungen, als die Gemeinden eine finanzielle Förderung eigener Investitionsmaßnahmen nur dann erwarten können, wenn sich die gemeindliche Maßnahme in die überörtliche Planung einfügt. In manchen Bundesländern haben diese Festlegungen auch Einfluß auf die Ausstattung der Gemeinden mit allgemeinen Finanzhilfen (sog. „Schlüsselzuweisungen"[221].)

Im einzelnen gehen die Länder bei der Ausgestaltung ihrer Landesplanung unterschiedlich vor; die Pläne sind auch unterschiedlich weit entwickelt. So stellt z.B. das Saarland keine Pläne für einzelne Gebiete auf, sondern versucht, die Entwicklung des Landes durch Fachpläne (z.B. Schulentwicklungspläne, Verkehrspläne) zu ordnen, die jeweils das gesamte Land betreffen. Im Gegensatz dazu unterscheidet Niedersachsen im wesentlichen zwischen dem Landesentwicklungsprogramm und den regionalen Entwicklungsplänen (bisher der Bezirke – regionale Raumordnungsprogramme; künftig der Kreise).

In Nordrhein-Westfalen gibt es außer dem Nordrhein-Westfalen-Programm, dem Landesentwicklungsprogramm und den Landesentwicklungsplänen auch die (bis 1975 von den drei Landesplanungsgemeinschaften, seither von den Bezirksplanungsbehörden und -räten bearbeiteten) Gebietsentwicklungspläne. Daneben liegen fachliche Entwicklungspläne (z.B. für Schulen, Verkehr, Krankenhäuser, Sportstätten usw.), Landschaftspläne (Baden-Württemberg), Erholungs-, Freiraumpläne (Nordrhein-Westfalen) u.a. vor. Die frühzeitige Einwirkung der betroffenen Städte und Gemeinden auf alle diese Planungen bildet in vielen Fällen einen wichtigen Impuls für die Einführung einer kommunalen Entwicklungsplanung[222].

Das Landesentwicklungsprogramm sowie die Landesentwicklungspläne I und II und der Gebietsentwicklungsplan Bergisch-Land von 1970 ordnen Leichlingen der Ballungsrandzone[223] zu. Nach allgemeiner Erwartung wird die Ballungsrandzone auch in Zukunft in starkem Maße Wohngebiet für Bevölkerungsteile sein, die in den Ballungskernen (im Falle Leichlingen also etwa in den Großstädten Leverkusen, Köln, Düsseldorf (und Solingen))arbeiten: „Die Ballungsrandzonen sollen der Entlastung der Ballungskerne dienen. Dabei sind Arbeitsstätten, Wohngebiete und Erholungsgebiete einander zweckmäßig zuzuordnen"[224]. Im Landesentwicklungsplan II war Leichlingen als Entwicklungsschwerpunkt dritter Ordnung eingestuft[225], also nicht mit besonderer Priorität ausgestattet. Andererseits bescheinigte seinerzeit der Rhein-Wupper-Kreis

Leichlingen (mit dem zweitstärksten Bevölkerungszuwachs im Kreis) bei der Bewilligung des Zuschusses für ein Gymnasium eine hervorragende Wohnlage im Ausstrahlungsbereich eines bedeutenden Entwicklungsschwerpunktes mit expansiver Industrie [226]. Aktuell wurden die Probleme überörtlicher Verflechtung für die Stadt im Zusammenhang mit der kommunalen Neuordnung, die in Nordrhein-Westfalen zwischen 1965 und 1975 stattfand. Wie auch in anderen Landesteilen gipfelte die Konkurrenz der Städte und Gemeinen in dem Bestreben, selbständig zu bleiben [227], und fand ihren sichtbaren Ausdruck in einer Forcierung kommunaler (und privater) Investitionsvorhaben.
So waren in Leichlingen, dessen Stadtkern im Gebietsentwicklungsplan [228] als geeigneter Standort für zentrale Einrichtungen der erweiterten Grundausstattung vorgesehen ist, im Jahre 1969 bereits eine Realschule, ein Gymnasium und eine Sportanlage im Bau. Erklärtes Ziel Leichlingens war es, möglichst viele Einrichtungen zu schaffen, um sich auch in Zukunft behaupten zu können [229]. In diesen Zusammenhang gehört auch die Absicht, durch „bürgerliche Initiative" über einen unabhängigen Förderverein zu einem Hallenbad zu gelangen [230]. In der Nachbarstadt Monheim gab es z.B. ein Hallenbad; Burscheid, das mit Leichlingen um die Eingemeindung anderer Gebiete konkurrierte, hatte den Wunsch, ein Bad zu bauen.
Die überörtlichen Planungen schienen einer solchen Initiative zunächst entgegenzustehen. Nach dem Nordrhein-Westfalen-Programm waren Hallenbäder „möglichst in Entwicklungsschwerpunkten und besonders geeigneten Gemeinden mit zentralörtlicher Bedeutung oder in Stadtteilen mit großer Bevölkerungsdichte zu bauen" [231]. Nach den Richtlinien der Deutschen Olympischen Gesellschaft sollten 50.000 Einwohner im Einzugsgebiet eines Hallenbades wohnen. Diese Zahl kann Leichlingen auch in absehbarer Zeit nicht erreichen. Trotz der ungünstigen Ausgangslage verfolgte die Stadt ihr politisches Ziel unbeirrt.
Die überörtlichen Planungen sind offenbar – wie die Bauleitpläne der Gemeinden – in hohem Maße Ausdruck einer „Möglichkeitsplanung": sie regen Entwicklungen an und geben Maßstäbe für einen rationelleren Einsatz von Bundes- und Landeszuschüssen. Einerseits werden den (fast immer miteinander konkurrierenden) Gemeinden durch überörtliche Planungen Möglichkeiten und Grenzen ihres Handelns aufgewiesen, andererseits sind die Entwicklungsperspektiven fast immer so allgemein gehalten, daß bei der Beurteilung eines einzelnen Vorhabens (wie etwa beim Hallenbadbau in Leichlingen) Ausdeutungen nicht nur möglich, sondern sogar notwendig sind.
Anders ist die Wirkung von Fachplanungen einzuordnen, die überregional bedeutsame Fachprojekte beinhalten, z.B. Bundesauto

bahnen, Telegraphenleitungen, Luftverkehrseinrichtungen, Abfallbeseitigungseinrichtungen, Einrichtungen für Landesverteidigung. Die Einflußmöglichkeiten der Gemeinden auf diese Planungen werden allgemein als gering veranschlagt, können aber die Bauleitplanung für bestimmte Bereiche und langfristig stark präjudizieren. Dies gilt besonders für die Verkehrsanbindung an das überörtliche Straßennetz. Allerdings ist noch ungeklärt, ob die Gemeinden die vorhandenen Einflußmöglichkeiten tatsächlich wahrnehmen.
Auch wenn der öffentliche Planungs-, Steuerungs- und Leistungsverbund sich eher intensivieren als entflechten wird, scheint sich die Freiheit der Gemeinde derjenigen eines Unternehmens zu nähern, das örtliche und überörtliche Gegebenheiten nutzen kann und dazu öffentliche Mittel zur Verwirklichung eines Investitionsvorhabens geboten bekommt. Andererseits ist nicht zu verkennen, daß in vielen Gemeinden Pläne jahrelang „in der Schublade" bleiben und veralten, weil ihre Verwirklichung die Finanzkraft der Gemeinde überschreiten würde.
Neben dem Konkurrenzverhalten der Gemeinden und seinen Folgen (frühere Investitionsentscheidungen haben die Verschuldung an die Grenze der Belastbarkeit getrieben[232]) spielen dabei auch die generell unzureichende Finanzausstattung und die im Prozeß der gesellschaftlichen Entwicklung veränderte Aufgabenbestimmung der Gemeinden eine wichtige Rolle. Den Gemeinden ist keineswegs ein bestimmter Aufgabenkatalog zur Erledigung fest vorgegeben. Die Anforderungen an eine öffentliche Steuerung der gesellschaftlichen Entwicklung ändern sich ebenso wie die Ansprüche an eine bürgernahe Versorgung mit kommunalen Dienstleistungen. Die Aufgaben der Gemeinden unterliegen im Zeitablauf beinahe zwangsläufig der Veränderung.

2.3 Kommunale Aufgaben im Wandel

Bereits im Zusammenhang mit der Stellung der Gemeinde im modernen Sozialstaat haben wir auf Veränderungen bei den gemeindlichen Aufgaben hingewiesen[233]. Kommunalwissenschaftliche Theorie und kommunalpolitische Praxis wissen kaum Eindeutiges über Art und Umfang der gemeindlichen Aufgaben zu sagen. Man muß den Eindruck gewinnen, die öffentlichen Aufgaben seien der öffentlichen Hand in der Geschichte einfach zugewachsen, teils in einem Prozeß aktiver Gestaltung, teils als bloße Antworten auf historische „Lagen" und ihre Anforderungen[234]. Im einzelnen wird der Aufgabenkatalog nicht nur durch die allgemeine ökonomische und gesellschaftliche Entwicklung der privatkapitalistisch-marktwirtschaftlich organisierten

Industriegesellschaft oder die (damit zusammenhängende) Gesetzgebung in Bund und Ländern bestimmt, sondern auch durch den politischen Willen der einzelnen Kommunalpolitiker am Ort entscheidend beeinflußt. Art und Umfang der gemeindlichen Aufgaben sind das Ergebnis gesellschaftlicher Entwicklungen und politischer Entscheidungen.

2.3.1 Versuche einer systematischen Erfassung

Bei der Darstellung kommunalpolitischer Aufgaben haben wir bisher zwischen der Bereitstellung öffentlicher Dienstleistungen für die Bevölkerung und einer kleinräumigen Steuerung der Umweltgestaltung unterschieden. Ellwein[235] nennt fünf Aufgabenschwerpunkte:
– technische Versorgung der Bevölkerung
  (Wasser, Strom, Gas, öffentliche Verkehrsmittel, Abwasserbeseitigung, Müllabfuhr, Straßenbeleuchtung, Straßenreinigung)
– kulturelle Tätigkeit
  (Schulen, Erwachsenenbildung, Büchereien, Theater, Museen)
– soziale Aufgaben
  (Kindergärten, Altenheime, Gesundheitspflege, Krankenhäuser, Sport)
– gemeindliche Bautätigkeit
  (Straßenbau, Förderung des Wohnungsbaus, Stadt- und Verkehrsplanung)
– Ordnungsfunktionen
  (Feuerwehr, Polizei, Meldewesen).

Reuter weist „einer fortentwickelten kommunalen Selbstverwaltung im Politikverbund" zwei Gruppen von Funktionen zu:
– „lokal- und regionalorientierte Planoperationalisierungs-, Gestaltungs- und Umsetzungs- sowie Organisations- und Ordnungsfunktionen;
– interlokal-, regional- und zentralorientierte Rückkoppelungs- und Innovationsfunktionen (im „Gegenstromverfahren")"[236].

Derartige Gliederungen der kommunalen Aufgaben erscheinen aus verschiedenen Gründen für eine sozialwissenschaftliche Betrachtung besser geeignet als die in der Verwaltungswissenschaft übliche Trennung zwischen Hoheits- und Selbstverwaltungsaufgaben, übertragenem und eigenem Wirkungskreis bzw. zwischen Pflichtaufgaben und freiwilligen Aufgaben/Leistungen[237].

Unsere Beispiele zeigen, daß mit „freiwilligen Aufgaben" (Hallenbadbau, Fußgängerzone) Pflichtaufgaben mit unterschiedlichem Freiheitsgrad in der Aufgabenerledigung (z.B. Straßenbau, Straßenbeleuchtung, Straßenreinigung, Erschließung von Baugelände, Feuerlöschwesen, Zivilschutz, Gesundheitsschutz) untrennbar verbunden sind[238]. Andererseits sind auch die von Ellwein und Reuter genannten Schwerpunkte nur bedingt geeignet: während Ellwein dem Dienstleistungsaspekt kommunaler Tätigkeit relativ breiten Raum einräumt, betont Reuter den Steuerungsaspekt. Uns erscheinen beide Aspekte unverzichtbar. Für eine weitere Betrachtung bedeutsam ist, daß beide sich im Zuge gesellschaftlicher Entwicklungen unterschiedlich verändern.

Bei der Wahrnehmung kleinräumiger Steuerungsaufgaben werden die Gemeinden stellvertretend für die von den örtlichen Problemen (nicht nur räumlich) zu sehr entfernten (staatlichen) Stellen der öffentlichen Verwaltung (Zentralinstanzen des politisch-administrativen Systems) tätig. Der Umfang dieser Aufgaben hat in den letzten Jahrzehnten als Folge der ökonomischen Entwicklung und im Zuge wachsender Staatstätigkeit kontinuierlich zugenommen. Obwohl Zielbestimmung und Art steuernder Eingriffe in den Gemeinden stets umstritten sein werden, ist ein genereller Verzicht auf derartige Steuerungstätigkeiten von keiner Seite angestrebt. Die einzige Alternative zu einer Erfüllung dieser Aufgabe durch die Gemeinden läge auch in der Übernahme durch staatliche Verwaltungen.

Vor dem Hintergrund dieser Alternative reduzieren sich Auseinandersetzungen um konkrete Eingriffsmöglichkeiten fast immer auf die schwierigen Abgrenzungsfragen zwischen den ordnenden und steuernden (öffentlichen) Maßnahmen der Gemeinde und den grundgesetzlich garantierten Verfügungsrechten der (privaten) Eigentümer. Besonders problematisch erscheint dabei die unterschiedliche Planungsdichte (Steuerungsintensität), die vom Baubereich bis zum Sozialwesen abnimmt: Die Folge ist, „daß der mit Problem und Zielformeln der Planung zur öffentlichen Angelegenheit gewordene Prozeß der Stadt- und Raumentwicklung in sozialer, zeitlicher und wirtschaftlicher Hinsicht *untersteuert* blieb, in baulich-technischer Hinsicht jedoch *übersteuert* wurde"[239].

Völlig anders stellt sich die Situation gemeindlicher Aufgabenerfüllung im Bereich des Dienstleistungsangebotes dar. Die Gemeinde sorgt hier durch die Bereitstellung öffentlicher Güter für einen Ausgleich zwischen dem Dienstleistungsangebot der Privatwirtschaft und dem Dienstleistungsbedarf der Bevölkerung, insbesondere ihrer einkommensschwächeren Teile[240]. Die Gemeinde greift also durch die für ihre Bürger mittelbar oder unmittelbar erbrachten Dienstleistungen in den Prozeß der Zuweisung (Verteilung) gesellschaftlicher Güter und Werte ein. Indem die Gemeinde bestimmte Leistungen erbringt, begünstigt sie solche Teile der Bevölkerung, für die entsprechende

Leistungen sonst nicht zugänglich wären (z.B. Benutzung einer Schwimmhalle) und belastet (möglicherweise andere) Bevölkerungsgruppen, die durch ihre Steuerzahlungen dieses Dienstleistungsangebot finanzieren (müssen).
Allein aus diesem Grunde ist es nicht verwunderlich, daß in diesem Bereich Art und Umfang kommunaler Aufgabenerfüllung immer wieder Gegenstand politischer Auseinandersetzung waren. Die Stichworte „kalte Sozialisierung", „Nulltarif", „Privatisierung öffentlicher Dienstleistungen" deuten auf Zeitpunkt, Gegenstand und Beteiligte solcher Auseinandersetzungen. Obwohl bei diesen Debatten jeweils die wirtschaftliche Betätigung der Gemeinden, die Finanzierbarkeit von Nahverkehrsdefiziten und die Effizienz von Dienstleistungsbetrieben im Vordergrund standen, ging es in allen drei Fällen um die Grenzziehung zwischen öffentlicher und privater Tätigkeit und damit um die Festlegung der im Hinblick auf Dienstleistungen stets als Restkategorie bestimmten Aufgaben der Gemeinden.

2.3.2 Abgrenzung zwischen privater Wirtschaft und öffentlichen Dienstleistungen

Bereits zu einer Zeit, als Kommunalpolitik noch unbestritten mit dem Etikett „Sachpolitik" versehen und der bei Bund und Land vorherrschenden „Parteipolitik" gegenübergestellt wurde, kam es zwischen CDU und FDP einerseits und SPD andererseits zu Konflikten mit weitgehend gleichartigen Problemlagen: Während die SPD eher dazu neigte, kommunale Dienste und Investitionen, auch unter Aufnahme von Schulden und durch Erhöhung der Gewerbesteuer, auszudehnen, standen CDU/CSU und FDP all dem zumindest skeptisch, meist sogar offen ablehnend gegenüber [241]. Dieser Konflikt über Art und Umfang öffentlicher Aufgaben läßt sich bis in die Zeit der Weimarer Republik, zum Teil sogar bis ins Kaiserreich zurückverfolgen. Die explosionsartige Entwicklung der großen Städte führte in den zwanziger Jahren zu einer Ausdehnung der kommunalen Verwaltungstätigkeit auf den Wirtschafts- und Versorgungssektor: „Die wirtschaftliche Tätigkeit der Gemeinden veränderte ihren Charakter von einer behelfsmäßigen Einrichtung zur Abdeckung unabweisbaren öffentlichen Bedarfs zu einer systematisch betriebenen eigenständigen Kommunalwirtschaft"[242]. Dieser Prozeß begann im 19. Jahrhundert mit der Strom-, Gas- und Wasserversorgung, ging weiter mit dem öffentlichen Nahverkehr. Ihm folgten Straßenreinigung, Müllabfuhr, Kanalisation und Straßenbau.
Die gewerbliche Wirtschaft und ihre Spitzenverbände beurteilten die wirtschaftliche Betätigung der Gemeinden, insbesondere der Groß-

städte, anders: in z.T. heftiger Kritik wandten sich diese Interessengruppen vor allem gegen die „kalte Sozialisierung"[243], betrachteten also die Vielzahl kommunaler Wirtschaftsunternehmen als ein systemfremdes Element im Konzentrationsprozeß der zwanziger Jahre. Ihre Argumente waren mangelnde Elastizität kommunaler Unternehmen, fehlende Rentabilität des eingesetzten Kapitals, ungerechtfertigte Konkurrenz kommunaler Betriebe gegenüber dem örtlichen Gewerbe. Dagegen betonte der Deutsche Städtetag, die wirtschaftliche Betätigung der Städte fördere gleichermaßen die allgemeine „Produktion, auch der Privatwirtschaft durch die Unterhaltung privatwirtschaftlich nicht rentierlicher Anlagen und die Versorgung breiter Schichten der Bevölkerung mit unentbehrlichen Lebensgütern"[244]. Diese Betrachtung erscheint angemessen, weil damals mit der Ausweitung der kommunalen Dienste weder eine systematische Zurückdrängung des kapitalistischen Wirtschaftsprinzips noch eine sozialpolitische Umverteilung durch besonders günstige (nicht kostendeckende) Tarife für kommunale Dienste und Leistungen angestrebt wurde[245].
Erfolg war den Spitzenverbänden der deutschen Wirtschaft bei ihrem Kampf gegen die „kalte Sozialisierung"[246] erst mit der 1935 von den Nationalsozialisten erlassenen Deutschen Gemeindeordnung (DGO) beschieden. „Die Gemeinde darf wirtschaftliche Unternehmen nur errichten oder wesentlich erweitern, wenn
1. der öffentliche Zweck das Unternehmen rechtfertigt,
2. das Unternehmen nach Art und Umfang in einem angemessenen Verhältnis zu der Leistungsfähigkeit der Gemeinde und zum voraussichtlichen Bedarf steht,
3. der Zweck nicht besser und wirtschaftlicher durch einen anderen erfüllt wird oder erfüllt werden kann." (§ 67, 1 DGO)[247].
Diese (die Gestaltungsmöglichkeiten der Gemeinden beschränkende) Abgrenzung zwischen privater und öffentlicher Wirtschaft wurde nach dem Kriege nahezu gleichlautend in die neuen Gemeindeordnungen der Bundesländer übernommen und ist in dieser Form bis heute in Kraft.[248] Die Frage, in welchem Umfang private und öffentliche Dienstleistungen zur notwendigen Versorgung der Bevölkerung beitragen sollen, blieb freilich in der Diskussion. Lediglich die Diskussionsanlässe änderten sich; thematisiert wurden Subsidiarität und „Nulltarif".

Anfang der siebziger Jahre forderten insbesondere die Jungsozialisten, möglichst viele Bedürfnisse dem Marktgeschehen zu entziehen und ihre Befriedigung durch kommunale Dienste anzustreben. Bereits Anfang der sechziger Jahre hatten die SPD unter dem Stichwort „Gemeinschaftsaufgaben" auf Mängel in der Versorgung mit öffentlichen Gütern hingewiesen. Die Münchner Jungsozialisten bezeichneten in

einem auf dem Bremer Bundeskongreß 1970 vorgelegten Papier u.a. Krankenversorgung, Erholung und Bildung, Versorgung mit Strom, Gas, Wasser und Wohnraum sowie Benutzung von Verkehrsmitteln als „Grundbedürfnisse", die nicht weiterhin privatwirtschaftlichem Gewinnstreben überlassen bleiben dürften, sondern auf lange Sicht vollständig aus Steuermitteln zu finanzieren und den Bürgern kostenlos zur Verfügung zu stellen seien. Eine Verwirklichung solcher Vorstellungen hätte die Grenze des kommunalen Leistungsangebots sehr weit ausgedehnt und der privatwirtschaftlichen Betätigung eher eine Restaufgabe zugebilligt. Derart weitgehende Vorstellungen konnten aber weder bei den Jungsozialisten noch in der SPD oder gar in der Bevölkerung die Unterstützung einer Mehrheit finden.
Breitere Zustimmung fanden die mit dem Stichwort „Nulltarif" verbundene Kritik an einer vermeintlich kostendeckenden Gestaltung der Tarife im öffentlichen Personennahverkehr [249] und die Forderung nach kommunalen Wohnungsvermittlungsstellen als Gegengewicht gegen freie Makler [250]. Verschiedene Großstädte versuchten, über die bisherige Tätigkeit der „Wohnungsämter" hinauszugreifen und nicht mehr nur öffentlich geförderte Wohnungen zu vermitteln, sondern auch auf den örtlichen Markt für frei finanzierten Wohnraum Einfluß zu nehmen. Dabei stießen sie nicht nur auf mangelnde Bereitschaft der Vermieter, dieses kommunale Dienstleistungsangebot in Anspruch zu nehmen. Die Kommunalaufsichtsbehörden der Länder (Regierungspräsidenten, Innenminister [251]) bestimmten das durch die Gemeindeordnungen geschützte Tätigkeitsfeld der Privatwirtschaft so, daß die Erfolgsaussichten kommunaler Wohnungsvermittlung erheblich eingeengt wurden.
Auch in anderen Bereichen ihrer Tätigkeit stoßen die Gemeinden auf gesetzliche Grenzen. Grundlage dafür ist eine Konkurrenz zwischen dem öffentlichen Solidarverband Gemeinde und den auf freiwilliger Basis operierenden Hilfseinrichtungen gesellschaftlicher Gruppen, insbesondere der Kirchen. So entspricht es etwa der Forderung (der katholischen Sozialehre) nach Subsidiarität (also dem Vorrang der kleineren gesellschaftlichen Einheit vor der umfassenderen), wenn (seit 1961) im Bereich der Jugendpflege Regelungen gelten, die die Gemeinden gegenüber privaten Trägern benachteiligen: „Aufgabe des Jugendamts ist ..., die für die Wohlfahrt der Jugend erforderlichen Einrichtungen und Veranstaltungen anzuregen, zu fördern und gegenenfalls zu schaffen ... Soweit geeignete Einrichtungen und Veranstaltungen der Träger der freien Jugendhilfe vorhanden sind, erweitert oder geschaffen werden, ist von eigenen Einrichtungen und Veranstaltungen des Jugendamts abzusehen" [252]. Die Gemeinden dürfen Einrichtungen, wie Kindergärten u.ä. nur dann

schaffen, wenn „freie Träger" kein entsprechendes Angebot machen, „werden also durch Gesetz zugunsten von Vertretern gesellschaftlicher Großgruppen diskriminiert, die häufig durch zentrale Verwaltungen geleitet werden"[253]. Die Gemeinden können sich also keineswegs nach eigener Wahl selbst neue Aufgaben stellen, für ihre Bürger jedes beliebige Dienstleistungsangebot bereithalten, auch wenn sie über die dazu erforderlichen finanziellen Mittel verfügen. Die Forderung nach einer Privatisierung öffentlicher (insbesondere kommunaler) Dienstleistungen greift noch über diese Einschränkungen hinaus.

2.3.3 Vorschläge zur Privatisierung öffentlicher Aufgaben

Bei der Privatisierungsdebatte geht es nicht um die gelegentliche Inanspruchnahme leistungsfähiger Privatbetriebe für einzelne Aufgaben der öffentlichen Hand. So ist es fast selbstverständlich, daß selbst in großen Städten größere Investitionsvorhaben und Planungsmaßnahmen von freien Architekten und Planern vorbereitet werden: Die Ausarbeitung eines Generalverkehrsplans, die Entwicklung eines Konzepts für die Gestaltung der Verwaltungsorganisation, die Durchführung einer Sanierungsmaßnahme, die Planung kommunaler Hoch- und Tiefbauten werden als Aufträge an private Unternehmen vergeben.

Dies wird erst recht in kleineren Städten praktiziert: Westerstede gab den Auftrag zur Entwicklung der Bebauungspläne 14 an ein Planungsbüro. Leichlingen läßt seinen Stadtentwicklungsplan durch ein Architekturbüro vorbereiten. Häufig ist es bloßer Zufall, ob eine „Aufgabe" unmittelbar vom öffentlichen Dienst wahrgenommen wird oder „nur durch die öffentliche Hand finanziert wird"[254]. Auch die sogenannte Organisationsprivatisierung"[255], also die Bereitstellung öffentlicher Dienstleistungen durch gemeindeeigene Betriebe in der Form privater Kapitalgesellschaften (AG, GmbH) ist nicht gemeint und wird längst praktiziert.

Gegenstand der Diskussion über eine „Privatisierung öffentlicher Dienstleistungen" ist die Übertragung von Daueraufgaben, die unstreitig in der Verantwortung der Gemeinden wahrgenommen werden müssen, auf (nicht nur der Rechtsform nach) private Unternehmen: „Wir Kommunalpolitiker (der CDU/CSU – d. Verf.) wollen die wirtschaftliche Tätigkeit der öffentlichen Hand einschränken und auch Versorgungsleistungen, soweit sie sinnvoll und möglich erscheinen, privatisieren"[256]. In den Leitlinien der FDP heißt es: „Im Dienstleistungsbereich ist laufend zu überprüfen, inwieweit Aufgaben, die bisher von den Gemeinden wahrgenommen wurden, privatisierbar sind oder in andere Trägerschaften überführbar sind"[257].

Als wesentliche Ziele der Privatisierung[258] erscheinen die stärkere Orientierung öffentlicher Leistungen am „ökonomischen Prinzip" und daraus abgeleitet eine Entlastung der öffentlichen Haushalte und eine Verbilligung öffentlicher Dienstleistungen für den Bürger. Daneben werden auch größere Flexibilität[259] und höhere Produktivität der Aufgabenerfüllung sowie stärkere persönliche Verantwortlichkeit bei der Inanspruchnahme von Dienstleistungen[260] ins Feld geführt. Einige kommunale Spitzenverbände haben sich (insbesondere in einzelnen Bundesländern; z.B. in Baden-Württemberg[261]) solche Überlegungen zueigen gemacht. Die positive Einstellung des zuständigen kommunalen Spitzenverbandes mag auch für die Überlegungen in Nagold eine wichtige Rolle gespielt haben.

Privatisierung öffentlicher Aufgaben kann keineswegs pauschal abgelehnt werden. So setzte sich etwa die (betroffene) Gewerkschaft Öffentliche Dienste, Transport und Verkehr (ÖTV) in einer umfangreichen Dokumentation mit dem Problemkreis auseinander[262]. Der Deutsche Städtetag hat die Möglichkeiten und Grenzen einer „Privatisierung öffentlicher Aufgaben" in einer differenzierten Stellungnahme an konkreten Aufgabenbereichen (u.a. Museen, Theatern, Altenheimen, Krankenhäusern, Kindergärten, Abfallbeseitigung, Straßenreinigung, Verkehrsbetrieben) erörtert[263]. Bei verschiedenen „Hilfstätigkeiten" der öffentlichen Hand (etwa Gebäudereinigung, Grünflächenpflege, Straßenunterhaltung, Küchenbetriebe) kann Privatisierung zu einer besseren und wirtschaftlicheren Erfüllung öffentlicher Aufgaben führen. Veränderungen der Lebensverhältnisse sowie der Technik und Arbeitsorganisation im nichtöffentlichen Bereich können kommunale Dienste überflüssig machen[264]. So gibt es etwa heute keinen öffentlichen Auftrag mehr für ein kommunales Pfandhaus. Wer die Notwendigkeit eines städtischen Schlacht- und Viehhofes in Frage stellt, muß allerdings auch die künftige Erledigung der veterinärpolizeilichen Aufgaben beachten[265]. In den meisten Fällen dürfte eine Privatisierung allerdings nicht der häufig genannten Bevölkerung, sondern vor allem den Interessen der Privatwirtschaft dienen. Vor diesem Hintergrund lassen sich folgende Hauptargumente „gegen die Privatisierung anführen:
- in den meisten Fällen wird – zum Nachteil der Verbraucher – ein öffentliches Monopol in ein privates Monopol verwandelt;
- die Privatisierung beschränkt sich auf gewinnbringende öffentliche Aufgaben; eine Entlastung des kommunalen Haushalts erfolgt nicht;
- es kommt zum Abbau flächendeckender Leistungsangebote; eine Gewähr für ein dauerhaftes Leistungsangebot besteht nicht;
- die Leistungen verteuern sich für die Bürger"[266].

Gegenüber generellen und weitreichenden Privatisierungsbestrebungen, wie sie teilweise in CDU/CSU und FDP vertreten werden, sind erhebliche Bedenken angebracht. Art und Umfang öffentlicher Dienstleistungen der Gemeinden hängen aber nicht nur von den jeweils vorherrschenden politischen Zielsetzungen ab, sie werden auch in Zukunft ganz wesentlich durch die finanziellen Möglichkeiten der einzelnen Gemeinde bestimmt bleiben. Unabhängig von abstrakten Diskussionen über Nulltarif oder Privatisierung bilden die Einnahmen der Gemeinden eine strukturelle Obergrenze für das kommunale Dienstleistungsangebot. Während die Frage, wie über Aufgaben der Gemeinden und die Art ihrer Erledigung entschieden wird, später erörtert werden soll, wenden wir uns zunächst der Herkunft der gemeindlichen Finanzmittel, der Einnahmenseite des kommunalen Haushalts zu.

3. Finanzierung kommunaler Aufgaben: Politische Anforderungen und wirtschaftliche Rahmenbedingungen

Die Fülle kommunaler Aufgaben findet ihren Niederschlag in einem erheblichen Anteil der Gemeinden an den Ausgaben der öffentlichen Hand: Im Durchschnitt der letzten Jahre fanden sich von jeder DM, die in einem öffentlichen Haushalt verausgabt wurde, ca. 30 Pfg., 1976 insgesamt 106 von 369 Milliarden DM, im Haushalt einer Gemeinde oder eines Gemeindeverbandes [267]. Angesichts dieses Finanzvolumes, das die Kassen der Gemeinden durchläuft, drängt sich die klassische Frage auf: wer soll das bezahlen? Die Antwort wird, bedingt durch soziale Lage und politische Einstellung, aber auch je nach gemeindlicher Aufgabe, unterschiedlich ausfallen.

Ein naheliegender Generalnenner ist: Bezahlen soll immer, wer eine öffentliche Leistung in Anspruch nimmt! Läßt sich das überhaupt verwirklichen? Betrachten wir unsere Beispiele: Beim Hallenbad ist der Kreis der Benutzer durch den Verkauf von Eintrittskarten zu ermitteln, abzugrenzen und zur finanziellen Abwicklung heranzuziehen. Bei der Reinigung von Schulen sind die Personen, denen diese öffentliche Leistung unmittelbar zugute kommt, nämlich Lehrer und Schüler, ebenfalls leicht zu bestimmen. Warum aber sollten gerade diese „Benutzer" letztlich auch die Reinigungsleistung bezahlen? Gibt es nicht auch förderungswürdige öffentliche Güter, wie etwa ein öffentliches Interesse an Volksgesundheit und allgemeiner Bildung?

Bei der Einrichtung einer Fußgängerzone schließlich lassen sich Nutzen und Lasten vollends nicht mehr bestimmten Personen zurechnen. Zunächst haben die Käufer in der (nunmehr autofreien) Innenstadt einen Vorteil für ihre Gesundheit (Lärm und Abgase fallen weg). Aber auch die Geschäftsinhaber können Vorteile erwarten: die Urbanität einer Ladenstraße erhöht den Umsatz des einzelnen Ladens. Veränderungen ergeben sich auch für die Grundstückseigentümer: ihre Grundstücke werden wertvoller (an der Fußgängerstraße) oder verlieren an Wert (an Straßen, in denen nunmehr geparkt wird und an der Umgehungsstraße). Einen Vorteil hat schließlich auch die Stadt: höhere Einnahmen der Gewerbetreibenden und steigende

Grundstückswerte wirken sich günstig auf die Steuereinnahmen aus. Aber wie sind die Kosten der Fußgängerzone und der Umgehungsstraße im einzelnen aufzubringen? Sicher nicht ohne einen angemessenen Anteil der betroffenen Bürger.

3.1 Entgelte, Gebühren und Beiträge der Bürger

Für eine Vielzahl kommunaler Aufgaben und Leistungen gilt der Grundsatz, daß für den einzelnen Fall im Wege von Leistung und Gegenleistung eine spezielle (auch und gerade finanziell bedeutsame) Beziehung zwischen dem Bürger und seiner Gemeinde herzustellen ist („Äquivalenzprinzip"). Dabei bereitet nicht nur – wie bereits erörtert – die Bestimmung und Zurechnung der gemeindlichen Leistung Schwierigkeiten, auch die korrekte Bezeichnung der jeweiligen Gegenleistung des Bürgers ist keineswegs einfach.
Sofern die Dienstleistung von einem gemeindlichen Unternehmen oder einem kommunalen Eigenbetrieb erbracht wird, etwa die Lieferung von Strom, Gas, Wasser bzw. die Fahrt mit einem öffentlichen Verkehrsmittel, zahlt der Bürger häufig ein (privatrechtliches) Entgelt: der Bürger „kauft" die (jedermann angebotene) Leistung von seiner Gemeinde[268]. Aus der Sicht des Bürgers stellt sich die Inanspruchnahme anderer Dienstleistungen durchaus ähnlich dar: bei der Eheschließung und der Kraftfahrzeugzulassung, der Müllabfuhr, der Straßenreinigung und der Abwasserbeseitigung muß der Bürger für kommunale Dienstleistungen zahlen; es besteht ein unmittelbarer Zusammenhang zwischen Leistung und Gegenleistung. Allerdings zahlt der Bürger hier kein Entgelt, sondern er entrichtet eine (öffentlich-rechtliche) Gebühr[269]. Die Höhe dieser Gebühr richtet sich wie bei anderen Abgaben (etwa Steuern und Beiträgen) nach dem Kommunalabgabengesetz (des jeweiligen Landes) und der örtlichen Gebührensatzung.

3.1.1 Kostendeckung bei Entgelten und Gebühren

Bei der Festsetzung von Gebühren und Entgelten sollen die Gemeinden gleichzeitig Kostendeckung anstreben, die unterschiedlichen Ansprüche und Einkommen ihrer Bürger berücksichtigen und dem Grundsatz der Gleichbehandlung Rechnung tragen. Das Ergebnis dieses Spannungsverhältnisses zwischen betriebswirtschaftlichen, gesellschaftspolitischen und rechtsstaatlichen Gesichtspunkten kann nur ein politischer Kompromiß sein, der im Ernstfall der Kontrolle durch ein Verwaltungsgericht standhalten muß und obendrein auch von den Kommunalaufsichtsbehörden überwacht wird.

Kostendeckung bei Gebühren und Entgelten für kommunale Dienstleistungen ist allenfalls eines von verschiedenen Leitbildern, aber keineswegs verbreitete Realität. Untersuchungen in 136 bzw. 200 Städten haben ergeben, daß die Einnahmen der kommunalen Hallenbäder im Durchschnitt nur etwa 36 % der Kosten decken. Ähnliches gilt für Theateraufführungen und Konzerte (35 % Kostendeckung). Nur bei Museen ist der Kostendeckungsgrad mit durchschnittlich 11 % noch geringer. Häufig ist hier der Besuch (wie bei öffentlichen Büchereien) völlig kostenlos.

Würde das Kostendeckungsprinzip etwa beim Leichlinger Hallenbad in reiner Form angewandt, dann müßten erwachsene Benutzer nicht mehr wie (nach mehrfacher Erhöhung) Ende 1978 DM 2,- als Eintrittsgeld bezahlen, sondern der Stadt die vollen Kosten der Errichtung und des Betriebes (die sogenannten Folgekosten) erstatten. Als Folgekosten bezeichnet man jene Kosten, „die eine Einrichtung bei ihrem Betrieb nach ihrer Fertigstellung jährlich verursacht"[270], also Unterhaltungskosten und Instandsetzungskosten, im einzelnen sächliche Betriebs- und Verwaltungskosten, Personalkosten für Verwaltung und Aufsichtspersonen, kalkulatorische Kosten für Abschreibungen und Kapitalverzinsung sowie Zinsen für die zur Finanzierung der Maßnahme aufgenommenen Darlehen.

Auch wenn das neue Haushaltsrecht durch die Veranschlagung kalkulatorischer Kosten der kostenrechnenden Einrichtungen und die Brutto-Veranschlagung aller Ausgaben und Einnahmen zwei wesentliche Hilfen für die Entwicklung einer kostenbewußten Gemeindeverwaltung enthält[271], bleibt die Gefahr bestehen, daß durch summarische Ausweisung von Personalkosten und sächlichen Verwaltungsausgaben für ganze Aufgabenbereiche die gewonnene Klarheit wieder verloren geht. Zur Berechnung der tatsächlichen Kosten werden Einzelerhebungen oder zusätzliche Berechnungen erforderlich. Deren Ergebnis war z.B. in Stuttgart, daß als kostendeckender Eintritt DM 7,- für den Besuch des Hallenbades gezahlt werden müßten; tatsächlich werden DM 2,30 bzw. DM 1,10 erhoben. Durch kostendeckende Gebühren und Entgelte würden ganze Bevölkerungsgruppen von der Inanspruchnahme öffentlicher Dienstleistungen ausgeschlossen, z.B. mehrköpfige Familien mit niedrigem Familieneinkommen. Das können und wollen die Gemeinden aber aus sozialen Gründen keinesfalls zulassen; die Folge ist der Wunsch nach einer sozial ausgewogenen, benutzer-spezifischen Festlegung von Gebühren und Entgelten.

Die einzelnen Parteien werden allerdings die Bedürftigkeit potentieller Benutzergruppen unterschiedlich beurteilen: sollen etwa Einzelbenutzer mehr zahlen als Gruppen (Vereine, Schulen)? Erwachsene Einzelbenutzer sollen zwar das höchste Eintrittsgeld zahlen, aber wo ist die Grenze zum Erwachsenenalter anzusetzen? Sollen alle Erwachsenen gleich behandelt werden, oder sollen einige (z.B. Rentner, Invaliden) das Schwimmbad billiger benutzen dürfen als andere? Sollen Kinder, Arbeitslose, Jugendliche das Bad gar umsonst benutzen? Gelten solche Gesichtspunkte auch bei Tennisplätzen, Golfplätzen, Eissporthallen, Heilbädern und ähnlichen Einrichtungen? Oder kann und soll dies alles der vielgerühmten Privatinitiative überlassen bleiben?[272]

Das Beispiel des Leichlinger Freibades zeigt, wie schnell Privatinitiative erlahmen kann, wenn die Folgekosten überhandnehmen. Die Stadt steht dann vor der Alternative, dem Bürger bestimmte Leistungen in Zukunft vorzuenthalten oder die Hauptlast der Folgekosten zu tragen. Geplant und betrieben wurde das Freibad in Leichlingen von einer durch Initiative einzelner Bürger gegründeten Freibad-Gesellschaft e.V., deren Vorsitz jedoch schließlich der Stadtdirektor übernahm. Als der erforderliche Investitionsaufwand und die zu erwartenden Personalkosten die finanzielle Kraft des Trägervereins überschritten, sah sich der Verein veranlaßt, das Freibad als „Geschenk" an die Stadt Leichlingen zu übergeben. Im ersten Jahr nach der Übernahme wies allein der Unterabschnitt Badeanstalten des Etats (1971) bereits einen Zuschußbedarf von DM 75.000,– aus. Hätte die Stadt sich weigern können, wenn ihr in ähnlicher Situation eine Reithalle oder Tennisplätze geschenkt worden wären? Diese Überlegung führt unmittelbar zurück auf die Frage, welche öffentlichen Leistungen/ Einrichtungen eine Gemeinde für welche Bürger erbringen/vorrätig halten muß.

3.1.2 Beiträge zwischen öffentlichem und privatem Nutzen

Dies zu entscheiden ist etwa bei der Einrichtung einer Fußgängerzone noch schwieriger als beim Bau eines Hallenbades: unmittelbar und mittelbar Betroffene können über den Nutzen einer solchen Einrichtung sehr unterschiedlicher Meinung sein; betroffene Nutzungsberechtigte (Käufer, Autofahrer) und Zahlungspflichtige (Anlieger) fallen zudem auch personell auseinander. Im Zusammenhang mit dem Bau von Straßen kann die Stadt Westerstede (nach § 127, 1 BBauG[273] und § 6, 1 NKAG)[274] von den Anliegern Beiträge erheben. Während Gebühren und Entgelte den Gegenwert für individuell zurechenbare öffentliche Dienstleistungen bilden, werden Beiträge in der Regel für einen schwerlich zu präzisierenden, „einen faktischen oder lediglich auch mutmaßlichen Vorteil des Bürgers aufgrund kommunaler Aktivitäten"[275] etwa für Herstellung, Anschaffung,

Erweiterung, Verbesserung und Erneuerung öffentlicher Einrichtungen erhoben. Dieser Frage ist im Zusammenhang mit dem Bau von Fußgängerzone und Umgehungsstraße nachzugehen.
"Der Erschließungsaufwand umfaßt die Kosten für den Erwerb der Flächen dieser Erschließungsanlagen oder den Wert der von der Gemeinde aus ihrem Vermögen bereitgestellten Flächen im Zeitpunkt der Bereitstellung, die Kosten für die Vermessung der Flächen, für die erstmalige Herstellung der Erschließungsanlagen einschließlich der Einrichtungen für Versorgung und Entsorgung. Durch Landesrecht können die Gemeinden ermächtigt sein, Beiträge zu den Kosten von Erweiterungen oder Verbesserungen zu erheben (§ 128, 1, 2 BBauG). Beitragsfähig ist der Erschließungsaufwand nur insofern, als die Erschließungsanlagen erforderlich sind, um die Bauflächen und die gewerblich zu nutzenden Flächen entsprechend den baurechtlichen Vorschriften zu nutzen" (§ 129 BBauG). Zur Erhebung eines Beitrages muß die Gemeinde (wie bei Steuern und Gebühren) eine Satzung erlassen (§ 1 NKAG), die mindestens den Abgabeschuldner, den die Abgabe begründenden Tatbestand, den Maßstab und den Satz der Abgabe sowie den Zeitpunkt der Fälligkeit der Schuld genau bestimmt.
Die zitierten gesetzlichen Grundlagen weisen auf vielfältige Bewertungsprobleme hin. Auszugehen ist dabei – wie erwähnt – von den Vorteilen der Anlieger. Das Beispiel der Fußgängerzone in Westerstede verdeutlicht die Problematik: die Geschäftsinhaber wenden sich zwar zum Teil strikt gegen die Fußgängerzone, dennoch können sie (soweit sie Eigentümer sind) mit anteiligen Herstellungskosten belastet werden, wie das in anderen Städten längst geschehen ist. Die Erfahrung hat gelehrt, daß letztlich die Geschäftsinhaber einen Vorteil aus der Baumaßnahme erlangen.
Im Falle der Umgehungsstraße kann ein solcher Vorteil für die Anlieger nicht gesehen werden; eine Beteiligung am Ausbau wird (nicht nur aus diesem Grund) wohl entfallen. So bestimmt § 128, 3, 2 BBauG, daß die Kosten für „Fahrbahnen der Ortsdurchfahrten von Bundesstraßen sowie von Landesstraßen I. Ordnung (Staatsstraßen – d. Verf.) und II. Ordnung" (Kreisstraßen) aus dem Erschließungsaufwand herauszunehmen sind, soweit die Fahrbahnen keine größere Breite erfordern als ihre anschließenden freien Strecken. Diese Regelung führt zu einer Entlastung derjenigen Grundstücke, die von den Ortsdurchfahrten erschlossen werden, gegenüber Grundstücken an Straßen gleicher Abmessung, die nicht Ortsdurchfahrten sind[276].
Den nicht beitragsfähigen (weil im öffentlichen Interesse erforderlichen) Erschließungsaufwand muß die Gemeinde, sofern sie keinen Zuschuß von Bund und Land[277] erhält, selbst tragen. Die Gegner der

Fußgängerzone in Westerstede weisen deshalb darauf hin, daß die Verwirklichung dieses Vorhabens eine so hohe finanzielle Belastung der Stadt mit sich bringt, daß wichtige Instandsetzungsmaßnahmen im Straßenbau entfallen müßten und der finanzielle Handlungsspielraum der Stadt auf Jahre hinaus eingeengt würde. Dabei ist freilich zu beachten, daß der gemeindliche Anteil am Erschließungsaufwand nicht nur von Art und Umfang der Maßnahme, sondern auch von politischen Entscheidungen am Ort, der Bereitschaft der Anlieger zur Beitragszahlung und dem geltenden Landesrecht wesentlich beeinflußt wird.
Die Kommunalabgabengesetze der Länder sehen unterschiedliche Regelungen vor, die sich insbesondere auf den Anteil der Gemeinden an den Ausbaukosten (zwischen 10 und 75 %) oder auf die Feststellung beziehen, daß Beiträge erhoben werden *sollen* (Nordrhein-Westfalen) bzw. zu erheben *sind* (Schleswig-Holstein)[278]. Auch die Erhebung von Beiträgen für die Unterhaltung von Erschließungsanlagen wird unterschiedlich gehandhabt[279]. Während verschiedene Gemeinden nur den Mindestanteil von 10 % der Herstellungskosten selbst tragen, sehen sich andere Gemeinden gezwungen, diesen Satz erheblich zu überschreiten[280].
Einen Anlaß dafür bildet die Furcht vor Konflikten mit den zur Beitragszahlung herangezogenen Bürgern. So kann gerade bei der Einrichtung einer Fußgängerzone durchaus strittig sein, ob und in welchem Umfang die Anlieger zu einem Ausbaubeitrag herangezogen werden können. So wird u.a. die Auffassung vertreten, da es sich nicht um eine Erschließungsmaßnahme handele, käme allenfalls ein Umbaubeitrag in Betracht[281]. Nachdem die Beitragspflicht bei Fußgängerzonen jahrelang diskutiert und von den einzelnen Städten unterschiedlich gehandhabt wurde, liegt dazu jetzt ein Urteil des Verwaltungsgerichts Münster vor: Anlieger von Fußgängerbereichen dürfen mit bis zu 50 % der Kosten belastet werden[282]. Dabei bleiben allerdings schon nach der bisherigen Rechtsprechung Aufwendungen für gestalterische Maßnahmen (Zierlampen, Brunnen, Plastiken) und für Straßenverkehrszeichen außer Betracht.
Welche Bedeutung eine Einschränkung der (durch gesetzliche Regelungen) den Gemeinden zugewiesenen Entscheidungsmöglichkeiten durch gerichtliche Auseinandersetzungen erreichen kann, zeigt anschaulich das Beispiel einer (leider nicht genannten) großen deutschen Stadt. In der letzten Zeit wurde dort bei 29 Beitragsverfahren gegen 292 von 621 Heranziehungsbescheiden Widerspruch eingelegt. Gegen 155 Widersprüche wurden von der Stadt 123 Klagen erhoben. Davon haben 32 Klagen bislang nach mehrjähriger Prozeßdauer dazu geführt, daß die Stadt die Heranziehungsbescheide aufheben mußte.

Diese Stadt hat daraufhin die 260 anstehenden Beitragsverfahren mit etwa 6.000 Heranziehungsbescheiden bis zur Klärung der strittigen Fragen zurückgestellt[283].
Sieht man einmal von den Folgen für die Rechtssicherheit und die finanzielle Situation der betreffenden Stadt ab, dann ergibt sich aus derartigen Entwicklungen vor allem die Gefahr, daß Städte und Gemeinden Auseinandersetzungen kommen sehen und – ähnlich wie bei der Festsetzung von Gebühren und Entgelten (wenn auch aus anderen Gründen) – auf die Erhebung angemessener Beiträge verzichten. Die Folge wäre, daß der wachsende öffentliche Anteil an Erschließungs-, Ausbau-, Umbau- und anderen Verbesserungsmaßnahmen aus den übrigen Einnahmen der Gemeinden bestritten werden muß, bei denen im Gegensatz zu Gebühren, Entgelten und Beiträgen kein unmittelbarer Zusammenhang zwischen gemeindlicher Leistung und persönlicher Zahlungspflicht besteht. Hier ist zunächst an Steuereinahmen zu denken.

3.2 Steuereinnahmen der Gemeinden

Seit der letzten Gemeindefinanzreform „stehen die Steuereinnahmen der Gemeinden gleichsam auf drei Säulen von ganz unterschiedlichem baulichen Zustand"[284] (s. Tab. 3): die traditionell von den Gemeinden vereinnahmten Realsteuern (Grund- und Gewerbesteuern) haben an Bedeutung verloren. Die (im Austausch gegen einen Anteil an der Gewerbesteuer – „Gewerbesteuerumlage") von Bund und Ländern zugestandene unmittelbare Beteiligung an der Einkommensteuer (einschließlich Lohnsteuer) verschafft den Gemeinden eine neue, an das Wirtschaftswachstum gekoppelte und regional gleichmäßiger verteilte Einnahmequelle. Die örtlichen Verbrauchs-, Aufwands- und Verkehrssteuern (sog. „kleine Gemeindesteuern"), deren Aufkommen allerdings nie das der Realsteuern erreichte, verlieren für die Gesamtheit der Gemeinden allmählich an Gewicht.
Zu den kleinen Gemeindesteuern gehören u.a. die Getränke- und die Speiseeissteuer (Verbrauchssteuern), die Vergnügungs-, Jagd-, Fischerei- und Hundesteuer (Aufwandssteuern), die Schankerlaubnissteuer und der gemeindliche Zuschlag zur Grunderwerbssteuer (Verkehrssteuern). In manchen Gemeinden kann das Aufkommen der kleinen Steuern „ein beachtliches Volumen erreichen und zur Stärkung des ohnehin schwachen Gemeindesäckels unentbehrlich sein"[285]. Als Beispiele lassen sich etwa die Fremdenverkehrsabgabe in ausgesprochenen Ferienorten und die Getränkesteuer in München[286] anführen.

Tab. 3: Steuereinnahmen der Gemeinden, in Mrd. DM und vH. 1960–1978*)

Jahr	Steuern insgesamt	Gewerbesteuer E. und K.[1)]		Grundsteuer A und B		Gemeindeanteil Einkommensteuer[2)]		Sonstige Steuern	
	Mrd. DM	Mrd. DM	vH[3)]	Mrd. DM	vH	Mrd. DM	vH	Mrd. DM	vH
1960	9,64	7,43	77	1,63	17	–	–	0,57	6
1961	10,47	8,15	78	1,72	16	–	–	0,60	6
1962	11,22	8,77	78	1,86	17	–	–	0,59	5
1963	11,78	9,27	79	1,95	17	–	–	0,56	4
1964	12,57	9,95	79	1,99	16	–	–	0,62	5
1965	13,06	10,28	79	2,11	16	–	–	0,67	5
1966	14,03	11,09	79	2,23	16	–	–	0,71	5
1967	14,06	10,99	78	2,36	17	–	–	0,70	5
1968	14,79	11,58	78	2,47	17	–	–	0,64	4
1969	18,83	15,39	82	2,59	14	–	–	0,86	4
1970	18,48	7,76	42	2,68	15	7,15	39	0,88	4
1971	21,29	8,96	42	2,80	13	8,56	40	0,97	5
1972	25,43	11,17	44	3,00	12	10,21	40	1,05	5
1973	29,90	13,29	44	3,21	11	12,29	41	1,12	3
1974	32,80	14,22	43	3,52	11	13,83	42	1,23	4
1975	33,32	14,01	42	4,15	12	13,87	42	1,28	4
1976	37,91	16,02	42	4,80	13	15,61	41	1,48	4
1977[4)]	41,88	17,80	43	5,20	12	17,63	42	1,25	3
1978[5)]	43,97	18,52	42	5,40	12	18,82	43	1,23	3

1) Einschließlich Lohnsummensteuer; ab 1970 Gewerbesteuer (einschließlich Lohnsummensteuer) abzüglich Gewerbesteuerumlage
2) Ab 1970
3) Anteile in v.H. der kommunalen Steuereinnahmen; Abweichungen in den Summen durch Runden der Zahlen
4) Tatsächliche Steuereinnahmen, ohne Saarland und Berlin (West)
5) Schätzung
Quellen: Eigene Berechnungen nach Angaben des Statistischen Bundesamtes und des Bundesfinanzministeriums, bei Verwendung der Vorarbeiten von Zielinski (Bibliographie Nr. 68). S. 51

Im allgemeinen steht den (relativ geringen) Einnahmen aus diesen Steuern ein (insbesondere im personellen Bereich) wachsender Aufwand beim Einzug gegenüber, so daß viele Gemeinden auf die Erhebung dieser Steuern verzichten. Das Bestreben, das gesamte Steuersystem zu vereinheitlichen und zu vereinfachen, findet seinen Niederschlag in der Tendenz, die „Bagatellsteuern" abzuschaffen[287]. Sieht man von gewissen Ordnungsfunktionen solcher Steuern (etwa der Hundesteuer) ab, dann sprechen vor allem finanzpsychologische Überlegungen gegen die Abschaffung: die Verteilung der Steuerlast auf verschiedene Quellen vermindert den Steuerwiderstand.
„Ein Verzicht auf die kleinen Gemeindesteuern, der bei den Bürgern den Eindruck erwecken könnte, wachsende Leistungen der öffentlichen Hand seien mit gleichbleibenden oder sinkenden Steuerbe-

lastungen vereinbar, wäre auch ein Verzicht der Kommunen auf ein Stück Finanzautonomie"[288]. Ein oft erwähntes „Steuerfindungsrecht" der Gemeinden ist zunächst auf deren örtlichen Wirkungskreis begrenzt, hat aber ohnehin für die gemeindliche Steuerpraxis keine Bedeutung: „Wirklich lohnende Quellen der Besteuerung lassen sich durch noch so originelle Ideen kaum noch erschließen"[289]. Weitere Begrenzungen ergeben sich aus den Kommunalabgabengesetzen der Länder und bei der Genehmigung kommunaler Satzungen durch die Kommunalaufsicht, vor allem wenn landeseinheitliche Mustersatzungen zugrunde gelegt werden.
Auch bei den ihrer alleinigen Steuerhoheit unterliegenden Realsteuern sind die finanzpolitischen Möglichkeiten der Gemeinden durch staatliche Rahmengesetze begrenzt. Diese regeln Besteuerungsgrundlage und Erhebungstechnik; sie beschränken den gemeindlichen Entscheidungsbereich auf die Festlegung sogenannter Hebesätze. Dieses Prinzip gilt gleichermaßen für Grund- und Gewerbesteuer. Beide knüpfen als „Realsteuern" nicht (wie etwa die Einkommensteuer) an der wirtschaftlichen Leistungsfähigkeit einer Person, sondern an der Ertragskraft bestimmter Einkommensquellen an. Grundlage der Besteuerung ist die wirtschaftliche Tätigkeit am Ort: „durch die Nutzung der in einem Gemeindegebiet liegenden Grundstücke zu Wohnungs-, Landwirtschafts- und Gewerbezwecken entstehen den Gemeinden erhebliche Aufwendungen und Folgelasten (Straßenbau, Schulen, Energieversorgung), so daß eine entsprechende Besteuerung gerechtfertigt erscheint"[290]. Solange Landwirtschaft, Handel, Handwerk, Kleinindustrie und Hausbesitz wesentliche Erwerbszweige der wahlberechtigten Bevölkerung waren, vermochten die Realsteuern durchaus die durch Entgelte, Gebühren und Beiträge nicht abgedeckten finanziellen Lasten der Gemeinde auf ihre Bürger (in mehrfachem Sinne des Wortes) angemessen zu verteilen[291]. Ob auch heute eine ähnliche Anwendung des Äquivalenzprinzips bei den Realsteuern gelingen kann, muß aber zumindest fraglich erscheinen.

3.2.1 Kommunale Realsteuern (Grund- und Gewerbesteuer)

Die Grundsteuer erfaßt die land- und forstwirtschaftlich genutzten Flächen (Grundsteuer A) und die sonstigen (bebauten und unbebauten) Grundstücke (Grundsteuer B). „Als Besteuerungsgrundlage dienen die vom Finanzamt nach den Vorschriften des Bewertungsgesetzes festgelegten Einheitswerte, zu denen durch Anwendung eines Tausendsatzes (Steuermeßzahl) die Steuermeßbeträge ermittelt werden. Die Grundsteuerschuld errechnen die Gemeindebehörden durch Anwendung der jährlich... festzusetzenden Grundsteuerhebesätze auf die Grundsteuermeßbeträge. Die Veranlagung und Einziehung der Grundsteuer liegt in den Händen der Gemeinden"[292]. Das Berechnungsverfahren sei an einem Beispiel erläutert:

Einheitswert	(nach dem Bewertungsgesetz vom zuständigen Finanzamt, einer *Landes*behörde, ermittelt)	DM 58.400,–
× Steuermeßzahl	(lt. Grundsteuergesetz des *Bundes*) z.Zt. 3,5 ‰	
= Steuermeßbetrag	(wird der Gemeinde und dem Steuerpflichtigen mitgeteilt)	DM 204,40
× Hebesatz	(wird von der *Gemeinde* festgesetzt) z.B. 280 %	
= Grundsteuerschuld	(ist vom Steuerpflichtigen in vierteljährlichen Raten von DM 143,08 an die Gemeindekasse zu entrichten)	DM 572,32

Für die beiden Arten der Grundsteuer können unterschiedliche Hebesätze festgelegt werden. So erhob Leichlingen im Jahre 1977 die Grundsteuer A mit einem Hebesatz von 160 %, die Grundsteuer B mit einem Hebesatz von 250 %. In Nagold lagen die Hebesätze im gleichen Jahr bei 230 bzw. 220 %, in Westerstede galt ein einheitlicher Hebesatz von 260 % für beide Steuerarten.

Für die alljährliche Festsetzung der Hebesätze bildet die bisherige Höhe eine wichtige Vorgabe, von der nach oben oder unten nur im Ausnahmefall abgewichen wird[293]: als Sperrklinke nach unten wirkt bereits die allgemeine Finanzlage der Gemeinden. Bremswirkungen gegenüber einer Erhöhung entfalten die erforderliche Genehmigung (der Haushaltsatzung) durch die Kommunalaufsicht (Wer etwas ändert, gerät unter Begründungszwang), (in Agrargemeinden) die Rücksicht auf den vorherrschenden Wirtschaftszweig, (in Industriestädten) die Angst vor einer Überwälzung auf die Wohnungsmieten.

Neben den auf relativ niedrigem Niveau weitgehend „erstarrten" Hebesätzen sind bei der Grundsteuer auch andere Faktoren wirksam, die zu geringeren Einnahmen der Gemeinden aus dieser Steuer führen. Hier ist zunächst die auf jeweils 10 Jahre befristete Begünstigung (fast) aller Neubauwohnungen in Bezug auf die Grundsteuer zu nennen. Dieser Einnahmeausfall trifft vor allem relativ schnell wachsende Gemeinden (in der Ballungsrandzone), denen für den Ausbau der Infrastruktur keine Steuerzahlungen ihrer „Neubürger" zufließen, durch deren Zuzug die Investitionen der Gemeinde ver-

ursacht werden. Darüber hinaus ist auch das Auseinanderfallen der Wertentwicklung auf den Grundstücks-, Bau- und Wohnungsmärkten einerseits und der Wertermittlung nach den Grundsätzen des Bewertungsgesetzes andererseits bemerkenswert und mit entsprechend geringeren Einnahmen der Gemeinden verbunden.
Die Auswirkungen dieses Prozesses wurden verstärkt durch den jahrzehntelangen Verzicht auf eine Neufestsetzung der Einheitswerte: Bis 1973 galten diejenigen von 1935, erst seit 1974 gelten die Einheitswerte von 1964. Aber auch diese Neubewertung wird nur mit zeitlicher Verzögerung voll wirksam[294]. Als Folge dieser vielfältigen Begrenzung ihrer fiskalischen Ergiebigkeit hat die Grundsteuer als Einnahmequelle der Gemeinden im Vergleich zur Gewerbesteuer deutlich an Bedeutung eingebüßt (s. Abb 4)

Abb. 4: Zusammensetzung der Steuereinnahmen*

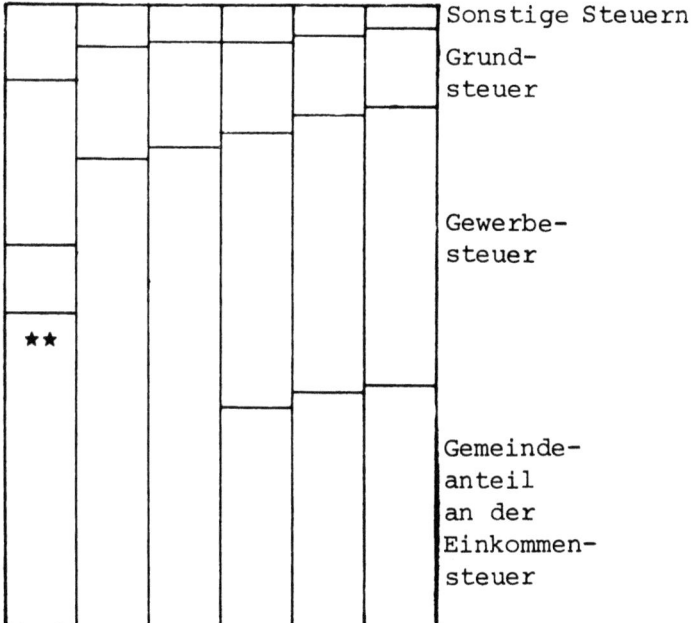

*eigene Berechnung unter Verwendung der Vorarbeiten von Fick (Bibliographie Nr. 16), S. 15.
**Gemeindeeinkommensteuer (Zuschlagrecht zu den Einkommensteuern der Länder: 54%)

Grundsteuer und Gewerbesteuer sind als Realsteuern, die traditionell den Gemeinden zufließen, auch in der Erhebungstechnik weitgehend ähnlich ausgestaltet. Wie bei der Grundsteuer wird auch bei der Gewerbesteuer die Steuermeßzahl durch Bundesgesetz festgelegt, der Steuermeßbetrag vom Finanzamt (einer Landesbehörde) ermittelt. Die Gemeinden setzen einen Hebesatz und damit die Steuerschuld fest und erheben die Steuer. Dabei sind die Gemeinden einzelner Bundesländer in ihren Gestaltungsmöglichkeiten z.T. durch bestimmte Höchstwerte, z.T. durch vorgeschriebene Zahlenverhältnisse („Relationen") zwischen den einzelnen Hebesätzen eingeschränkt. Bei der Berechnung des Steuermeßbetrages (aus den Werten der Vermögens- bzw. Einkommensteuerveranlagung) werden der Besteuerung folgende Werte zugrunde gelegt: Gewerbeertrag (5 %) und Gewerbekapital (2‰) ergeben einen gemeinsamen Steuermeßbetrag für jeden Gewerbebetrieb. Bei einer Vielzahl von Betriebsstätten (Filialbetrieben) erfolgt eine Aufteilung auf die verschiedenen Gemeinden. Sofern (je nach Rechtslage im Lande und – nicht zuletzt durch „Ausschöpfung" der anderen Steuerarten bedingte – Beschlußfassung in der Gemeinde) eine Lohnsummensteuer erhoben wurde, betrug der Steuermeßbetrag 2 ‰ der im örtlichen Gewerbebetrieb gezahlten Löhne und Gehälter.

Ein ernstes Problem der Gewerbesteuer für die einzelne Gemeinde ergibt sich, wenn die örtlichen Einnahmen aus dieser Steuer ganz überwiegend von einem (meist zugleich besonders großen und häufig auch schnell wachsenden) Unternehmen aufgebracht werden: das (dominierende) Großunternehmen wird versuchen, durch Verhandlungen mit der Gemeinde eine Erhöhung der Hebesätze (oder wie bisher die Einführung der Lohnsummensteuer) zu vermeiden; großzügige Zuwendungen für gemeindliche Vorhaben (etwa im sozialen Bereich) stehen dazu keineswegs im Widerspruch; sie sind geradezu als eine strategische Rückzugslinie zu deuten: das betreffende Unternehmen versucht, mit Hilfe einer einmaligen finanziellen Belastung finanzielle Dauerbelastungen abzuwenden.

Sofern nicht ein einzelnes Unternehmen die wirtschaftliche Struktur einer Gemeinde prägt, kann auch eine Vielzahl von Betrieben des gleichen Wirtschaftszweiges („Monostruktur"), etwa Lederwaren (Offenbach), Schuhproduktion (Pirmasens), Textilindustrie (Gronau, Nordhorn), Eisen- und Stahlindustrie (Duisburg) oder Schneidwaren (Solingen), für die Steuerpolitik der betreffenden Gemeinde zum Problem werden. Gerät der betreffende Wirtschaftszweig in eine Strukturkrise, vermindern sich die Steuereinnahmen der Gemeinden dramatisch. Eine Erhöhung der Hebesätze kommt in dieser Situation mit Rücksicht auf die Erhaltung von Arbeitsplätzen nicht in Betracht; eine arbeitsmarktpolitische begündete Senkung der Hebesätze ist ohne

erhebliche Einschränkungen des (gerade mit Hilfe der bisherigen Steuerkraft ausgebauten) kommunale Leistungsangebotes nicht möglich.
Aber auch die Situation der Betriebe wird bedrohlich: „bei ohnehin ertragsschwachen Unternehmen kann die Realsteuerlast zu Ertragsreduzierungen führen, welche die Betriebsfortsetzung als uninteressant erscheinen lassen"[295] oder sogar unmöglich machen. Die gemeindliche Entscheidung über die Hebesätze für Gewerbesteuer und Lohnsummensteuer läßt sich also nicht allein unter dem (fiskalpolitischen) Gesichtspunkt treffen, daß eine Gemeinde möglichst hohe Einnahmen erzielen will. Die Hebesätze können „besonders in Krisenzeiten oder bei unglücklicher Betriebs- und Branchenstruktur zu weitreichenden wirtschaftspolitischen Konsequenzen führen"[296], die sich im voraus nur mit außerordentlichen Schwierigkeiten abschätzen lassen. Die negativen Folgen von Steuererhöhungen werden von der Wirtschaft naturgemäß immer als extrem schwerwiegend dargestellt, das gilt auch für die Festsetzung der Gewerbesteuer. Verläßliche Aussagen über die tatsächlichen Folgen einer bestimmten Entscheidung (und ihrer Alternativen) stehen aber nirgendwo zur Verfügung.
Als Orientierung kann neben einer Analyse der örtlichen Gewerbestruktur (im Hinblick auf die Ertragskraft) das Vorgehen anderer Gemeinden mit unterschiedlich ertragsstarkem Gewerbebesatz dienen. Eine Gemeinde kann die örtliche Steuerbelastung um so stärker anspannen, je besser sich ihre allgemeine Standortqualität darstellt: „Wo die richtigen Kontakte bestehen, die Infrastruktur alle notwendigen Bedürfnisse befriedigt und ein interessanter Ruf der Stadt vor allem für leitendes Personal verlockend ist, gehört eine ganz schöne Steuerbelastung dazu, um einen Betrieb zu vertreiben oder Neuansiedlungen ... zu verhindern"[297]. Die Grenzen der Besteuerung sind erreicht, wenn die örtliche Steuerlast einen Standort aus unternehmerischer Sicht so uninteressant macht, daß Erweiterungs- und Modernisierungsinvestitionen an anderen Plätzen vorgenommen werden.
In Lohnsumme, Gewerbeertrag und Gewerbekapital (den Besteuerungsgrundlagen der Gewerbesteuer) finden Umfang und Ergebnis wirtschaftlicher Aktivität unmittelbaren Ausdruck. Im Gegensatz zur eher statischen Entwicklung der Grundsteuer mußte deshalb die Gewerbesteuer in einer wachsenden Wirtschaft als dynamisches Element der kommunalen Steuereinnahmen zwei Folgewirkungen zeitigen: das Bestreben, Betriebe anzusiedeln, und eine Konkurrenz der Gemeinden um ansiedlungswillige Unternehmen. Die Gemeinden müssen (zur Erhöhung ihrer Steuereinnahmen) versuchen, durch kommunale Wirtschaftsförderung gewerbesteuerträchtige Betriebe anzulocken („Industrieansiedlung") oder zu halten („Gewerbebestands-

pflege"). Dadurch geraten die Gemeinden untereinander in einen Wettbewerb, der für die Gesamtheit der Gemeinden schwerwiegende Nachteile zur Folge hat, ohne die finanzielle Situation der einzelnen Gemeinden wirkungsvoll zu verbessern.
Geeignete Grundstücke werden den Unternehmen stark verbilligt oder gar kostenlos zur Verfügung gestellt, kommunale Einrichtungen (Pferderennbahn, Zoo[298]) mit hohem finanziellen Aufwand verlagert, um geeignete Flächen anbieten zu können. Im Vorgriff auf künftige Einnahmen erbringt die Gemeinde im Bereich der Infrastruktur (Erschließung) Vorleistungen, die sich – wenn überhaupt – erst nach Jahren amortisieren lassen. Geringe Wachstumsraten und zunehmende Konzentration im Unternehmensbereich verstärken eher den Wettbewerb der Gemeinden. Besonders anfällig für ein nahezu irrationales Verhalten bei der kommunalen Wirtschaftsförderung sind neben den (von einer Abwanderung potenter Steuerzahler bedrohten) Kernstädten der Ballungsgebiete auch Gemeinden in strukturschwachen (insbesondere wenig entwickelten „peripheren") Räumen, die endlich Anschluß an das wirtschaftliche Wachstum gewinnen wollen.
Gerade von diesen Gemeinden wird die Bedeutung der Gewerbesteuerhebesätze als Standortfaktor und damit als möglicher Ansiedlungsanreiz fast immer überschätzt. Nur wenn ein Unternehmen sich bereits (aufgrund der genannten Standortfaktoren oder aus anderen betriebswirtschaftlichen Gründen) für eine bestimmte Region entschieden hat und „innerhalb des gleichen Wirtschaftsraumes die Steuerhebesätze stark differieren, werden ausgeprägte Billiggemeinden deutlich bevorzugt"[299]. Andererseits bedingt eine niedrige Steuerlast in der Gemeinde langfristig Abstriche an Qualität und Umfang der Infrastruktur, die wiederum einen wesentlichen Aspekt der Standortqualität darstellt. Hier setzt deshalb die Gemeindefinanzreform von 1969[300] ein.

3.2.2 Wirkungen der Finanzreform (Gemeindeanteil an der Einkommensteuer)

Solange etwa 4/5 aller gemeindlichen Steuereinnahmen aus der Gewerbesteuer stammten, konnten nur Gemeinden mit entsprechendem Gewerbebesatz (und deshalb ausreichenden Gewerbesteuereinnahmen) aus eigener Kraft eine Infrastruktur schaffen, die neue Gewerbeansiedlungen ermöglichte. Seit Inkrafttreten der Gemeindefinanzreform müssen die Gemeinden im Austausch gegen einen Anteil von 14 % an der Einkommensteuer (einschließlich Lohnsteuer) 40 % ihrer Gewerbesteuereinnahmen an Bund und Länder abführen („Gewerbesteuerumlage" – Art. 106, Abs. 6, Satz 4 GG). Der wichtigste Vorteil dieser Neuregelung liegt darin, daß den Gemeinden jetzt – unabhängig von der Art der Erwerbstätigkeit ihrer Bewohner – ein bestimmter Anteil an den aus dieser Erwerbstätigkeit resultierenden Steuereinnahmen der öffentlichen Hand zufließt. Die Gemeinden haben damit im Hinblick auf ihre Steuereinnahmen den Anschluß an die allgemeine wirtschaftliche und gesellschaftliche Entwicklung gefunden.

Ziel dieser Erweiterung des öffentlichen Finanzverbundes war es, die aus der Gewerbesteuer resultierenden Unterschiede in der Steuerkraft (= Ist-Einnahmen aus Gemeindesteuern in DM pro Einwohner) und damit der finanziellen Leistungsfähigkeit der Gemeinden abzubauen[301]. Dies ist in gewissem Umfang durchaus gelungen: als Beispiel mag der (ehemalige) baden-württembergische Landkreis Leonberg dienen. Betrug hier das Verhältnis der Steuerkraft zwischen der steuerstärksten (Leonberg) und der steuerschwächsten Gemeinde (Flacht bzw. Münklingen) im Haushaltsjahr 1961 noch 6 : 1, so lag es im Haushaltsjahr 1970 bereits bei 4 : 1. Ob die Gemeinden in ähnlichem Umfang ihre Abhängigkeit von konjunkturellen Schwankungen verringert haben und ein immer stärkeres Auseinanderfallen der Einnahmenentwicklung bei Bund, Ländern und Gemeinden auf Dauer vermieden werden kann, wird beispielsweise vom Deutschen Städtetag bezweifelt.

Durch die Gewerbesteuerumlage werden aber auch die finanzpolitischen Gestaltungsmöglichkeiten der Gemeinden (insbesondere der wirtschaftlich starken) eingeschränkt. Dabei sind allerdings zwei wichtige Einzelheiten zu beachten: Einnahmen aus der Lohnsummensteuer sind nicht umlagepflichtig, was in den siebziger Jahren diese Steuerart für viele Gemeinden attraktiv gemacht hat[302]. Da die Gewerbesteuerumlage auf maximal 120 % des aus dem Ist-Aufkommen errechneten Gewerbesteuermeßbetrages festgesetzt wurde, fließen alle Mehreinnahmen aufgrund eines Hebesatzes von über 300 % voll der jeweiligen Gemeinde zu[303].

Aus der Beteiligung der Gemeinden an der Einkommensteuer wird häufig geschlossen, daß es nunmehr verstärkt darauf ankomme, anstelle von Industriebetrieben einkommensstarke Bevölkerungsgruppen anzusiedeln, um die kommunalen Einnahmen zu erhöhen. Zumindest wurde ernsthaft diskutiert, ob dies eine Alternative zu der bisher betriebenen Strategie der vermehrten Ansiedlung von Gewerbebetrieben sein könnte. So vereinfacht handelt es sich aber um einen Fehlschluß: der kommunale Anteil an der Einkommensteuer wird nämlich seit 1972 länderweise so auf die Gemeinden verteilt, wie es dem örtlichen Anteil am Gesamtaufkommen aus der Proportionalzone (also dem Steueranteil der unteren Einkommensgruppen) entspricht[304]. Der Bezieher eines steuerpflichtigen Einkommens in Millionenhöhe bringt für die Gemeindekasse nicht mehr ein als ein lediger Arbeitnehmer, dessen steuerpflichtiges Einkommen DM 25.000 (bzw. ein Ehepaar, dessen steuerpflichtiges Einkommen DM 50.000) nicht überschreitet[305].

Insgesamt gesehen besteht auch nach der Gemeindefinanzreform ein erhebliches kommunales Eigeninteresse an einer Vergrößerung jener Merkmale, die als Besteuerungsgrundlage die Höhe des Steueraufkommens direkt beeinflussen: „Für die Gewerbesteuer ist das vor allem der Gewinn, für die Lohnsummensteuer und die Anteile an der Einkommensteuer ist es die Höhe des Erwerbseinkommens, für die Grundsteuer der Einheitswert"[306]. Auch wenn diese Formulierung den skizzierten Besonderheiten des Steuerverbundes zwischen Bund, Ländern und Gemeinden nicht vollständig Rechnung trägt, trifft sie doch den Kern des Problems. Nicht die Festlegung der Hebesätze, sondern die Ausweitung der Besteuerungsgrundlagen durch Wachstum sehen die Gemeinden als wichtigstes Mittel der eigenen Steuerpolitik an[307]. Dadurch werden die Gemeinden nicht nur immer stärker von den Standortentscheidungen der Unternehmen und Haushalte abhängig, sondern geraten auch immer stärker in die Schere von rasch wachsenden Aufgaben (mit entsprechend wachsendem Finanzbedarf) und wesentlich langsamer (und außerdem mit beachtlichen Verzögerungseffekten[308]) wachsenden Steuereinnahmen.

Bereits heute stammt bei den Gemeinden (anders als bei Bund und Ländern) nur ein geringer Teil der Gesamteinnahmen aus den Steuern: Bund 90 %, Länder 70 %, Gemeinden 30 %[309]. „Innerhalb der Gesamteinnahmen der Kommunen sank der Steueranteil von weit über 35 % in den fünfziger Jahren auf weniger als 30 % in den sechziger Jahren, während die Finanzzuweisungen von 20 % auf 27 % emporschnellten. 1968 hatten sie sogar die Höhe der Gemeindesteuern erreicht. Der Anteil der Gebühren und Beiträge etc. erhöhte sich von

Veranschlagte Einnahmen der Gemeinden aus	Für die Haushaltsjahre (jeweils in % der Gesamteinnahmen)		
	1976	1977	1978
Steuern	28,98	31,08	29,80
Gebühren	16,12	16,52	16,07
Zahlungen (Bund/Land)	25,25	25,67	27,72
Sonstige	21,02	19,38	18,13
Kredite	8,63	7,35	8,28

etwa 14 auf 17 %[310]. Diese Situation hat sich in den letzten Jahren weitgehend stabilisiert[311].
„Auch innerhalb des Steueraufkommens fanden bemerkenswerte Veränderungen statt. Während Grundsteuer und Gewerbesteuer 1949 noch etwa gleichviel Erträge abwarfen, sank der Grundsteueranteil auf ca. 16 % ab; der Gewerbesteueranteil stieg dagegen auf 80 %"[312].
Die Gemeindefinanzreform hat zwar die einseitige Abhängigkeit der Gemeinden von der Gewerbesteuer beseitigt. Die Gewerbesteuer ist aber (selbst nach der Grundsteuerreform ab 1. 1. 1974) von allen Einnahmemöglichkeiten, die von der Gemeinde selbst beeinflußt werden, immer noch die wichtigste Finanzquelle für zusätzliche Maßnahmen. Das gilt nicht, wenn die Gemeinde durch Veräußerung vorhandenen Vermögens Finanzmittel beschaffen kann oder durch Aufnahme weiterer Darlehen für gemeindliche Investitionsvorhaben den Kreis der Zahlungspflichtigen (im Sinne eines erweiterten Äquivalenzprinzips) über die unmittelbaren Nutzer und alle gegenwärtig steuerpflichtigen Bürger der Gemeinde hinaus auch auf zukünftige Nutzer und Bürger ausdehnen will.

3.3 Vermögensumschichtung und Kreditaufnahme

Neben Entgelten, Gebühren, Beiträgen und Steuern erzielen die Gemeinden auch Einnahmen aus Bußgeldern für Ordnungswidrigkeiten (etwa falsches Parken) und Erlöse aus der Nutzung eigener Vermögenswerte, wie z.B. Grundstücken, (vermieteten) Häusern und Beteiligungen an rentablen Wirtschaftsunternehmen (Aktienbesitz) oder der Verzinsung vorübergehend angelegter Geldbeträge (Rücklagen oder allgemeine Kassenbestände). Die zuletzt genannten Einnahmearten sind allerdings weder von großer Bedeutung im Rahmen des Gesamthaushalts der betreffenden Gemeinden noch allgemein verbreitet: die meisten Gemeinden verfügen weder in nennenswertem Umfang über „freies" Vermögen noch über anlagefähige Kassenbestände. Verbreiteter ist die Aufnahme von Kassenkrediten zur Überbrückung finanzieller Engpässe, die entstehen, wenn Ausgaben vorgenommen werden müssen, bevor die dafür veranschlagten Deckungsmittel eingegangen sind[313]. Wegen ihres prinzipiell vorübergehenden Charakters werden Kassenkredite im Gegensatz zu längerfristig aufgenommenen Darlehen allerdings nicht der kommunalen Verschuldung zugerechnet.
Sofern einer Gemeinde zur Finanzierung ihrer Investitionsvorhaben keine ausreichenden Mittel aus laufenden Einnahmen zur Verfügung stehen (und das ist heute fast immer der Fall), läßt sich eine Aufnahme von Darlehen nur vermeiden, wenn die Gemeinde aus dem vorhandenen Vermögen nicht-zweckgebundene Teile veräußert. Dabei

kann es sich etwa um Grundstücke, die nicht als Vorratsflächen benötigt werden, Aktien oder Bezugsrechte von gemischtwirtschaftlichen Energieversorgungsunternehmen (wie RWE, Preußenelektra, Schleswag, VEW) oder Wohnhäuser, die weder sozialpolitischen Zwecken noch als Tauschobjekte für die Liegenschaftspolitik dienen, handeln. Die Gemeinde erwirbt dann gewissermaßen neues (zweckgebundenes) Vermögen im Austausch gegen bisheriges (nicht zweckgebundenes), erreicht also eine betriebswirtschaftlich bessere Struktur ihrer langfristig festgelegten Mittel. So wurde z.B. der Eigenkapitalanteil für die Errichtung des Rathauses in Leichlingen aus dem Verkauf von städtischen Wohnhäusern aufgebracht. In Nagold rechnete die Stadt 1977 mit Einnahmen von 1,56 Mio. DM aus Grundstücksverkäufen [314].

Jede Gemeinde muß zudem Rücklagen bilden, die zur Sicherung der Zahlungsfähigkeit („Liquidität") der Gemeinde dienen. Für diese „Betriebsmittelrücklage" (allgemeine Rücklage) werden durch die Gemeindehaushaltsverordnungen Mindestbeträge vorgeschrieben [315]. Die Gemeinde kann darüber hinaus Rücklagen bilden und diese zur Finanzierung bestimmter Vorhaben künftiger Jahre ganz oder teilweise auflösen. In Leichlingen war die Rücklagenbildung lange Zeit ein bewährtes Mittel, um Geld für eine bestimmte Investition anzusammeln (Einzelrücklagen). Neuerdings überwiegen auch hier – wie bei anderen Gemeinden – Sammelrücklagen. Für deren Bildung und Auflösung dominieren aber nach wie vor einzelwirtschaftliche Gesichtspunkte. Im allgemeinen wird jedoch das „Ansparen" finanzieller Mittel (Rücklagen als „Spardose" der Gemeinden) im Hinblick auf Investitionsvorhaben gegenüber der langfristigen Verschuldung durch Aufnahme neuer Darlehen deutlich zurückbleiben. Von allen Möglichkeiten der Geldbeschaffung durch „Finanzierungsvorgänge" [316] kommt der Neuverschuldung der Gemeinden in den letzten Jahrzehnten die größte Bedeutung zu.

Will oder kann eine Gemeinde Investitionsvorhaben weder durch Rückgriff auf Rücklagen oder vorhandenes Vermögen noch durch laufende Einnahmen finanzieren, dann bleibt ihr nur die Möglichkeit, in entsprechendem Umfang langfristige Kredite (= Darlehen) aufzunehmen, also sich bei Kapitalsammelstellen (Sozialversicherungsträgern, privaten Versicherungen) oder Kreditinstituten (Banken, Sparkassen, Bausparkassen) zu verschulden. Dabei müssen nach dem jetzt geltenden Haushaltsrecht weder Rücklagen noch Kreditaufnahmen (wie früher) einzelnen Aufgaben zugeordnet werden, sondern können grundsätzlich zur Finanzierung aller Ausgaben im Vermögenshaushalt verwendet werden (Gesamtdeckungs- statt Einzeldeckungsprinzip) [317]. Im Spannungsfeld zwischen allzu langsam wachsenden

Steuereinnahmen und fehlenden disponiblen Vermögensbeständen einerseits sowie einem rasch wachsenden Bedarf an öffentlichen Dienstleistungen bzw. Investitionen und den daraus resultierenden Haushaltsanforderungen andererseits bot sich eine längerfristige Verschuldung in fast allen Gemeinden als ein wichtiger Ausweg an (s. Abb. 5).

Abb. 5: Entwicklung der Schulden öffentlicher Haushalte (sogenannte »fundierte Schulden«). Schuldenstände nach Statistisches Jahrbuch für die Bundesrepublik Deutschland, verschiedene Jahrgänge,· Abschnitt Finanzen und Steuern.

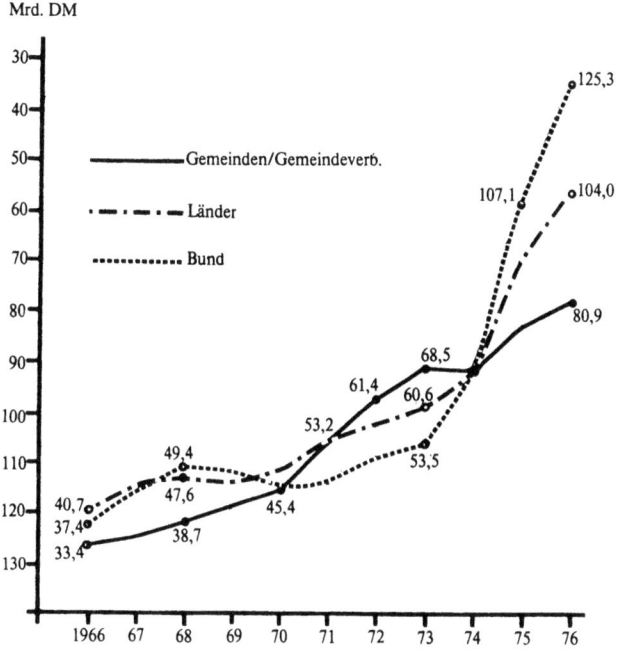

Ab 1974 ohne Schulden der kommunalen Eigenbetriebe. Aus: v. Boris/Clausen/Simons, Siedlungssoziologie, Wohnung – Gemeinde – Umwelt; München 1978; S. 49.

Mit der Aufnahme solcher Darlehen sind für die Gemeinden Vor- und Nachteile verbunden. Einerseits verteilen Schulden die finanziellen Lasten einer Investition auf viele Jahre, belasten auch künftige Nutzer und Steuerzahler. Andererseits müssen die Gemeinden einen wachsenden Anteil der laufenden Einnahmen für Verzinsung und Tilgung von Darlehen einsetzen, vermindern also allmählich ihre eigenen finanzpolitischen Gestaltungsmöglichkeiten. Die Gemeinden nähern sich, wenn man den jeweiligen Beobachtern glauben darf, bereits seit Mitte der fünfziger Jahre der „Verschuldungsgrenze", also „der Grenze, von der an eine weitere Verschuldung nicht mehr tragbar ist"[318] (Tab. 4).

Tab. 4: Schuldendienst der Gemeinden 1960–1978 in Mrd. DM*)

Art \ Jahr	1965	1967	1969	1971	1973	1975	1977	1978
Zinsenausgaben	1.30	1.87	2.08	2.81	4.21	5.27	5.84	6.07
Tilgungsausgaben	1.44	2.10	2.57	2.81	3.95	5.14	6.36	6.40
Bruttoschuldendienst	2.74	3.91	4.65	5.62	8.16	10.41	12.20	12.47

*nach: Klein/Münstermann (Bibliographie Nr. 34), S. 12, 18, aufgrund von Angaben des Stat. Bundesamtes und des Deutschen Städtetages.

Wenn die Gemeinden bis heute weiter investieren und sich weiter verschulden, so zeigt das zunächst einmal, daß es eine objektiv festlegbare „Verschuldungsgrenze" nicht gibt. „Sie hängt ab von der wirtschaftlichen Struktur und Leistungsfähigkeit der einzelnen Gemeinde und von dem für den Schuldendienst freien Raum in ihrem Haushalt"[319]. Einen Versuch, die kommunale Verschuldungsgrenze allgemein zu bestimmen, enthalten die Gemeindeordnungen: „Die Kreditverpflichtungen müssen mit der dauernden Leistungsfähigkeit der Gemeinde im Einklang stehen"[320]. Zur Finanzierung ihrer Investitionen dürfen die Gemeinden dann keine neuen Darlehen mehr aufnehmen, wenn „nach der voraussichtlichen Entwicklung der finanziellen Leistungsfähigkeit dieser Gemeinden die Aufbringung des Schuldendienstes (Zinsen und Tilgung – d. Verf.) nicht mehr gewährleistet ist"[321].

Gerade diese Formulierungen weisen darauf hin, daß die Verschuldungsgrenze bei jeder Gemeinde individuell zu ziehen ist, „weshalb auch interkommunale Schuldenvergleiche selbst unter Berücksichtigung der Gemeindeklassen (Größe und Verwaltungsstufe) nur immer sehr bedingt aussagekräftig sind"[322].

Für die Anwendung der vor allem in der Gemeindeordnung (des jeweiligen Bundeslandes) dargelegten Grundsätze kommunaler Verschuldung bzw. die Beachtung der kommunalen Verschuldungsgrenze hat die Kommunalaufsicht zu sorgen, die im Regelfall eine „Gesamtgenehmigung" im Rahmen der Genehmigung der Haushaltssatzung erteilt. Wichtige Maßstäbe bei der Genehmigung der Haushaltssatzung sind vor allem Vergleiche der Pro-Kopf-Verschuldung sowie des Verhältnisses zwischen Kapitaldienst (Zinsen und Tilgung) und den Einnahmen des Verwaltungshaushalts zwischen der betreffenden Gemeinde und anderen[323].

Die Einwirkungsmöglichkeiten der Kommunalaufsicht, die sich aus Beschränkungen der Kreditaufnahme nach § 19 StabG („Schuldendeckel")[324] ergeben und die Gemeinden in Konjunkturdämpfungsmaßnahmen einbeziehen sollen, sind wirksamer: Danach kann die Neuverschuldung für die Dauer eines Jahres auf einen Höchstbetrag begrenzt („plafondiert") werden, und zwar gesondert nach Kreditarten und unter speziellen Kreditbedingungen. Diese Regelungen lassen es angemessen erscheinen, zumindest zeitweise von einem geringen Spielraum der Kommunen für eine Schuldenpolitik, von mangelnder Verschuldungsautonomie der Gemeinden und Gemeindeverbände zu sprechen[325].

Der durch Aufgabenumfang und Einnahmenstruktur bedingte Zwang zur Verschuldung bestimmt gewissermaßen die Untergrenze der gemeindlichen Darlehensaufnahme. Die laufende Kontrolle der Verschuldung durch die kommunale Aufsicht und gelegentliche „Schuldendeckel"-Verordnungen im Rahmen der bundespolitischen Konjunkturdämpfungsstrategien stellen Obergrenzen dar. Die zuweilen angeführten Schwierigkeiten der Geldbeschaffung als mögliche Folgen eines fehlenden direkten Zugangs zur Notenbank und eines weithin bestehenden Unvermögens, die hohen Emissionskosten für eigene Anleihen aufzubringen, erscheinen ebenso überzeichnet wie die Auffassung, wachsende Verschuldung führe zur Abhängigkeit der Gemeinden von den Geldgebern, insbesondere den Banken.

Solche Auffassungen sind nur durch geringe Kenntnis einiger Besonderheiten des deutschen Kreditwesens erklärbar: Die Gemeinden verfügen mit den in kommunaler Trägerschaft betriebenen Sparkassen[326] über leistungsfähige Hausbanken und über einen (zumindest indirekten) Einfluß auf verschiedene Landesbanken. Das Instrument der Kommunaldarlehen, die von Hypothekenbanken über Kommunalobligationen finanziert werden, verschafft auch kleinen Gemeinden einen (indirekten) Zugang zum Kapitalmarkt, dem etwa die mittelständige Wirtschaft bestenfalls in Ansätzen Vergleichbares gegenüberzustellen hat.

Eigentliches Problem der Verschuldung ist nicht die Genehmigung und Beschaffung von Krediten, sondern ihre Verzinsung und Tilgung. Die zeitliche Verschiebung der aus unzureichenden eigenen Einnahmen resultierenden Finanzierungslücke zwingt die Gemeinden immer stärker dazu, entweder einen höheren Anteil am Steuerverbund zu fordern oder von Bund und Ländern andere Zuweisungen zu beanspruchen, die eine finanzielle Mindestausstattung der Gemeinden sicherstellen.

3.4 Finanzzuweisungen von Bund und Land

Bisher haben wir uns bei der Betrachtung der kommunalen Finanzsituation gewissermaßen innerhalb der Gemeindegrenzen bewegt: für die Finanzierung gemeindlicher Aufgaben wurden nur Zahlungen der Bürger für kommunale Dienstleistungen, Steuerzahlungen dieser Bürger und Veräußerung einzelner Vermögensteile bzw. Aufnahme langfristiger Darlehen durch die Gemeinde herangezogen. Lediglich bei der Gewerbesteuerumlage und dem Gemeindeanteil an der Einkommen- und Körperschaftssteuer waren Austauschbeziehungen über die Gemeindegrenze hinweg erkennbar; der Steuerverbund zwischen Bund, Ländern und Gemeinden trat ins Blickfeld.

Der Steuerverbund ist aber nur ein Teil des öffentlichen Finanzverbundes. Bund und Länder nehmen auch darüber hinaus eine „Ausgleichsfunktion" wahr: die Steuereinnahmen von Bund, Ländern und Gemeinden entwickeln sich sowohl im Zeitablauf als auch im Verhältnis zu den Aufgaben der jeweiligen Organisationsebene der öffentlichen Verwaltung durchaus unterschiedlich. „Der Steueranteil der Gemeinden (ohne Stadtstaaten) am Gesamtsteueraufkommen der öffentlichen Hand fiel von anfänglich über 13 % auf ca. 11 %. Vor dem ersten Weltkrieg hatte er noch weit über 30 % betragen"[327]. Unterschiede zeigen sich aber nicht nur im Vergleich der drei Ebenen, sondern auch im Verhältnis zwischen den verschiedenen Ländern und den einzelnen Gemeinden.

Deren wirtschaftliche Leistungsfähigkeit kann relativ groß sein (z.B. in Orten mit hoher Steuerkraft, insbesondere aus der Gewerbesteuer) oder auch so gering, daß eine ordnungsgemäße Wahrnehmung von „Angelegenheiten der örtlichen Gemeinschaft" durch manche Gemeinden bedroht erscheint. Ein horizontaler (zwischen den Ländern) und ein vertikaler Finanzausgleich (zwischen Bund, Ländern und Gemeinden) sollen die vorhandenen Unterschiede so weit mildern, daß ein gewisses Mindestmaß administrativer Leistungsfähigkeit sichergestellt ist. Auch bei dieser Umverteilung der öffentlichen Einnahmen auf die einzelnen Träger öffentlicher Aufgaben ergeben sich politische Konflikte. „Bei der so großen Vielfältigkeit der Kommunen mit ihrem nach Struktur und Größenordnung so sehr unterschiedlichen Bedarf werden objektive Maßstäbe für einen gerechten Finanzausgleich wohl kaum zu finden sein. Wie kann z.B. die Leistung einer Stadt mit zentral-örtlicher Funktion für ihr Umland berücksichtigt werden?"[328]

Das ist nicht nur ein Problem der (kreisfreien) Großstädte, auch bei anderen (kreisangehörigen) Städten ist die Belastung dieser Städte höher. Da Kreisstädte und andere zentrale Orte zahlreiche Einrichtungen (wie Schulen, Krankenhäuser, Altenheime) unterhalten, die teilweise auch von den Bürgern der umliegenden Gemeinden mitgenutzt werden, teilweise in Konkurrenz zu den entsprechenden Kreiseinrichtungen stehen, scheinen solche kreisangehörigen Städte als doppelt belastet[329]. Wie alle kreisangehörigen Gemeinden müssen auch die Kreisstädte für die Finanzierung der Landkreise eine Kreisumlage zahlen, die jährlich vom Kreistag festgelegt wird und bei deren Berechnung die eigene Steuerkraft der Gemeinden und allgemeine Zuweisungen des Landes Berücksichtigung finden[330].

3.4.1 Schlüsselzuweisungen und Ausgleichszahlungen

Die Übertragung von Bundes- und Landesmitteln in Form der allgemeinen und zweckgebundenen Finanzzuweisungen soll verschiedene, einander z.T. widerstreitende Zwecke erfüllen:
- Abbau regionaler und strukturbedingter Unterschiede zwischen Steuerkraft und gemeindlichen Aufgaben (allgemeine Finanzzuweisungen; „Schlüsselzuweisungen")
- Erstattung von Aufwendungen für die Durchführung von Bundes- und Länderaufgaben (Auftragsangelegenheiten/Aufgaben des übertragenen Wirkungskreises)
- Anreiz zur Durchführung bestimmter Maßnahmen (insbesondere von Investitionsvorhaben; Zweckzuweisungen).

Ähnlich unterschiedlich wie die mit den Zuweisungen verbundenen Zielvorstellungen bei Bund und Ländern ist der Zusammenhang zwischen der Bereitstellung entsprechender Mittel und der politischen Einwirkung der einzelnen Gemeinden darauf. Nicht zuletzt angesichts der wachsenden Bedeutung der Finanzzuweisungen für die Gemeindehaushalte (s. Tab. 5) haben die Gemeinden sehr viel weniger Einfluß auf die eigene Finanzlage als Bund und Länder: So sind die Schlüsselzuweisungen dem Einfluß der Kommunen völlig entzogen. Zweckzuweisungen folgen hingegen mittelbar oder unmittelbar kommunalen Entscheidungen zur Wahrnehmung bestimmter Aufgaben bzw. Vornahme bestimmter Investitionen.

Voraussetzung für den Anspruch auf entsprechende Zuweisungen ist allerdings der Einsatz von kommunalen Eigenmitteln. Daraus ergibt sich auf die Dauer eine Beschränkung kommunaler Gestaltungsmöglichkeiten bei solchen Aufgaben, die freiwillig, aber nicht förderungswürdig im Sinne der verschiedenen Zuwendungsrichtlinien, -maßnahmen, -programme von Bund und Ländern sind. Im Gegensatz dazu bilden die allgemeinen (nicht zweckgebundenen) Finanzzuweisungen für die meisten Gemeinden zunächst einmal eine Stärkung der eigenen Finanzkraft. Über das Ausmaß dieser Stärkung entscheiden allerdings Bund und Länder.

Tab. 5: Zusammengefaßter Haushaltsquerschnitt für alle Gemeinden*

Einnahmen	1976	1977	1978	1977	1978
		in Mrd. DM		in %	
Verwaltungshaushalt					
Steuern	34,20	38,06	38,86	+11,3	+ 2,1
Gebühren	19,03	20,23	21,08	+ 6,3	+ 4,2
Zahlungen Land/Bund	18,74	20,88	23,76	+11,4	+13,8
Sonstige	11,02	11,13	11,35	+ 1,0	+ 2,0
Zusammen	82,99	90,30	95,05	+ 8,8	+ 5,3
Vermögenshaushalt					
Zuführung Verw.-Haushalt	7,81	8,51	7,51	+ 7,7	−10,7
Kredite	10,18	9,00	10,80	−11,6	+20,0
Zahlungen Land/Bund	11,06	10,56	12,39	− 4,5	+17,3
Sonstige	13,78	12,61	12,13	− 8,5	−3,8
Zusammen	42,84	40,58	42,83	− 5,3	+ 5,5
Abschluß					
Gesamteinnahmen	118,02	122,47	130,37	+ 3,8	+ 6,5
Einnahmen (a. bes. Fin. Vorg.)	101,91	108,55	115,95	+ 6,5	+ 6,8
Finanzierungssaldo	− 3,87	− 2,23	− 4,35	−	−

Ausgaben	1976	1977	1978	1977	1978
		in Mrd. DM		in %	
Verwaltungshaushalt					
Personal	31,84	34,07	36,11	+ 7,0	+ 6,0
Soziales	12,49	13,74	14,84	+10,0	+ 8,0
Zinsen	5,62	5,84	6,07	+ 3,9	+ 3,9
Sonstige	25,24	28,24	30,52	+11,9	+ 8,1
Zusammen	75,18	81,89	87,54	+ 8,9	+ 6,9
Vermögenshaushalt					
Sachinvestitionen	28,62	27,48	30,78	− 4,0	+12,0
Tilgung	5,15	6,18	6,18	+20,0	−
Sonstige	7,09	7,97	6,80	+12,4	−14,7
Zusammen	40,86	41,63	43,76	+ 1,9	+ 5,1
Abschluß					
Gesamtausgaben	116,04	123,52	131,30	+ 6,4	+ 6,3
Ausgaben (a. bes. Fin. Vorg.)	105,78	110,78	120,30	+ 4,7	+ 8,6

* aus: Der Städtetag, 1/1978, S. 15

Die innerhalb des öffentlichen Finanzverbundes anfallenden Steuereinnahmen (einschließlich des kommunalen Anteils daran) werden durch regelmäßige Verhandlungen zwischen Bund und Ländern, in letzter Konsequenz also ohne Beteiligung der Gemeinden und der kommunalen Spitzenverbände, verteilt. Dabei müssen sich Bund und Länder allerdings in dem durch die Gemeindefinanzreform von 1969 geschaffenen Rahmen bewegen: „Das Aufkommen der Einkommensteuer, der Körperschaftssteuer und der Umsatzsteuer steht dem Bund und den Ländern gemeinsam zu (Gemeinschaftssteuern), ... Von dem Länderanteil am Gesamtaufkommen der Gemeinschaftssteuern fließt den Gemeinden und Gemeindeverbänden insgesamt ein von der Landesgesetzgebung zu bestimmender Hundertsatz zu"[331].

Die aus diesem „Topf" den Gemeinden zufließenden Mittel heißen „Schlüsselzuweisungen", weil sie nach einem vom jeweiligen Lande festgesetzten Schlüssel an die Gemeinden verteilt werden. Den Schlüsselzuweisungen kommt die eigentliche Ausgleichsfunktion für die Gemeinden und Kreise eines Landes zu. Schlüsselzuweisungen sollen die finanzielle Leistungskraft jeder Gemeinde auf ein Mindestmaß aufstocken[332].

Das dabei angewandte Verfahren ist weniger kompliziert als es auf den ersten Blick zu sein scheint: zunächst wird nach Verhandlungen zwischen Bund und Ländern der Länderanteil an den Gemeinschaftssteuern festgesetzt. Dieser Betrag wird nach Maßgabe des örtlichen Aufkommens bzw. der Einwohnerzahl auf die einzelnen Länder verteilt. Dann rechnet das einzelne Land Zahlungen, die es im Länderfinanzausgleich erhält, dem eigenen Aufkommen an Gemeinschaftssteuern hinzu und zieht Zahlungen, die es selbst zu leisten hat, vom Wert des eigenen Aufkommens ab. Das so ermittelte Steueraufkommen bildet die Grundlage für die Errechnung der Leistungen an die Gemeinden.

Die Verteilung dieser Mittel an Gemeinden und Gemeindeverbände berücksichtigt als Berechnungsmerkmale („Schlüssel"; in allen Ländern in den Grundzügen gleich): Einwohnerzahl, Sonderbelastungen, eigene Steuereinnahmen. Da Unterschiede in der Finanzkraft zwischen den Gemeinden verringert werden sollen, müssen die eigenen Einnahmen und der Bedarf der Gemeinden zur Berechnung der Zuweisung herangezogen werden (Steuerkraftmeßzahl und Bedarfsmeßzahl). Die Steuerkraftmeßzahl ergibt sich aus den Einnahmen der Gemeinden aus Grundsteuer, Gewerbesteuer und Einkommensteueranteil. Die Ermittlung der Bedarfsmeßzahl wird von Land zu Land nach unterschiedlichen Kriterien durchgeführt. In jedem Falle wird die Einwohnerzahl einbezogen. Hinzu kommen je nach Land weitere Faktoren, z.B. Zahl der Schulkinder, Bevölkerungszu-

wachs. Sonderansätze gibt es z.B. für Bädergemeinden und Grenzlandgemeinden. Der Überschuß der Bedarfsmeßzahl über die Steuerkraftmeßzahl bestimmt die Höhe der Schlüsselzuweisung; die verfügbaren Mittel werden im Verhältnis dieser Überschußbeträge auf die Gemeinden des Landes verteilt.
Die Kriterien für die Ermittlung der Bedarfsmeßzahl sind zwischen den verschiedenen Gemeindegruppen eines Landes naturgemäß umstritten. Die in den meisten Bundesländern gebräuchlichen Sonderansätze werden in der finanzwissenschaftlichen Literatur kritisiert und weitgehend abgelehnt [333]. Allerdings erscheint zunehmend das Konzept akzeptiert, einen Sonderansatz für diejenigen Gemeinden zu schaffen, die nach dem Raumordnungsprogramm des Landes zentrale Versorgungsaufgaben wahrzunehmen haben. Daraus ergibt sich allerdings die Gefahr, daß nicht-zentrale Orte bei allen staatlichen Förderungs- und Entwicklungsmaßnahmen benachteiligt werden [334]. Sofern Sonderansätze auf die Ausweisung in Raumordnung und Landesplanung abstellen, muß die einzelne Gemeinde bereits im Hinblick auf die Schlüsselzuweisungen und damit die künftige Finanzlage auf eine entsprechende Ausweisung in überregionalen Programmen achten.
Damit die Landesregierung in Einzel- und Härtefällen je nach finanzieller Lage und Umfang der örtlichen Aufgaben eine Aufstockung der recht schematisch verteilten Schlüsselzuweisungen vornehmen kann, steht ihr ein besonderer Fonds (der „Ausgleichsstock") zur Verfügung. Diese Mittel sind dazu bestimmt, eine Deckungslücke in den Verwaltungshaushalten zu schließen [335]. Besonders leistungsschwache Gemeinden können also nach dem Ermessen der jeweiligen Landesregierung weitere Zuschüsse („Bedarfszuweisungen") erhalten [336]. Solche Zuschüsse sind ebenso wie die Schlüsselzuweisungen allgemeine Deckungsmittel, sie können von der Gemeinde wie eigene Steuereinnahmen ohne besondere Zweckbindung für gemeindliche Aufgaben „frei" verwendet werden.
Neben den allgemeinen Zuweisungen des Landes (Schlüsselzuweisungen, Zuschüsse aus dem Ausgleichsstock) können die Gemeinden vom Land oder vom Bund auch zweckgebundene Zuweisungen erhalten. Solche Zahlungen der staatlichen Verwaltungen an die Gemeinden haben sehr unterschiedlichen Charakter. Soweit sie als Anreiz für bestimmte Vorhaben dienen sollen, wird darauf (auch wegen der Folgen für die gemeindlichen Haushalte) noch ausführlich einzugehen sein. Daneben gibt es aber auch Zuweisungen für laufende Zwecke (s. Abb. 7). Neue Pflichten können den Gemeinden durch Bund oder Land nur dann auferlegt werden, wenn gleichzeitig die Aufbringung der Mittel sichergestellt wird.

Abb. 7: Systematik der Finanzanweisungen an die Gemeinden*

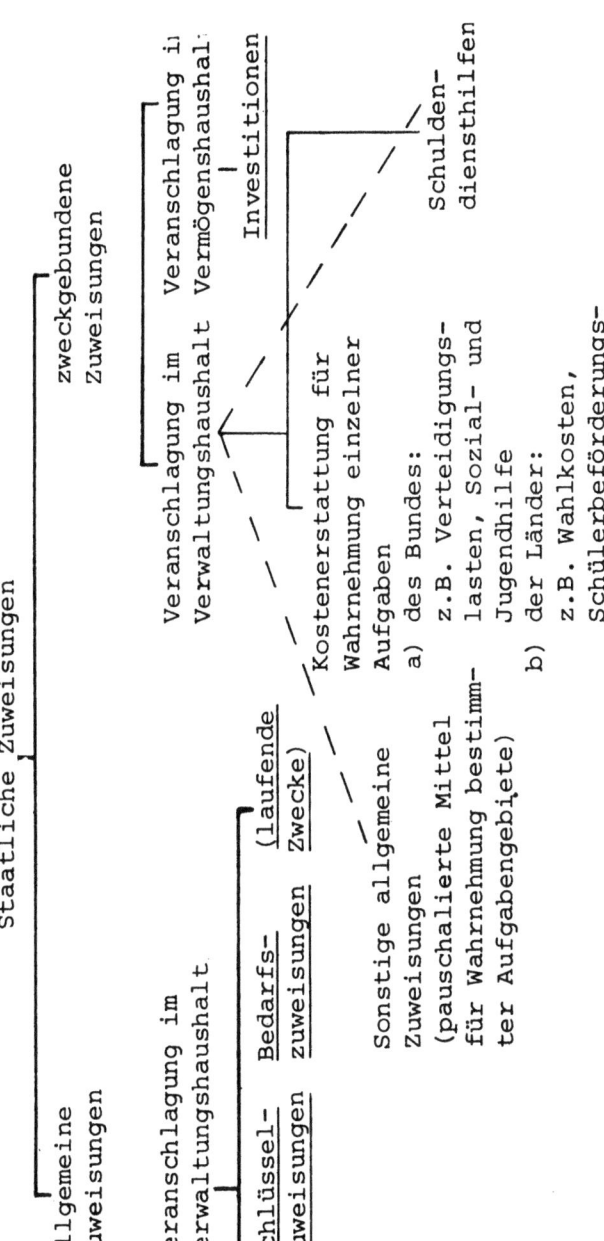

*Vgl. Bundesministerium der Finanzen: Finanzbericht 1978, Bonn 1977, S. 130

Die (zweckgebundenen) Zuweisungen für laufende Zwecke sind u.a. eine Art pauschalierter Kostenersatz für die Erfüllung staatlicher Aufgaben. Der Pauschalsatz stellt auf die Einwohnerzahl ab. „Der Kopfbetrag je Einwohner steigt mit der Einwohnerzahl, weil die Verwaltung größerer Städte erfahrungsgemäß teurer ist, und insbesondere, weil diese Städte auch mehr Landesaufgaben wahrzunehmen haben. Diese Beträge sind länderweise sehr unterschiedlich; sie können jedoch nicht isoliert gesehen werden, ... sondern nur im Zusammenhang aller finanziellen Leistungen des Landes für seine Gemeinden" [337]. Auch Unterschiede im Umfang der von den Gemeinden wahrgenommenen Aufgaben sind zu berücksichtigen. Wer den Anstieg der Sozialausgaben [338] in den Haushalten der Gemeinden als besondere Bedrohung der gemeindlichen Finanzlage ansieht, muß berücksichtigen, daß den Gemeinden und Gemeindeverbänden aufgrund der Sozialhilfegesetzgebung Ersatzleistungen zustehen, z.B. Erstattung des Bundesanteils an den Sozialhilfekosten, Zahlungen von Sozialversicherungsträgern in Fällen vorläufiger Hilfe.

Zuweisungen für laufende Zwecke rufen insbesondere bei den Landkreisen einen hohen Anteil dieser Mittel hervor [339]. Die Deckungsquote dieser Gelder liegt aber nur selten bei 100 %, so z.B. beim Wohngeld und den Lastenausgleichsleistungen. Häufig bleibt aber die Bereitstellung der Einrichtungen und des Personals Sache der Gemeinden selbst [340]. Soweit die dafür erforderlichen Kosten den Gemeinden nicht in angemessenem Umfang durch Zuweisungen erstattet werden, ergibt sich die Notwendigkeit, auf allgemeine Deckungsmittel wie Schlüsselzuweisungen oder eigene Steuereinnahmen zurückzugreifen.

3.4.2 Zweckzuweisungen als „goldener Zügel"

Zweckgebundene Zuweisungen sind aber nicht nur die Folge staatlicher Auftragsverwaltung, sondern auch ein Mittel zur Steuerung kommunalpolitischer Einzelmaßnahmen im Interesse staatlicher Zielvorstellungen. Zweckgebundene Zuweisungen werden deshalb oft als „goldener Zügel" für die Gemeinden angesehen. So haben etwa unsere Beispiele Hallenbad und Fußgängerzone gezeigt, daß gerade zweckgebundene Zuweisungen Investitionsvorhaben ermöglichen können. Der überwiegende Teil spezieller Zuweisungen besteht aus Investitionszuweisungen – von 1966 bis 1971 durchschnittlich etwa 55 % der gesamten Finanzzuweisungen, 1973 bereits knapp 60 % [341].

Bei der Ausgestaltung ihrer Zuweisungen gehen die Länder sehr unterschiedlich vor. In den meisten Bundesländern tritt die Be-

deutung der allgemeinen Zuweisungen hinter den zweckgebundenen Zuweisungen zurück. Reissert vertritt die These, daß der bundesweit: Trend zu verstärkten Investitionszuweisungen in Nordrhein-Westfalen, Rheinland-Pfalz und Bayern am ausgeprägtesten sei: „Dort lag der Anteil der Investitionszuweisungen an den Einnahmen 1973 bei knapp 9 %, in Niedersachsen und Baden-Württemberg dagegen bei 4,8 bzw. 6,2 %"[342].
Während allgemeine Zuweisungen als wichtiges Element des öffentlichen Finanzverbundes weithin akzeptiert werden, stoßen Zweckzuweisungen in der kommunalen Verwaltungspraxis und in der Wissenschaft häufig auf Kritik: „Wer das Geld hat, nicht wer zuständig ist, bestimmt die Planung, und es ist in zunehmendem Maße der Bund, der über die öffentliche Finanzmasse verfügt"[343].
Mit dieser Formulierung werden zugleich die mit der Gewährung von Zweckzuweisungen verbundenen Demokratie- und Planungsprobleme aufgeworfen: bei den Gemeinden führt die Vergabepraxis für Zweckzuweisungen dazu, daß örtliche Investitionsprioritäten dann umgestoßen werden, wenn für einige Maßnahmen kurzfristig Zuweisungen verfügbar sind, für andere aber nicht. Bewußt erfahren können das allerdings nur Gemeinden, die solche Prioritäten gesetzt haben.
Insgesamt schwerwiegender erscheint das aus dem Instrument der zweckgebundenen Zuweisungen resultierende Demokratiedefizit. Gemeint sind damit die Folgen der Zweckzuweisungen für die Handlungsmöglichkeiten der Gemeinden und die Durchsichtigkeit des Verwaltungsgeschehens. Zunächst ist festzuhalten, daß die Verteilungspraxis zweckgebundener Zuweisungen sich sowohl beim Geldgeber (Land und Bund) als auch beim Zuwendungsempfänger (Gemeinde) weitgehend einer Kontrolle durch die jeweilige Vertretungskörperschaft (Bundestag, Landtag bzw. Gemeinderat) entzieht. Darüber hinaus sind die Gemeinden (je kleiner, desto stärker) über das reichhaltige Angebot an Zweckzuweisungen nur unzureichend informiert[344].
Informelle Kontakte scheinen von besonderer Bedeutung, „da die ordnungsgemäße Antragstellung auf dem vorgeschriebenen Dienstweg offensichtlich häufig zum Erhalt der beantragten Zuweisungen nicht ausreicht"[345]. Die Informationsgebung erweist sich als Machtmittel der Ministerialverwaltung oder als Möglichkeit für eine Klientel-Politik einzelner Landtagsabgeordneter; prämiert wird bei der Vergabe von Zuweisungen (insbesondere bei herannahendem Ende des Haushaltsjahres) „der findige und mit den richtigen Beziehungen ausgestattete Kommunalbeamte"[346]. Auch die Zuschußrichtlinien werden als Eingriff in die kommunale Selbstverwaltung gewertet:

Wenn ein immer engeres Netz von Zuschußrichtlinien für Finanzzuweisungen geknüpft wird, kann sich die überörtliche Instanz zu einer Fachplanungsbehörde aufschwingen.
Der Planungsfeindlichkeit und dem Demokratiedefizit soll im Zusammenhang mit den erwarteten bzw. bewilligten Zuschüssen für unsere beiden Beispielfälle, die Fußgängerzone und das Hallenbad, nachgegangen werden. Damit kann keine Darstellung aller Förderungsprogramme, aus denen die Gemeinden zweckgebundene Finanzzuweisungen erhalten können, verbunden sein. Beabsichtigt ist lediglich, an ausgewählten Programmen deren Wirkungen auf die Gemeinden darzustellen.
In den letzten Jahren haben angesichts der allgemeinen wirtschaftlichen Entwicklung staatliche Konjunkturprogramme besonderes Gewicht bei der Umverteilung finanzieller Mittel erlangt. Allein von 1974 bis 1977 wurden fünf Konjunkturprogramme mit einem Ausgabevolumen von insgesamt 23,5 Milliarden DM aufgelegt, auf deren kommunale Programmteile fast die Hälfte dieser Summe entfiel[347].
Das 1977 aufgelegte Programm für Zukunftsinvestitionen (ZIP) ließ der neuen kommunalen Führungsmannschaft in Westerstede (Gemeindedirektor und Bürgermeister) die Forcierung der Ortskernerneuerung attraktiv erscheinen. Gefördert werden sollten u.a. Verbesserungen im Verkehrssystem und der Wohnumwelt[348].
Kritiker zweckgebundener Zuweisungen könnten sich in ihrer Auffassung über deren Planungsfeindlichkeit bestärkt sehen: Aus der mittelfristigen Finanzplanung, insbesondere dem mittelfristigen Investitionsprogramm[349] der Stadt Westerstede ergibt sich nicht, daß in den nächsten Jahren eine Umgestaltung des Ortskerns vorgesehen war. Auch überörtlich gab es für Westerstede bislang keine Orientierungsmöglichkeit über finanzielle Zuweisungen für diese Maßnahme. Weder aus dem Landesentwicklungsprogramm „Niedersachsen 1985" noch aus dem mittelfristigen Plan für das Land Niedersachsen (1975–79 und 1976–80)[350] konnte abgeleitet werden, daß Mittel für eine solche Maßnahme von überörtlichen Stellen (Bund/Land) bereitgestellt werden würden[351].
Aus dem Fall·der Fußgängerzone in Westerstede sollten allerdings keine vorschnellen Schlußfolgerungen für die Steuerungskapazität staatlicher Rahmenplanungen und der im Einklang damit vergebenen Zuweisungen, des „goldenen Zügels", gezogen werden. Zumindest ist hinzuzufügen, daß in Westerstede mehrere Zufälle mitgespielt haben: einmal hat die Gemeinde mehr zufällig sehr frühzeitig von der Finanzierungsmöglichkeit erfahren und zweitens ließ die Planung sich bei einem antragsfähigen, abgrenzbaren Projekt (Fußgängerzone) schnell konkretisieren.

Wollen die Gemeinden Mittel aus staatlichen Konjunkturprogrammen in Anspruch nehmen, müssen sie sich durch sogenannte „Schubladenpläne" ständig darauf vorbereiten. Solange konjunktur-, struktur- und wachstumspolitische Programme des Staates nicht mit den raumbezogenen Planungen abgestimmt werden, besteht die Gefahr, daß solche kurzfristig aufgelegten und auf rasche Verausgabung der bereitgestellten Mittel angelegten Programme mit ihren Zuschüssen die sorgfältig festgelegten kommunalpolitischen Entwicklungsziele verbiegen. Nachdem es Westerstede nicht gelungen ist, einen Anteil an den kurzfristig bereitgestellten ZIP-Mitteln zu erhalten, versucht die Stadt jetzt, längerfristig bereitgestellte zweckgebundene Finanzzuweisungen von Bund und Land einzuwerben. Zur Verbesserung des innerstädtischen Verkehrssystems kann sich Westerstede um Bundesmittel bemühen, die aufgrund des Gemeindeverkehrsfinanzierungsgesetzes zur Verfügung stehen. Hiernach sind z.B. innerörtliche Hauptverkehrsstraßen, verkehrswichtige Zubringerstraßen zum überörtlichen Verkehrsnetz förderungswürdig. Voraussetzung für die Förderung einzelner Maßnahmen ist u.a., daß ihre Dringlichkeit feststeht und sie im Generalverkehrsplan vorgesehen sind, die Ziele der Raumordnung und Landesplanung berücksichtigen und die Finanzierung des kommunalen Eigenanteils gesichert ist [353].

Zur Aufstellung der Programme wird den Ländern alljährlich ein fester Anteil der aus dem Aufkommen der Mineralölsteuer bereitgestellten „Bundesmittel als finanzieller Rahmen zugeteilt, in den sie die bei ihnen anfallenden kommunalen Anträge einzupassen haben" [354]. Verteilungsgrundlage ist das Verhältnis der in den einzelnen Ländern am 1. Juli des vorvergangenen Jahres (vor dem laufenden Haushaltsjahr) zugelassenen Kraftfahrzeuge zum gesamten Kraftfahrzeugbestand in der Bundesrepublik [355]. Die Antragsbewilligung liegt zwar formal bei den Ministerien der Länder. Untersuchungen am Beispiel Baden-Württembergs zeigen aber, daß die Entscheidung auf der untersten Ebene fällt (untere Behörde der Landesstraßenverwaltung) und das wichtigste Förderungskriterium der zeitliche Eingang des „baureifen" Antrags ist [356]. Überhangprojekte werden in eine Warteliste verwiesen.

Die Länder geben unterschiedliche Zuschüsse zu den Bundesmitteln, so daß die Gemeinden zwischen 40 % und 10 % der Kost selbst tragen müssen. Die niedersächsischen Gemeinden müssen im Bundesvergleich die höchste Eigenquote aufbringen, da das Land keine Zuschüsse zu den bereitgestellten Bundesmitteln gewährt. Allerdings ist nach dem Niedersächsischen Finanzausgleichsgesetz (FAG) „das Land Niedersachsen zur Leistung von zweckgebundenen Straßenbau-

zuweisungen in Höhe eines bestimmten Prozentsatzes der jährlichen Finanzausgleichsmasse verpflichtet. Die Ausgleichsmasse wird für jedes Haushaltsjahr entsprechend den Ansätzen der 'Verbundeinnahmen'[357] im Landeshaushaltsplan festgesetzt... Mit der Festsetzung der gesamten Ausgleichsmasse wird danach zugleich die Höhe der im jeweiligen Haushaltsjahr insgesamt vom Land zu verteilenden Straßenbauzuweisungen verbindlich festgelegt"[358]. Die Umgehungsstraße in Westerstede konnte frühestens Ende 1978 in die Liste der zu fördernden Projekte aufgenommen werden.
Für die im Zusammenhang mit der Fußgängerzone geplanten Neugestaltung des Ortskerns erwartet Westerstede, nachdem sich die Stadt entschlossen hat, bei der Ortskernerneuerung nach dem Städtebauförderungsgesetz vorzugehen, Finanzzuweisungen aus den für diesen Zweck bereitgestellten Mitteln. Sie sollen vor allem Bausubstanzschwäche und Funktionsschwäche der Stadtkerne beseitigen helfen. Im einzelnen können Gelder für Planung und Vorbereitung einer Sanierung, für Ordnungsmaßnahmen zur Vorbereitung von Baumaßnahmen, für Modernisierungen, für Gemeinbedarfs- und Folgeeinrichtungen (Fußgängerzone?) beantragt werden (§ 39 StBauFG). Die Baumaßnahmen selbst muß in der Regel der jeweilige Grundstückseigentümer bezahlen (§ 43 StBauFG).
Die Beteiligung des Bundes zu einem Drittel ist feste Praxis. „Während die Länder Baden-Württemberg, Bayern, Niedersachsen, Rheinland-Pfalz, Schleswig-Holstein an einer strikten Drittelung der Kosten zwischen Bund, Land und Gemeinden festhalten, trägt das finanzschwache Saarland nur 15 % der Kosten..."[359]. Erst seit das Städtebauförderungsgesetz in Kraft getreten ist, werden erhebliche Mittel der Länder für die Stadterneuerung bereitgestellt[360]. Der Bund hat also in diesem Bereich auch landespolitische Prioritäten beeinflußt.

Nach Beratungen mit den Ländern teilt das Bundesministerium für Städtebau und Wohnungswesen die als Finanzhilfen vorgesehenen Bundesmittel den Ländern zu (§ 72, 3 StBauFG). Die Mittelvergabe an die Gemeinden erfolgt über die Regierungspräsidien, denen in jedem Jahr etwa die gleichen Mittel zur Verfügung stehen. Bisher überstieg die Antragsflut die Förderungsmöglichkeiten, so daß die bereitgestellten Mittel zunehmend für Fortsetzungsmaßnahmen verwendet werden müssen. „Da Regierungspräsidien als einzige Landesbehörden in der Lage sind, den Mittelbedarf der Fortsetzungsmaßnahmen für das Programmjahr abzuschätzen, fällt ihnen auch die Aufgabe zu, den Anteil der für neue Maßnahmen verbleibenden Mittel zu bestimmen"[361]. Die Regierungspräsidien üben gleichzeitig eine Beratungs- und eine Selektionsfunktion aus. Dieses Zusammen-

wirken von Kommunalaufsicht und Mittelvergabe kann einen größeren Antragsüberhang verhindern. Kriterien für die Auswahl förderungswürdiger Vorhaben sind nach einem von Bund und Ländern aufgestellten Katalog
- kommunale Finanzkraft,
- private Investitionsbereitschaft,
- städtebauliche Gesichtspunkte,
- Bündelungseffekte mit anderen Maßnahmen,
- zügige Durchführung der geförderten Maßnahmen,
- Finanzrahmen der Landesprogramme.
Angesichts dieser Vergabepraxis ist noch fraglich, ob Westerstede auf diesem Wege Mittel zur Erneuerung des Ortskerns beschaffen kann.

Sonst kommen eventuell das 1974 aufgelegte Modernisierungsprogramm des Bundes oder das „Gesetz zur Förderung der Modernisierung von Wohnungen" (Wohnungsmodernisierungsgesetz – WoModG) vom 23. 8. 1976[362] als Quelle für Finanzhilfen zugunsten der Eigentümer in Betracht. Das Wohnungsmodernisierungsgesetz sieht vor, den Wohnwert erhaltenswürdiger Wohnungen zu sichern oder zu erhöhen, um die städtebaulichen Funktionen vor allem älterer Stadtviertel zu erhalten oder Wohnung und Wohnumfeld zu verbessern, um damit das Abgleiten eines Wohngebietes in den Sanierungszustand zu verhindern[363]. Das Programm zielt auf Stadterweiterungsgebiete bis etwa 1914 ab. Während in Westerstede die Finanzierung noch ungelöst erscheint, ist in Leichlingen der Bau des Hallenbades unter Inanspruchnahme von zweckgebundenen Finanzzuweisungen längst abgeschlossen, freilich mit beachtlichen Folgen für die finanzielle Lage der Gemeinde.

3.4.3 Langfristige Wirkungen der Zweckzuweisungen

Wie bereits dargestellt[364], hätte die Stadt Leichlingen den beim rasanten Ausbau ihrer Infrastruktur „durchgezogenen" Bau eines Hallenbades aus eigener Kraft zumindest zum damaligen Zeitpunkt, wahrscheinlich sogar auf absehbare Zeit, gar nicht realisieren können: Die finanzielle Hilfe des Kreises und zweckgebundene Zuweisungen des Landes (DM 490.000 als Landeszuschuß und DM 100.000 als Landesdarlehen) waren unverzichtbar. Die Bewilligungsbescheide enthalten aber keinen Hinweis auf eine Bevormundung der Stadt im Sinne eines „goldenen Zügels": der Regierungspräsident als Bewilligungsbehörde weist zwar auf die Empfehlung der Deutschen Gesellschaft für das Badewesen hin (solche Empfehlungen, z.B. der Deutschen Krankenhausgesellschaft, gibt es auch

für andere Bereiche kommunaler Politik), fordert aber nicht, daß sich die Stadt Leichlingen daran halten müsse.
Allerdings dürfe die Maßnahme nicht als Ersatz für eine weggefallene Sportstätte geplant sein[365], was bei einer Erstinvestition (wie dem Hallenbad) von vornherein nicht möglich ist. Lediglich der Architekt wird darauf hingewiesen, daß die Umkleidekabinen und das Untergeschoß sorgfältig zu belüften, die Schall-, Wärme-, Feuchtigkeits-, Blend- und Sonnenschutzmaßnahmen zu beachten seien. Die Auflagen sind eher formaler und technischer Natur; sie betreffen nicht den Kern der Maßnahme: Bau eines Hallenbades ohne Nachweis des langfristigen Bedarfs und ausreichende Prüfung der finanzwirtschaftlichen Folgen als Teil einer Strategie zur „Erhaltung der Selbständigkeit um jeden Preis"[366].
Angesichts dieser Praxis, die überraschende Gestaltungsfreiheit der örtlichen Politik erkennen läßt, scheinen die niedersächsischen Förderrichtlinien für die Vergabe von Zweckzuweisungen präziser und ihre Anwendungsmöglichkeit wirksamer: „Anträge auf Zuwendungen müssen ... Angaben über die ... Dringlichkeit des zu fördernden Vorhabens ..., die erforderlichen Ausgaben einschließlich der Folgeausgaben und den voraussichtlichen Nutzen des Ergebnisses sowie einen Zeitplan" enthalten. „Auf Antrag der Bewilligungsbehörde sind zusätzliche Übersichten über das Vermögen und die Schulden sowie die voraussichtlich einzugehenden Verpflichtungen zu Lasten künftiger Jahre beizufügen"[367]. Darin wird neben dem Gedanken einer Kosten-Nutzen-Analyse, der Einbindung in das gesamte Dienstleistungsangebot der Gemeinden und der Bedeutung der kommunalen Verschuldung auch das in den Gemeinden bei der Entscheidung über Investitionsvorhaben nicht immer ausreichend beachtete Problem der Folgekosten hervorgehoben.
Im Gegensatz zu den Investitionskosten gibt es dafür keine zweckgebundenen Zuweisungen; hohe Folgekosten können aber den Ausgleich des Verwaltungshaushalts durch Bedarfszuweisungen aus dem Ausgleichsstock[368] notwendig machen. Aufschlußreich ist deshalb der Versuch eines Landesministeriums, die *jährlichen* Folgekosten ausgewählter kommunaler Investitionen zu deren *gesamten* Herstellungskosten in Beziehung zu setzen und damit den Gemeinden für ihre Entscheidung zumindest Schätzwerte an die Hand zu geben:
Jährliche Folgekosten ausgewählter Investitionen in Prozent der jeweiligen Herstellungskosten[369] betragen für:

Verkehrsanlagen	9,6 %
Sportplätze	13,5 %
Freibäder	15,5 %

Turn- und Sporthallen	16,5 %
Kläranlagen	19,5 %
Hallenbäder	20,5 %
Krankenhäuser	26,0 %
Kindergärten	31,0 %
Schulen	31,0 %

Nur Schulen, Kindergärten und Krankenhäuser verursachen danach höhere Folgekosten als das in Leichlingen gebaute Hallenbad. Auf die Folgekosten wurde lange Zeit kaum geachtet. Angesichts des als prinzipiell unbegrenzt angesehenen Bedarfs nahmen die Gemeinden an staatlichen Zuschüssen, was geboten wurde. Inzwischen drücken die Folgekosten (als fortdauernde Ausgaben im Verwaltungshaushalt) derart auf die Haushalte, daß der Raum für kommunale Investitionen immer weiter eingeengt wird.

Die bedenkliche Entwicklung zeigt sich besonders in der für die kommunale Eigenleistung bei Investitionsvorhaben maßgeblichen Zuführung vom Verwaltungshaushalt zum Vermögenshaushalt. Die Überschüsse im Verwaltungshaushalt, dessen Einzelausgaben wir bei der Diskussion um die kommunalen Aufgaben schon erörtert haben, ergeben die Mittel, die als Eigenkapital für die Finanzierung von Instandsetzungs- oder Investitionsmaßnahmen verwendet werden können:

Verwaltungshaushalt		*Vermögenshaushalt*	
Einnahmen	Ausgaben	Einnahmen	Ausgaben
		Zuführung zum Vermögenshaushalt	Instandsetzung und Investitionsmaßnahmen
Gebühren	Folgekosten		
Überschuß			

Der Anteil der Zuführung vom Verwaltungshaushalt zum Vermögenshaushalt betrug[370]

in	1975	1976	1977	1978
Nagold	1.050.000	885.000	1.620.000	1.500.000
	4,7 %	3,7 %	5,7 %	--
im Durchschnitt aller Gemeinden	6,5 %	9,4 %	9,3 %	7,9 %

Wird die Zuführung zum Vermögenshaushalt kleiner, muß tendenziell die Kreditaufnahme wachsen. Der Zusammenhang zwischen Folgekosten und Verschuldung wird hier unmittelbar deutlich. Bereits 1976 konnten die Städte und Gemeinden nach Meinung des Deutschen

Städtetages aus den Verwaltungshaushalten nicht einmal mehr die Schuldentilgung erwirtschaften [371]. Hätte Leichlingen den u.a. auf Folgekosten und Verschuldung abstellenden niedersächsischen Bedingungen genügen müssen, erscheint nicht sicher, ob die Bewilligung von Landesmitteln für das Hallenbad erfolgt wäre. Allein im Haushaltsjahr 1970 stieg die Verschuldung der Stadt (bedingt durch außerordentliche Baumaßnahmen) von DM 7.393.538 auf DM 12.295.748. Dennoch entschloß sich Leichlingen danach noch zum Bau eines neuen Rathauses (Mehrzweckgebäude mit Verwaltungsteil), einer weiteren Schule und des Hallenbades. Stand und Entwicklung der Verschuldung bildeten dabei ebensowenig ein Hindernis wie die grundsätzlichen Vorstellungen der Landesregierung.
Bereits im Nordrhein-Westfalen-Programm 1970-1975 war die Zielvorstellung enthalten, bei der Förderung vom Gießkannenprinzip loszukommen und zum Grundsatz der Schwerpunktförderung überzugehen, „nach dem die Mittel aus verschiedenen Aufgabenbereichen in ausgewählt günstigen und entwicklungsfähigen Standorten konzentriert werden"[372]. Voraussetzung für die Förderung sind sogenannte Standortprogramme, wozu die Landesregierung vorläufige Richtlinien erlassen hat[373]. Die Erwartung, eine solche Verbindung von Zweckzuweisungen und Landesplanung, eventuell ergänzt durch Systeme kommunaler Entwicklungsplanung [374], könne zu mehr Effizienz der öffentlichen Verwaltung führen, erscheint jedoch unrealistisch.
„Untersuchungen verschiedener Autoren über die Förderungs-, Planungs- und Verteilungspraxis sowohl in Niedersachsen wie in anderen Bundesländern lassen vielmehr nur den Schluß zu, daß Raumordnung, regionale Infrastrukturpolitik und regionale Wirtschaftspolitik in der Bundesrepublik bisher bestenfalls getrennt voneinander, großenteils aber in Widerspruch zueinander betrieben worden sind und ein unübersehbares Dickicht isolierter Einzelmaßnahmen produziert haben, das sich durch die fehlende Koordination von Landes- und Bundesmaßnahmen noch potenziert"[375].
Die der Verbindung von Landesplanung und Finanzzuweisungen zugeschriebene Gefahr für die kommunale Selbstverwaltung ist zumindest so lange Vorgriff auf denkbare Entwicklungen, bis staatliche Stellen ihre eigenen Absichten zu koordinieren und damit zu realisieren vermögen[376]. „Der von kommunaler Seite erhobene Vorwurf, die Kommunen seien in der Vergangenheit allein durch die Zweckzuweisungen immer stärker zu ausführenden Stellen der staatlichen Politik gemacht worden, ist ... in dieser Pauschalität nicht aufrechtzuerhalten"[377].
Wahrscheinlich ist er sogar falsch. Selbst wenn den Gemeinden Landeszuschüsse unter Hinweis auf raumordnerische/landesplanerische Ziel-

setzungen versagt werden, ist nicht auszuschließen, daß damit mehr eine für die Gemeinde plausible und schwer anfechtbare Begründung für die Ablehnung solcher Anträge gegeben wird, denen die betreffende Landesbehörde – aus welchen Gründen auch immer – nicht entsprechen will[378]. Immerhin findet sich diese Begründung bevorzugt bei kleineren Gemeinden, die in der Regel nicht über ausreichende Informationen zur Landesplanung, eine eigene Dienststelle für Entwicklungsplanung und eine vollständig ausgebaute Verwaltung[379] verfügen.

4. Entscheidung über gemeindliche Aufgaben: Kommunale Selbstverwaltung oder Demokratie in überschaubaren Einheiten

Die Frage „Wie wird über Angelegenheiten einer Gemeinde entschieden?" bildet den Kern einer politikwissenschaftlichen Gemeindeforschung. Rein juristisch wäre diese Frage durch einen Blick in die Gemeindeordnung des betreffenden Bundeslandes rasch zu beantworten. Ein Vergleich der Gemeindeordnungen fördert eine erstaunliche Vielfalt zutage, die sich weitgehend auf vier Gemeindeverfassungstypen zurückführen läßt.[380] In diesen Typen mischen sich Verarbeitung landesspezifischer Selbstverwaltungstraditionen (insbesondere Süddeutsche Ratsverfassung in Bayern und Baden-Württemberg [381], Bürgermeisterverfassung in Rheinland-Pfalz, Saarland, Hessen und Schleswig-Holstein, Magistratsverfassung in Hessen und Schleswig-Holstein)[382] mit deutschen Umsetzungen von Demokratisierungsabsichten der westlichen Besatzungsmächte (insbesondere Norddeutsche Ratsverfassung in Niedersachsen und Nordrhein-Westfalen [383]).
Die Vielfalt der in den einzelnen Gemeindeverfassungstypen geschaffenen *Institutionen* bietet eher ein verwirrendes Bild als Einblick in den Ablauf kommunalpolitischer Prozesse. Wir wollen deshalb unserer Eingangsfrage nachgehen, indem wir zunächst die Institutionen des kommunalpolitischen Entscheidungssystems vorstellen, dann ihr Zusammenwirken im kommunalpolitischen Entscheidungsprozeß abstrakt abhandeln und schließlich konkrete Entscheidungsabläufe anschaulich beschreiben. Die beiden Entscheidungsgegenstände knüpfen an die Aufgliederung der gemeindlichen Aufgaben[384] an: alle kommunalen Dienstleistungen finden ihren Niederschlag im *Gemeindehaushalt; Bebauungspläne* sind ein wichtiges Mittel zur kleinräumigen Steuerung der Umweltgestaltung. Haushalt und Bebauungsplan sind regelmäßig wiederkehrende Gegenstände der Beratungen im kommunalen Entscheidungsprozeß.

4.1 Kommunales Entscheidungssystem

Rechtliche Grundlage des kommunalen Entscheidungssystems ist die in der Gemeindeordnung des einzelnen Bundeslandes verankerte Ge-

meindeverfassung, deren wesentliche Elemente in Nordrhein-Westfalen besonders eindeutig beschrieben werden:
„Die Verwaltung der Gemeinden wird ausschließlich durch den Willen der Bürgerschaft bestimmt. Die Bürgerschaft wird durch den Rat vertreten" [385].

Rat, Verwaltung und Bürger bilden auch in den anderen Bundesländern drei wichtige Pole des kommunalen Entscheidungssystems. Ihr kommunalpolitisches Handeln vollzieht sich – wie wir schon gesehen haben – keineswegs autonom; das Geschehen in der Gemeinde ist auf vielfältige Weise mit der Entwicklung wirtschaftlicher Tätigkeit und den Entscheidungen auf anderen Ebenen der öffentlichen Verwaltung verbunden („Politikverflechtung" [386]). Aber auch am Ort breitet sich zwischen den einzelnen Bürgern, dem von ihnen gewählten Rat und der betreffenden Gemeindeverwaltung das vielfältige Gebilde „lokale Öffentlichkeit", das ebenso wie die rechtlich verfaßte kommunale Selbstverwaltung in Gestalt eigener Institutionen im kommunalpolitischen Entscheidungssystem wirksam wird.

4.1.1 Institutionen der kommunalen Selbstverwaltung

Besondere Schwierigkeiten einer allgemein gültigen Darstellung der Institutionen kommunaler Selbstverwaltung ergeben sich aus den unterschiedlichen Gemeindeverfassungen der Länder. So heißt es etwa in der Gemeindeordnung für Baden-Württemberg:
„Verwaltungsorgane der Gemeinde sind der Gemeinderat und der Bürgermeister. Der Gemeinderat ist die Vertretung der Bürger und das Hauptorgan der Gemeinde. . . . Der Bürgermeister ist Vorsitzender des Gemeinderats und Leiter der Gemeindeverwaltung" [387].

Der Vergleich zwischen Baden-Württemberg und Nordrhein-Westfalen eröffnet bereits den Blick für Gemeinsamkeiten und Unterschiede: In Baden-Württemberg ist der Leiter der Gemeindeverwaltung (Verwaltungschef) zugleich Vorsitzender des Gemeinderates, in Nordrhein-Westfalen werden beide Funktionen getrennt voneinander ausgeübt [388]. Als wichtige Gemeinsamkeiten bleiben (für alle Bundesländer) eine gewählte Vertretung der Gemeindebürger, der Rat, und eine eigenständige Verwaltungsbehörde der Gemeinde als zentrale Institutionen der kommunalen Selbstverwaltung, wobei an der Spitze der Verwaltungsbehörde ein Verwaltungschef steht, der je nach Gemeindeverfassung Bürgermeister oder Gemeindedirektor heißt.

Die kommunale Vertretungskörperschaft (in den einzelnen Gemeinden Rat, Gemeinderat, Stadtrat, Stadtverordnetenversammlung genannt) bildet zusammen mit der Spitze der betreffenden kommunalen Verwaltungsbehörde (Verwaltungschef und Dezernenten bzw.

Referenten, Gemeindevorstand, Magistrat) das Tandem der gemeindeverfassungsrechtlich verankerten Institutionen kommunaler Selbstverwaltung: Rat und Verwaltung[389]. Für das Verhältnis von hauptamtlicher Verwaltungsspitze und ehrenamtlicher Vertretungskörperschaft in der politischen Willensbildung der Gemeinden haben die verschiedenen Gemeindeordnungen der Länder unterschiedliche formale Festlegungen getroffen. Gemeinsam ist ihnen die Orientierung an einem klassischen Modell politischer Verwaltungsführung (institutionelle Gewaltenteilung; „legislatorische Programmsteuerung"[390]), das zwischen Politik als Willensbildung und Verwaltung als Willensausführung unterscheidet. Für die Funktion der Programmauswahl und der Programmvollziehung werden dementsprechend unterschiedliche Organisationsformen geschaffen[391].

Die Funktion der Programmauswahl liegt bei einem „parlamentarischen" Gremium[392], in der kommunalen Selbstverwaltung also beim Gemeinderat. Dort gelten die Prinzipien des Minderheitenschutzes, des Widerspruchsrechts, der Beratung und der Mehrheitsentscheidung. Minderheitenschutz und Widerspruchsrecht finden ihren Niederschlag in den Möglichkeiten, innerhalb des „parlamentarischen" Gremiums Fraktionen zu organisieren und verschiedene Meinungen zu vertreten. Auf diese Weise finden die in der politischen Auswahlsituation enthaltenen Alternativen ihre Fürsprecher und werden durch kontroverse Diskussionen profiliert. Zugleich werden durch das Prinzip der Beratung die Kosten und Gewinne der anstehenden Programmalternativen geklärt und in ihrem Für und Wider ausdiskutiert. Das Prinzip der Mehrheitsentscheidung stellt sicher, daß als Ergebnis der politischen Auseinandersetzung *eine* Lösung ausgewählt wird[393].

Die Programmvollziehung wiederum ist Aufgabe einer als weisungsgebunden bestimmten Verwaltung, für die Beschlüsse einer Vertretungskörperschaft (Satzungen, Gesetze) als entscheidendes Führungsmittel dienen. Die hierarchisch-strukturierte, auf Einzelentscheidungen abgestellte Arbeitsweise der Verwaltung entspricht dem Gedanken der deduktiven Aufgabensetzung. Sie soll dazu dienen, die Rationalität und die Effizienz der programmgebundenen Entscheidungen zu sichern. Das Anweisungsrecht der Verwaltungsspitze garantiert bei dieser Konzeption die Ausführung des durch Gremienbeschluß vorgegebenen Programms.

Allerdings werden weder der Wortlaut der Gemeindeordnungen noch die Realität kommunalpolitischer Entscheidungsprozesse dem skizzierten Organisationsmodell gerecht. Ein ernstes Problem, dessen Bedeutung sich mit wachsender Gemeindegröße verschärft, ist das Dilemma zwischen (formal) ehrenamtlicher Tätigkeit in der kommunalen Vertretungskörperschaft und dem dafür (tatsächlich) erforderlichen

Zeitaufwand. In einer (kreisfreien) Großstadt des Landes Nordrhein-Westfalen[394] betrug 1972 der Zeitbedarf eines Mandatsträgers für
- die Teilnahme an Rats-, Fraktions- und Ausschußsitzungen sowie
- die Vorbereitung dieser Sitzungen durch die Bearbeitung von Vorlagen und persönliche Gespräche mit einzelnen Bürgern und Vertretern gesellschaftlicher Organisationen

insgesamt 60 – 80 Stunden pro Monat, also etwa 15 – 20 Stunden wöchentlich. Dabei ist noch gar nicht berücksichtigt, daß kommunale Mandatsträger oft auch örtliche Parteifunktionen bekleiden[395] und in anderen Bereichen des gesellschaftlichen Lebens am Ort (etwa im Vereinswesen) aktiv mitwirken[396].

Angesichts dieser zeitlichen Belastung der Mandatsträger hat in den Gemeinderäten – je nach Umfang des kommunalpolitischen Engagements – eine „Professionalisierung" der Mandatsträger stattgefunden, deren Ausmaße sich wiederum in einer „Hierarchie" der kommunalpolitischen Einflußnahme abbildet: Personen, die nicht durch eine genau festgelegte, fremdbestimmte Arbeitszeit gebunden sind und im Rahmen ihrer beruflichen Tätigkeit Techniken sozialer Kommunikation erlernt haben, verfügen bei der Auswahl des politischen Personals für kommunale Vertretungskörperschaften und innerhalb der Vertretungskörperschaften über entscheidende Startvorteile. Dazu gehören insbesondere leitende Angestellte privater Unternehmen; hauptamtliche Mitarbeiter von Parteien, Gewerkschaften und anderer Verbände; Angehörige des öffentlichen Dienstes (u.a. Lehrer aller Schularten) und freigestellte Betriebsräte; Inhaber mittlerer Unternehmen, Architekten, aber auch Rentner, Pensionäre und Hausfrauen[397]. Aus diesen Gruppen rekrutieren sich auch die kommunalen (Teilzeit-) Berufspolitiker, die eine zentrale Stellung in den Ausschüssen und Fraktionen der Vertretungskörperschaften innehaben (s. Tab. 6).

Wesentliche Aufgabe der Vertretungskörperschaften ist es, über alle Selbstverwaltungsangelegenheiten der Gemeinde zu beschließen. Die Frage nach der Initiative für solche Beschlüsse führt zu einem weiteren, in den Gemeindeverordnungen angelegten Problem kommunaler Selbstverwaltung: die Gemeindeordnungen haben nämlich dem Verwaltungschef (Bürgermeister, Gemeindedirektor) bzw. dem Magistrat u. a. die Aufgabe übertragen, Beschlüsse der Vertretungskörperschaften vorzubereiten. Das Ergebnis der Vorbereitungstätigkeit sind „beschlußreife" Entschließungsvorschläge oder Satzungstexte (sog. „Vorlagen") der Verwaltung. Diese Vorlagen sind Ausdruck einer „exekutiven Führerschaft"[398] in der politischen Willensbildung der Gemeinden, deren Träger keineswegs allein der jeweilige Verwaltungschef sein muß.

Tab. 6: Berufsstruktur kommunaler Vertretungskörperschaften

Angaben in % der Mandatsträger

Berufsgruppe	Großstädte		Kleinstädte						
	Wuppertal 1973	Stuttgart 1975	Oldenburg 1976	Leichlingen 1975	Bönen 1973	Westerstede 1976	Cloppenburg 1976	Nagold 1975	Ditzingen 1975
Mitarbeiter öffentlicher Verwaltungen/Unternehmen (Bund, Land, Kreis, Gemeinde)	25,4	13,3	22,4	7,7	3,0	15,1	18,1	8,3	6,2
Lehrkräfte an Schulen und Hochschulen	10,9	8,3	18,4	15,4	9,1	15,2	9,1	8,3	9,4
Sonstige Angehörige des öffentlichen Dienstes	7,3	6,7	12,2	–	9,1	9,1	–	–	3,1
A. Angehörige des öffentlichen Dienstes	46,4	28,3	53,0	23,1	21,2	39,4	27,3	16,6	18,7
Mitarbeiter von Interessenorganisationen der Wirtschaft (z. B. Kammern u. a.)	–	6,7	–	–	–	–	6,1	4,2	–
Angestellte von Gewerkschaften	3,6	3,3	4,1	2,5	–	–	6,1	–	–
Mitarbeiter v. Genossenschaften und Wohlfahrtsorganisationen	–	3,3	–	5,1	–	–	3,0	–	–
B. Verbandsbedienstete	3,6	13,3	4,1	7,7	–	–	9,1	4,2	–
Angehörige freier Berufe	16,5	18,4	8,2	7,7	3,0	3,0	3,0	16,7	9,4
Selbständige Kaufleute und Handwerker	5,5	8,3	10,2	10,3	6,1	21,2	24,2	33,3	25,0
Landwirte	–	–	–	–	12,1	18,2	9,1	–	9,4
C. Selbständige	22,0	26,7	18,4	18,0	21,2	42,4	36,5	50,0	43,8
Leitende Angestellte der Privatwirtschaft	10,9	6,7	6,1	7,7	9,1	–	–	8,3	3,1
Sonstige Arbeitnehmer der Privatwirtschaft	9,1	10,0	8,2	20,5	39,4	9,1	18,1	16,7	18,8
D. Arbeitnehmer der Wirtschaft	20,0	16,7	14,3	28,2	48,5	9,1	18,1	25,0	21,9
Berufspolitiker (einschl. Parteiangestellte)	3,6	3,3	2,0	5,1	–	–	–	–	6,2
Hausfrauen	3,6	10,0	8,2	7,7	6,1	6,1	9,1	4,2	9,4
Pensionäre, Rentner	3,6	1,7	–	7,7	3,0	3,0	–	–	–
Studenten	–	–	–	2,6	–	–	–	–	–
E. Sonstige	10,8	15,0	10,2	23,1	9,1	9,1	9,1	4,2	15,6

In größeren Städten wird der Verwaltungschef seine Aufgaben, die Beschlüsse der Ausschlüsse und des Rates vorzubereiten, zum größten Teil praktisch auf die Dezernenten (Referenten) delegieren. Die tatsächliche Vorbereitungsarbeit für Verwaltungsvorlagen wird auch in Gemeinden mittlerer Größe bereits bei den Amtsleitern oder gar bei den Bearbeitern bestimmter Sachgebiete liegen. Politische Verantwortung für den Inhalt der Vorlagen und deshalb auch die Endredaktion bleiben jedoch bei dem jeweils zuständigen Mitglied der Verwaltungsspitze (Verwaltungschef oder Dezernent). In die Bearbeitung der Vorlagen fließen ebenso die aus überörtlichen Kontakten der Verwaltungsspitze resultierenden Wirkungen des öffentlichen Aufgaben-, Planungs- und Finanzverbunds ein wie Anforderungen, die von den örtlichen Trägern gesellschaftlicher Interessen, Werthaltungen und Überzeugungen ständig an die Verwaltung oder die kommunalen Vertretungskörperschaften herangetragen werden. Dieser Hinweis auf die Verbindung zu den am Ort wirksamen und auf den Ort wirkenden gesellschaftlichen Kräfte erweitert bereits den Kreis der kommunalpolitisch relevanten Institutionen: das kommunalpolitische Entscheidungsfeld ist keineswegs – wie die Gemeindeverordnungen vermuten lassen – allein durch das Zusammenspiel von Rat und Verwaltung bestimmt.

4.1.2 Formen lokaler Öffentlichkeit

Das repräsentative Demokratiekonzept der deutschen Gemeindeverfassungen legt eine politische Vermittlerrolle der Gemeinderatsmitglieder zwischen Bevölkerung und Verwaltungen nahe. Wollten sie diese Aufgabe tatsächlich wahrnehmen, wären die kommunalen Mandatsträger allein durch die zusätzliche zeitliche Belastung bereits überfordert. Unter den Bedingungen des modernen Sozialstaates werden deshalb vor allem drei Typen von lokalen Institutionen ständig als Vermittler (und zugleich Produzenten[399]) kommunaler Öffentlichkeit tätig: politische Parteien, lokale Organisationen und örtlich orientierte Massenmedien. Ihre kommunalpolitische Aufgabe könnte es sein, einen wechselseitigen Austausch von Informationen zwischen der örtlichen Bevölkerung und den kommunalen Entscheidungsträgern zu organisieren.

Längst ist die lokale Tageszeitung auch in kleineren Städten zum Hauptträger der Meinungsbildung und der Informationsübermittlung geworden. Lokalnachrichten finden bei den Zeitungslesern die größte Aufmerksamkeit. Schon deshalb liegt es nahe, dem Lokalteil der Tageszeitung eine Mittlerfunktion zwischen Kommunalverwaltung und Bürgern zuzuweisen. Als Träger dieser Funktion kommen insbesondere die Lokalredakteure in Betracht. Deren Handlungsmöglichkeiten sind freilich durch die allgemeinen Arbeitsbedingungen der Lokalredaktionen, Mängel in der journalistischen Ausbildung ihrer Mitarbeiter und die besondere Nähe zum Nachrichten- und Anzeigenmarkt stark eingeengt[400]. Wirtschaftliche Abhängigkeit der Verleger von einflußreichen Abonnenten und zahlungskräftigen Inserenten spielen als Hintergrund dieser Verhaltensweise eine erhebliche Rolle. Dadurch geraten die Lokalzeitungen in die Gefahr, entweder Sprachrohr der Verwaltung oder Bulletin der örtlichen Honoratioren zu werden.

Die Untersuchung eines kleinstädtischen Zeitungsmarktes ergab beispielsweise, daß selbst konkurrierende Lokalzeitungen sich bei 95 % aller Meldungen eigener Stellungnahmen enthalten und im wesentlichen die Mitteilungen Dritter abdrucken. Weniger als 1 % aller lokalpolitischen Informationen beruht auf eigenen Recherchen oder auf Agenturmeldungen. In einer stark personalisierenden Berichterstattung (im Stile von „Hofberichten") weist die Lokalpresse der örtlichen „Obrigkeit" im allgemeinen und einzelnen lokalen Autoritäten/Respektspersonen im besonderen die Rolle kommunaler Wohltäter zu. Die ortsbezogenen Massenmedien vermitteln auf diese Weise die Leitbilder einer Honoratiorengesellschaft, während sie andererseits die kommunalen Mandatsträger und die örtlichen Parteiorganisationen zur wichtigsten Zielscheibe ihrer Kritik am kommunalpolitischen Geschehen machen und damit eine gefühlsmäßige Einstimmung der Bevölkerung gegen notwendige Erscheinungsformen der (lokalen) Parteiendemokratie vornehmen[401]. Das kommt anderen organisierten Teilen der Bevölkerung zugute, die ihre Selbstdarstellung in der für sie überschaubaren lokalen Öffentlichkeit intensiv verfolgen[402].

Unter den örtlichen Organisationen sind insbesondere die Vereine ein wichtiger Faktor kommunaler Gemeinschaftsbildung. Zwischen 30 und 50 % der Bevölkerung sind Mitglied in mindestens einem örtlichen Verein; die Mitgliedschaft nimmt allerdings mit zunehmender Ortsgröße deutlich ab[403]. Neben der Verfolgung ihres speziellen Vereinszwecks und der Pflege der Geselligkeit beinhalten die Aktivitäten eine starke öffentliche Komponente: die Vereine nehmen häufig Aufgaben wahr (Pflege des Sports oder Brauchtums), die eine Verwaltung sonst in eigener Regie erfüllen müßte. „Ohne das Wirken der Vereine, welche die Erfüllung privatwirtschaftlich nicht zu befriedigender Bedürfnisse der Bevölkerung vor der Öffentlichkeit exemplarisch demonstrieren . . ., würde die kommunale Selbstverwaltung entscheidende Orientierungspunkte für ihr Verwaltungshandeln verlieren. Sie bedient sich der Vereine . . . als allgemeiner Indikatoren für die Vordringlichkeit bestimmter Bedürfnisse der Allgemeinheit"[404]. Jeder Verein bildet eine Interessenvertretung[405] für seine speziellen Tätigkeitsfelder, insbesondere im Kultur-, Sport- und Sozialbereich. Damit verbindet sich allerdings zugleich die Gefahr einer selektiven Wahrnehmung (in doppeltem Sinne) öffentlicher Aufgaben: Bedürfnisse, die sich nicht in Vereinsform darstellen, werden nicht sichtbar und gelten als unwichtig.

Diesem Defizit der auf bestimmte Zwecke gerichteten örtlichen Organisationen (Vereine) könnten die lokalen Parteiorganisationen durch eine bewußte Artikulation vernachlässigter Interessen entgegenwirken[406]. Die politischen Parteien in der Bundesrepublik Deutschland sind aber durch die Prinzipien der freiwilligen Mitgliedschaft und der freiwilligen Mitarbeit, durch die daraus resultierende soziale Struktur und Interessenlage ihrer aktiven Mitglieder sowie durch ihren organisationspolitischen Traditionalismus in ihren Gestaltungsmöglichkeiten stark eingeengt. Im kommunalpolitischen Alltag konzentrieren sich die Parteien vor allem auf Mobilisierungs- und Rekrutierungsaufgaben: sie stellen in Form von Kandidaten das politische Personal für die kommunalen Vertretungskörperschaften bereit[407] und mobilisieren durch ihre Öffentlichkeitsarbeit die Bürger einer Gemeinde zur Unterstützung dieser Kandidaten bei Wahlen.

Da politisches Handeln sich – anders als in Bund, Ländern und Großstädten – noch keineswegs in allen Gemeinden gegenüber dem gesamten Sozialgefüge verselbständigt hat, zeigt die lokale Parteiorganisation (in kleineren Gemeinden besonders ausgeprägt) „einen Januskopf mit zwei Gesichtern, die in verschiedene Richtungen blicken": sie ist einerseits Träger lokaler Politik, paßt sich den dort verbreiteten Verhaltensweisen an und „neigt dazu, ihre eigene Parteilichkeit zu verleugnen"[408]. Andererseits ist sie Teil der überörtlichen Parteiorganisation und muß im Hinblick auf die „große Politik" den Bürgern spezifisch parteipolitische Kriterien für ihre Wahlentscheidung vermitteln. Die örtlichen Parteiorganisationen stehen also einerseits in einem gesellschaftlichen Wandlungsprozeß (der allmählichen Ausdifferenzierung des Politischen), andererseits in einer Doppelrolle zwischen staatlicher und kommunaler Politik.

Für die Wahlen der Gemeinderäte stehen die Ortsparteien zudem in einem gewissen Konkurrenzverhältnis zu lokalen Wählervereinigungen. Von zentraler Bedeutung für das Verhältnis von Wählervereinigungen und Parteien ist die kommunale Neuordnung geworden. Der Zusammenschluß von kleinen Gemeinden zu einer Großgemeinde fördert die Anonymität der Kommunikationsbeziehungen

und die soziale Heterogenität der Gemeinde. Beides begünstigt die parteipolitische Fraktionierung[409].
Vor diesem Hintergrund wird auch verständlich, daß die lokalen Parteiorganisationen Gefahr laufen, sich gegenüber der Bevölkerung abzukapseln. Insoweit besteht ein latenter Gegensatz zwischen der Wahrnehmung von Mobilisierungs- bzw. Rekrutierungsaufgaben und der Geselligkeit der eigenen Parteimitglieder. Wo die Parteien ihre Binnenorientierung zu weit treiben, kann es zur spontanen Selbstorganisation der Bevölkerung in Bürgerinitiativen kommen[410]. Weitere Anstöße für die Bildung örtlicher Bürgerinitiativen können die am Ort wirksam werdenden Ergebnisse überörtlicher Entscheidungen geben, etwa die Planung von regionalen Verkehrswegen oder der Bau von Atomkraftwerken. Solche Planungen stellen fast immer die örtlichen Auswirkungen überörtlicher Investitionsentscheidungen privater und öffentlicher Institutionen dar.

4.1.3 Elemente der Politikverflechtung

Das kommunalpolitische Geschehen vollzieht sich nicht nur in den Institutionen Rat und Verwaltung. Auch die Erweiterung des Entscheidungsfeldes um Lokalpresse, Vereine und Ortsparteien reicht nicht aus, um das Zustandekommen kommunalpolitischer Entscheidungen befriedigend darzustellen. Die Ausdehnung von Verwaltungsaufgaben (insbesondere im Bereich der Daseinsvorsorge) hat eine zentralisierende Verlagerung von Handlungs- und Entscheidungskompetenzen bewirkt, die auf den lokalen Bereich zurückwirken. Heute ist eine eindeutige Trennung von „örtlichen", d.h. originär kommunalen, und „überörtlichen", also staatlichen Aufgaben kaum mehr möglich[411]. Die Einbeziehung der Gemeinden in den Aufgaben-, Planungs- und Finanzverbund des politisch-administrativen Systems schafft Rahmenbedingungen für das kommunalpolitische Handeln in der Gemeinde (s. Abb. 8). Selbst wenn man − auf der Grundlage unserer Beispielfälle − die Einschränkung der kommunalen Handlungsmöglichkeiten nicht als so durchschlagend ansieht, wie dies üblich geworden ist[412], bleiben beachtliche Restriktionen durch ökonomische Lage, finanzwirtschaftliche Möglichkeiten und verwaltungstechnische Bindungen.
Ganz allgemein setzen Bundes- und Landesgesetze den Gemeinden einen Rahmen für ihre Tätigkeit. So verschafft erst das Bundesbaugesetz ihnen die Zuständigkeit für die Bauleitplanung, andere Gesetze haben die gemeindlichen Zuständigkeiten begrenzt (z.B. Gesetze zur überörtlichen Planung) oder erweitert (z.B. Maßnahmen der Funktionalreform). Die territoriale Neuordnung hat schließlich in

Abb. 8: Kommunalpolitisches Entscheidungssystem

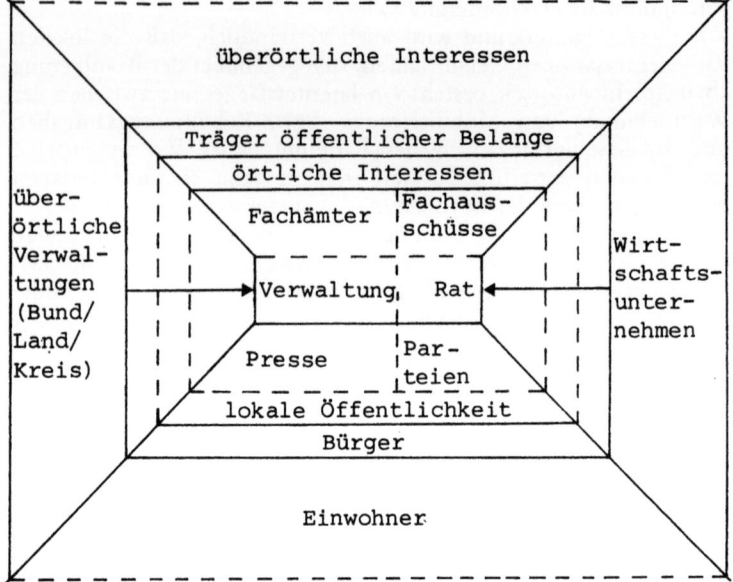

allen Bundesländern die Selbständigkeit der kleinen Gemeinden im ländlichen Raum, aber auch vieler Gemeinden am Rande der Ballungsgebiete, beseitigt. Ungeachtet der Kritik, die einen Verlust an „Bürgernähe" konstatiert, schafft die Maßstabsvergrößerung andere Rahmenbedingungen für die gesamte kommunale Selbstverwaltung. Trotz der nicht bezweifelten Stärkung der eigenen Verwaltungskraft (zumindest im ländlichen Raum) bleiben wichtige Beschränkungen für das politische Handeln der Gemeinden.

Hier ist zunächst einmal die Abhängigkeit kommunalpolitischen Handelns von örtlichen Wirtschaftsinteressen und der ökonomischen Entwicklung insgesamt zu beachten. Die wirtschaftliche Struktur einer Gemeinde, insbesondere ihr Besatz mit leistungsfähigen Industrie- und Dienstleistungsbetrieben, bildet eine wesentliche Bedingung für die Möglichkeit, Aufgaben eigenständig finanzieren, d.h. sie überhaupt wahrnehmen zu können. Die Möglichkeiten der Gemeinde, sich ohne eine entsprechende wirtschaftliche Grundlage ausreichende Einnahmen zu beschaffen, sind relativ gering[413]. Dieser Zusammenhang bringt die Gemeinden in eine starke Abhängigkeit von der Privatindustrie: je stärker der Zwang zur kommunalen Wirtschaftsförderung (und das hieß bisher zur Ansiedlung neuer Industrien[414])

ist, um so mehr müssen sich die finanzpolitischen Maßnahmen und auch die flächenbezogenen Planungen der Gemeinden an den Standortentscheidungen ansiedlungswilliger Firmen orientieren.
In solchen Fällen stoßen die Gemeinden nur selten auf den Widerstand ihrer Bürger und noch seltener auf den überörtlicher Verwaltungen. Dabei verfügen gerade diese über Einwirkungsmittel. Vor dem Inkrafttreten aller gemeindlichen Satzungen (und damit sowohl der Haushalts- wie der Bebauungspläne) ist die Genehmigung der Kommunalaufsicht einzuholen. Die Kommunalaufsicht soll zwar hier nur auf die Einhaltung bundes- und landesgesetzlicher Vorschriften achten, im Gegensatz zur Fachaufsicht bei Auftragsangelegenheiten[415]. In Wirklichkeit sind die kommunalen Aufgaben – wie wir auch an den Beispielen gezeigt haben – so verschränkt, daß die Rechtsaufsicht zum Mittel der Durchsetzung politischer Zielvorstellungen werden kann, wo Fachaufsicht nicht zulässig ist.
Sowohl die Regelungen der Gemeindeordnungen und der Gemeindehaushaltsverordnungen wie diejenigen des Bundesbaugesetzes bieten etwa mit auslegungsbedürftigen Formulierungen Handhaben genug, die juristisch eindeutige Grenze zwischen Rechtsaufsicht und Fachaufsicht in der politisch-administrativen Wirklichkeit unterschiedlich festzulegen. Das Ausmaß der Unterschiede hängt sowohl vom Gegenstand der Aufsicht wie von der Gemeindegröße ab: „In grober Zusammenfassung kann man etwa sagen, daß im Verhältnis zu Dörfern und anderen kleinen Gemeinden ein Übergewicht der Kommunalaufsicht besteht, bei Kleinstädten und Mittelstädten ein partnerschaftliches Verhältnis zwischen Gleichberechtigten, bei Großstädten ein Schwergewicht der Stadt, das von der Aufsichtsbehörde gelegentlich schon als ärgerlich empfunden wird"[416]. Die Gemeinde scheint bei der Verwirklichung ihrer Vorhaben (etwa dem Hallenbad oder der Fußgängerzone) abhängig von der finanziellen Förderung durch überörtliche Dienststellen: „In der Praxis verbindet sich ... mit der Staatsaufsicht vielfach *der Versuch,* die örtliche Verwaltung der Gemeinden eng an die jeweilige Landesverwaltung anzulehnen und für sie die landespolitischen Grundsätze verbindlich zu machen"[417].
Ob dies tatsächlich gelingt, erscheint nach unseren beiden Beispielfällen allerdings fraglich. Dennoch bilden Kommunaufsicht und Zweckzuweisungen wichtige Pfeiler der Politikverflechtung, die freilich nicht zwischen *der* Kommunalverwaltung und *der* Staatsverwaltung als geschlossenen Einheiten existiert, sondern sich zwischen den für einen bestimmten Sektor der öffentlichen Aufgaben verantwortlichen (zuständigen) Teilen unterschiedlicher Elemente des politisch-administrativen Systems entwickelt: die vertikale Kooperation der verschiedenen Fachbehörden des Bundes, der Länder und

der Gemeinden („Ressortkumpanei") bildet „eine zunehmend dominante Grundstruktur des bundesstaatlichen Systems der Bundesrepublik Deutschland"[418]. Zu dessen Rückwirkungen gehören die Stärkung aller in der Außenvertretung der Gemeinden Tätigen im örtlichen Entscheidungsprozeß und ein erhebliches Anwachsen der Koordinationsaufgaben in der staatlichen Verwaltung ebenso wie im gemeindlichen Entscheidungsprozeß.

4.2 Kommunaler Entscheidungsprozeß

In formaler Hinsicht läßt sich der kommunale Entscheidungsprozeß in die Aspekte 'Vorbereitung einer Vorlage' und 'Entscheidung über eine Vorlage' gliedern. Während die Vorbereitung möglichst weitgehend von der lokalen Öffentlichkeit abgeschirmt wird, verbindet sich die Entscheidung mit der Möglichkeit öffentlicher Diskussion. Gemeinsamer Gegenstand von Vorbereitung und Entscheidung sind – zumindest in größeren Gemeinden – die bereits genannten Vorlagen, an deren Stelle in kleineren Gemeinden mit geringerer Verwaltungskraft der mündliche Sachvortrag des Verwaltungschefs im Gemeinderat (oder einem seiner Ausschüsse) treten kann. Die *Vorbereitung* einer Vorlage ist Angelegenheit der Verwaltung; die *Entscheidung* über eine Vorlage ist Aufgabe des Rates. Die Verbindung zwischen beiden Bestandteilen des Entscheidungsprozesses vollzieht sich jedoch nicht nur über die Vorlage bzw. den mündlichen Sachvortrag, sondern vor allem über einen besonderen Kommunikationsprozeß zwischen Rat und Verwaltung, in dem sog. „Vorentscheider"[419] eine zentrale Rolle spielen.

4.2.1 Vorbereitung und Beratung von Vorlagen

Der verwaltungstechnisch reibungslose Ablauf (Problem – Vorlage – Beschluß – Satzungsrecht) wird im kommunalpolitischen Alltag in dieser Form nur ganz selten eingehalten. Vielmehr stellt Kommunalpolitik sich als eine Vielzahl von Einzelentscheidungen dar, die gleichzeitig vorangetrieben werden, sich zu unterschiedlichen Zeitpunkten zum Teil in verschiedenartigen Vorlagen/Beschlüssen niederschlagen.
So wurde in Nagold zunächst unabhängig von den Haushaltsberatungen über eine Privatisierung des Reinigungsdienstes beraten, was aber schließlich zu Einsparungsmaßnahmen führte, die ihren Niederschlag im nächsten Haushaltsplan fanden. In Westerstede hat eine seit Jahren anhaltende Diskussion über die Gestaltung des Ortskerns be-

reits mehrfach eine öffentliche Auslegung von Bebauungsplanentwürfen mit sich gebracht. Im oder nach dem Prozeß der baurechtlichen Absicherung sind die anfallenden Aufwendungen (und Finanzzuweisungen) für die öffentlichen Investitionen in den Haushaltsplan einzustellen. Auch in Leichlingen erforderte die Absicht, ein Hallenbad zu bauen, die Beratung verschiedener Vorlagen, neben den Plänen für die bauliche Gestaltung des Bades, den Bedingungen für die Auftragsvergabe an die ausführende Firma, die Beratung des Bebauungsplans für den Bereich des Hallenbadstandortes und der Haushaltspläne für die Jahre 1972 – 1976, in denen die einzelnen Raten des Bauvorhabens veranschlagt werden mußten. Mit dem Auseinanderfallen von kommunalpolitischen Problemen (etwa Fußgängerzone oder Hallenbad) und verwaltungstechnischen Bearbeitungsmitteln (z.B. Vorlagen zu Haushaltsplänen und Bebauungsplänen) ist (schon wegen der Zuständigkeit verschiedener Ämter) die Gefahr verbunden, daß der ursprünglich bestehende Sachzusammenhang sich auflöst, in der kommunalpolitischen Willensbildung nicht beachtet wird oder zumindest der Stand der Beratung für die lokale Öffentlichkeit nur schwer auszumachen ist.

Am Anfang einer Vorbereitungstätigkeit – und das gilt sowohl für den Haushaltsplan der Gemeinde wie für jeden Bebauungsplan, aber auch für jede andere gemeindliche Verwaltungsmaßnahme – steht die Initiative, ein bestimmtes Problem zum Gegenstand politischer Entscheidung zu machen. Dabei ist zu beachten, daß ein gesellschaftliches Problem, ein möglicher Konflikt verschiedener Interessen, keineswegs automatisch Gegenstand politischer Entscheidungen wird: es finden Filtervorgänge statt. Eine Vielzahl von Aspekten des täglichen Lebens wird gerade dadurch geregelt, daß niemand sie zum Gegenstand politischer Erörterungen und bewußter Entscheidungen macht. Amerikanische Sozialwissenschaftler prägten für dieses Nicht-Infragestellen bestehender Zustände den anschaulichen Begriff der „Nicht-Entscheidung" („Non-decision")[420].

Wer also in einer Gemeinde tatsächlich ablaufende Entscheidungsprozesse betrachtet, hat die Gegenstandsbereiche solcher „Nicht-Entscheidungen"[421] (etwa einen Verzicht auf eine Steuererhöhung oder den Bebauungsplan für ein bestimmtes Stadtviertel) bereits ausgeblendet. Die verwaltungsinterne Initiative liegt dort, wo Problemnähe, Sachverstand, Interessendruck und spezielle Information zusammentreffen: die Ausarbeitung von Verwaltungsvorlagen beginnt im jeweiligen Fachamt. Normalerweise erstellen die Sachbearbeiter und Amtsleiter die Verwaltungsvorlagen. Bei Routineangelegenheiten arbeiten die Ämter hier mehr oder weniger selbständig.

Je nach Bedeutung des Gegenstandes und personeller Ausstattung der betreffenden Verwaltung werden in die Vorbereitung einer Vorlage auch externe Berater (Gutachter wie beim Westersteder Generalverkehrsplan) oder Bearbeiter (etwa Planungsbüros bei Bebauungsplänen) eingeschaltet. Vorlagen von größerer politischer Bedeutung arbeiten die Amtsleiter in direkter Absprache mit dem zuständigen Dezernenten aus. Daß die Amtsleiter und Sachbearbeiter weisungsabhängig sind, bedeutet aber nicht, daß sie jede Vorlage nach Weisungen des Dezernenten ausarbeiten. Diese Art der Steuerung findet nur bei Vorlagen statt, die möglicherweise zu einer Auseinandersetzung in der Vertretungskörperschaft führen oder koordinierende Besprechungen innerhalb der Verwaltungsbehörde notwendig machen [422].

Erst wenn diese Fragen verwaltungsintern vorgeklärt sind, etwa in formellen oder informellen Arbeitsgruppen, in einer Dienstbesprechung des Verwaltungschefs mit den anderen leitenden Beamten („Verwaltungskonferenz"), auf einer Sitzung des Magistrats oder des Stadtvorstands erhalten die Vorlagen ihre endgültige Form. Das gilt in besonderer Weise für den alljährlich aufzustellenden Haushaltsplan (mit den vorgeschriebenen Anlagen), aber auch für die kommunalpolitisch „brisanten" Bauleitpläne. Für alle Vorlagen gilt, daß sie erst dann als „entscheidungsreif" der jeweiligen Vertretungskörperschaft vorgelegt werden, wenn der verwaltungsinterne Klärungsprozeß abgeschlossen ist. Auch wenn bei dieser Klärung bereits vorstellbare Alternativen verworfen worden sind, handelt es sich bei der Erstellung einer Vorlage formal lediglich um die Vorbereitung einer Entscheidung, die zu treffen ausschließlich die gewählten Vertreter der Bürger berufen sind.

Bei der Beratung aller kommunalpolitischen Angelegenheiten wäre die Versammlung aller Ratsmitglieder (das Ratsplenum) arbeitsmäßig überfordert. Daher hat sich auch bei den kommunalen Vertretungskörperschaften ein Ausschußsystem ausgebildet. Ausschüsse „beraten die Arbeiten der Gemeindevertretung vor und sind beratend tätig, so daß man sagen kann, daß bei ihnen das Schwergewicht der kommunalen Willensbildung liegt"[423]. Die Bildung von Ausschüssen wird durch gesetzliche Vorschriften und lokale Traditionen (etwa die Ausschußstruktur in der vorigen Wahlperiode) weitgehend vorgeprägt. Wesentliche Ursache für die Bildung von Ausschüssen ist das Bemühen um parlamentarische Arbeitsteilung. Das einzelne Ratsmitglied, das ehrenamtlich tätig ist, mit all den Aufgaben und Zuständigkeiten zu belasten, für die in der Verwaltung einer Großstadt Dutzende von Leuten ganztätig arbeiten, wäre mit Sicherheit eine Überforderung. Ob Arbeitsteilung durch Ausschußbildung ein

wirkungsvoller Ausweg ist, bleibt (auch im kommunalen Bereich) durchaus fragwürdig.
Die Ausschußarbeit bedeutet zunächst eine Spezialisierung der Tätigkeit, und damit verbunden die Entwicklung von aufgabenspezifischem Sachverstand. Aus der Ausschußarbeit ergibt sich gewissermaßen zwangsläufig deren Besetzung mit Experten[424]. Dennoch ist die Durchschlagskraft entscheidungsreifer Verwaltungsvorlagen so stark, daß die meisten Verwaltungsvorlagen die Ausschüsse allenfalls mit marginalen Veränderungen passieren. Häufig kann sogar in den Ausschüssen keine große Auseinandersetzung über die Vorlagen mehr erwartet werden.
Als Ursache dafür kommt die politische Wirkung der Fraktionen in Betracht. Wichtige Verwaltungsvorlagen werden bereits bevor sie in die Ausschüsse und in das Plenum der Vertretungskörperschaft, also in den „parlamentarischen Raum" gelangen, in den Fraktionen beraten[425]. Fraktionen sind im allgemeinen selbständig handelnde voneinander unabhängige, mit eigenen Zielvorstellungen versehene politische Gruppen in parlamentarischen Gremien. Die Rolle von Fraktionen ist in der Kommunalpolitik zwar schwächer ausgeprägt als in der Landes- oder Bundespolitik. Hierzu trägt die weitverbreitete Überzeugung bei, in der Kommunalpolitik gäbe es keine erheblichen sozialen und politischen Konflikte. Auch ist die soziale Distanz zwischen den Mitgliedern der Gemeindevertretung relativ gering. Kommunale Entscheidungsprozesse kreuzen somit häufig die fraktionspolitischen „Fronten". In Großstädten scheint die politische Rolle der Fraktionen stärker ausgeprägt zu sein als in kleineren Gemeinden[426].
Die Meinungsbildung innerhalb der Fraktionen, die der Zersplitterung des politischen Willensbildungsprozesses durch das Ausschußsystem entgegenwirkt, steht in einem gewissen Spannungsverhältnis zur gemeindeverfassungsrechtlichen Konstruktion des „frei"-entscheidenden Mandatsträgers. Sofern sie ihre Rolle politisch auffassen, entscheiden die Ratsvertreter nicht als voneinander isolierte Einzelpersonen, sondern als Mitglieder einer Fraktion. Wenn diese Fraktion politisches Gewicht haben und sich durchsetzen will, muß sie auf ihre Mitglieder eine gewisse Integrationskraft ausüben („Fraktionsdisziplin"). Das hat dann wiederum für den einzelnen Bürger unverständliche Folgen im Hinblick auf die öffentliche Sitzung des Ratsplenums.
Trotz der parlamentsähnlichen Organisation ihrer politischen Arbeit verzichten die kommunalen Vertretungskörperschaften meist darauf, politische Konflikte in der Öffentlichkeit darzustellen. Der Bevölkerung wird nicht deutlich gemacht, daß es politische Meinungsver-

schiedenheiten zu kommunalpolitischen Fragen gibt, wo sie begründet liegen und wie die einzelnen Parteien sich zu diesen Konflikten stellen. Vielmehr erfüllt das Ratsplenum als Ratifikationsorgan vor allem die Aufgabe, beschlußreife Empfehlungen in verbindliche Entscheidungen zu überführen.
Der politische Prozeß dient auch in der Gemeindevertretung zur Bildung eines Mehrheitskonsenses als Legitimationsgrundlage für Führungsentscheidungen. Das Setzen von Zielen, Festlegen von Prioritäten, Anregen politischer Innovationen und die Auswahl möglicher Programmalternativen erfolgen weitgehend durch die Vorgaben der örtlichen Verwaltungsbehörde[427]. Deren Vorlagen werden (mit mehr oder weniger bedeutsamen Änderungen) durch – häufig einstimmigen – Beschluß des Gemeinderates geltendes Ortsrecht, sofern die Kommunalaufsicht der betreffenden Satzung nicht ihre Genehmigung versagt.
Eine derartige Betrachtung bleibt allerdings für das Verhältnis von Rat und Verwaltung allzu formal, übersieht sie doch die wichtige Rolle eines „politischen Innovationszentrums" aus Verwaltungsspitze und führenden Mandatsträgern, das als Gruppe der „Vorentscheider" gekennzeichnet wurde.

4.2.2 „Vorentscheider" als politische Manager

Verwaltungsvorlagen von einer gewissen politischen Tragweite werden im allgemeinen von der Verwaltung nicht unvermittelt in das formale Entscheidungssystem (Fachausschüsse, Rat) eingeleitet. „In der Praxis ist unübersehbar, daß kleinere Personengruppen über den Inhalt solcher Vorlagen zumindest in den Grundzügen vorentscheiden"[428]. Zwischen den planenden Teilen der Verwaltung und den führenden Personen der Vertretungskörperschaften bestehen vielfältige informelle Beziehungen: „Der politisch einflußreiche Ratsvertreter braucht Information und findet sie in der Verwaltung. Der Verwaltungsmanager andererseits sucht den Kontakt, um sein Vorhaben rechtzeitig politisch abzusichern"[429].
Aus diesem beiderseitigen Interesse entwickelt sich eine Gruppe von „Vorentscheidern". Dazu gehören auf seiten des Rates die „Berufs"-Politiker und die Spezialisten für bestimmte Sachgebiete (Ratsvorsitzende, Ausschußvorsitzende, Fraktionsvorsitzende, Gewerkschafts- und Verbandsfunktionäre, Architekten u.a.). Zu den Vorentscheidern im Verwaltungsbereich gehören der Verwaltungschef, die Dezernenten (Referenten), die mit politischer Entscheidungsvorbereitung befaßten Amtsleiter. Gemeinsames Kennzeichen dieser kommunalpolitischen Manager ist, daß sie politisch denken und argumentieren können

und deshalb als Gesprächspartner für die Vorentscheider aus der Vertretungskörperschaft in Betracht kommen.

Die Vorentscheider, von denen im Einzelfall die Initiative ausgeht (überwiegend solche aus dem Verwaltungsbereich), suchen frühzeitig den Kontakt zu ihren ständigen Gesprächspartnern in der Vertretungskörperschaft, um die Entscheidungsalternativen unter den Gesichtspunkten des politisch Gewollten und fachlich Möglichen gemeinsam zu erörtern. Die Umstände, unter denen dieser Gedankenaustausch stattfindet, ändern sich ebenso wie der jeweils beteiligte Personenkreis. Die Fühlungnahmen sollen politische Entscheidungen auf der Grundlage einer Kombination von Fachwissen und politischen Sachverstand ermöglichen (s. Abb. 9).

Abb. 9: Vorentscheider im Entscheidungsnetzwerk

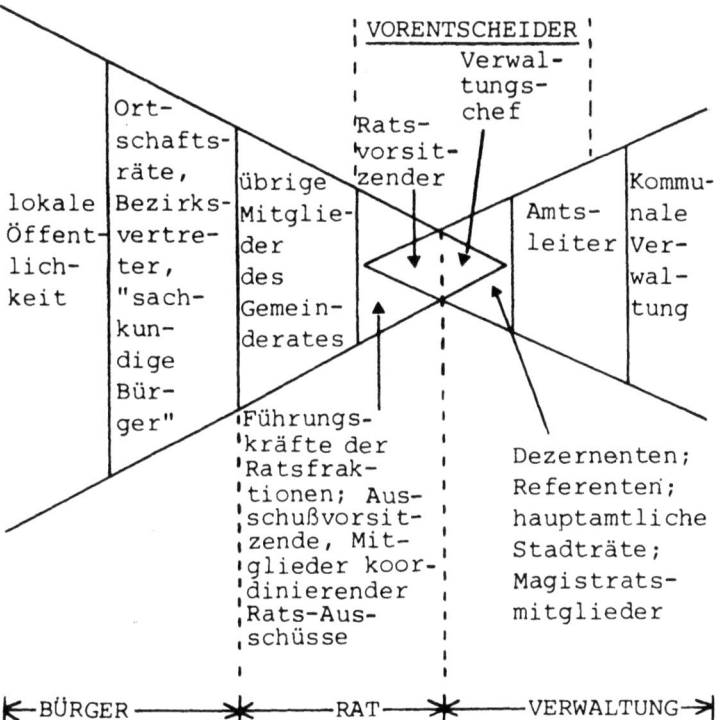

„Die Gruppe der Vorentscheider bildet somit den Transmissionsriemen zwischen der bürokratischen Vorbereitungsmaschinerie und dem politischen Entscheidungsorgan. Sie weist zweifellos Züge einer

Oligarchie auf, ... die den subalternen Verwaltungsmitarbeiter ebenso wie den Hinterbänkler im Rat von größerem politischen Einfluß ausschließt"[430]. Im kommunalpolitischen Entscheidungssystem
- reduziert sie den zeitlichen Aufwand für die Vorbereitung politischer Einzelentscheidungen auf ein erträgliches Maß und
- vermag als Kleingruppe die Vorbereitungsarbeit so lange abzuschirmen, bis das entwickelte Konzept den Unwägbarkeiten der öffentlichen Diskussion standhalten kann.

Erst wenn die Vorentscheider ihrer politischen Absicht eine erste Formulierung gegeben haben, treten sie in die Ausarbeitung einer Vorlage für den Gemeinderat, die Beratung mit den Fraktionen, also in ein gewisses Stadium von Öffentlichkeit, ein.

Die Darstellung des kommunalpolitischen Vorentscheidungsprozesses ist zunächst aufgrund von Erfahrungen in einer nordrheinwestfälischen Großstadt entwickelt worden. Sie ist allerdings auch darüber hinaus von Bedeutung. In der Magistratsverfassung ist die direkte und frühzeitige Kommunikation zwischen hauptamtlichen und ehrenamtlichen Kommunalpolitikern ebenso institutionalisiert wie im Amt des ehrenamtlichen Stadtrates der bayerischen Gemeindeordnung. Der niedersächsische Verwaltungsausschuß und der Stadtvorstand kreisfreier Städte in Rheinland-Pfalz sind ähnlich konstruiert. Auch ohne institutionelle Vorkehrungen wurden entsprechende Kontakte in baden-württembergischen Kleinstädten und Dörfern festgestellt[431].

Die Struktur des kommunalen Entscheidungsprozesses scheint also vom Typ der Gemeindeverfassung weitgehend unabhängig zu sein[432].

Den Meinungsführern der Fraktionen kommt zunächst einmal eine zentrale Stellung im Informationsfluß zwischen Vertretungskörperschaften und Verwaltung zu. Meist bilden sie auch zugleich die personelle Brücke zwischen den kommunalen Institutionen und der lokalen Öffentlichkeit. Das gilt zunächst für Personalunionen zwischen den Ratsfraktionen und den lokalen Parteiorganisationen: kommunale Mandatsträger (z.T. sogar Angehörige der Verwaltungsspitze) sind zugleich Inhaber örtlicher Parteifunktionen (Orts- bzw. Kreisvorstandsmitglieder). Dabei werden die mit bestimmten (beruflichen und ehrenamtlichen) Tätigkeiten verbundenen Startvorteile erneut wirksam: die „Vorentscheider" verfügen über Zeit, soziale Techniken und Informationen. Diese „politischen Ressourcen"[433] setzen örtliche Spitzenpolitiker ein, um das Vertrauen ihrer Parteifreunde zu gewinnen und zu erhalten.

Im Umgang mit kommunalpolitisch relevanten Informationen werden die Mitglieder örtlicher Eliten – je nach der eigenen Interessenlage – als „Förderband" oder als „Filter", stets aber als „Flaschenhals" („gatekeeper"[434]) tätig. Dabei erweisen sich auch Verbindungen zur örtlichen Presse und zu den Vereinen als hilfreich. Jener kleine Kreis sozial aktiver Bürger, der in den örtlichen Vereinen, in den Parteien und im Gemeinderat tätig ist und in der Lokalpresse entsprechend gewürdigt wird, läßt sich meist als Gruppe „örtlicher Honoratioren", zuweilen auch als „lokale Machtelite" kennzeichnen.

Die amerikanische Gemeindeforschung hat in den 50er und 60er Jahren mit einem erheblichen Arbeitsaufwand versucht, durch eine Vielzahl von Gemeindesstudien der Analyse lokaler Machtstrukturen näher zu kommen. Auch wenn diese Arbeit durch einen zuweilen recht polemisch geführten „Methodenstreit"[435] belastet erscheint und die strukturellen Bedingungen lokaler Politik sich (in den USA und in der Bundesrepublik) in wichtigen Punkten unterscheiden[436], lassen sich daraus gerade in bezug auf gesellschaftliche Stellung und örtliche Zusammensetzung der „Vorentscheider" methodisch und inhaltlich bedeutsame Schlußfolgerungen ableiten.

Den Zugang zur lokalen Elite erschließen drei Schlüsselfragen:
– Wer hat in der Gemeinde wichtige Funktionen inne? (Positionstechnik)
– Wer gilt in der Gemeinde als politisch einflußreich? (Reputationstechnik)
– Wer hat in der Gemeinde wichtige Entscheidungen wirksam mitgestaltet? (Entscheidungstechnik)

Auf den ersten Blick könnte man annehmen, daß alle drei Fragen/Techniken zum gleichen Ergebnis führen müssen. Tatsächlich sind aber mit jeder Untersuchungsmethode Auswahlentscheidungen des einzelnen Wissenschaftlers verbunden, die sich auf das Ergebnis auswirken: Welche Funktionen sind wirklich wichtig? Wer hat genügend Einblick in die tatsächliche Verteilung von Macht und Einfluß am Ort? Welche Entscheidungen sind repräsentativ für örtliche Entscheidungsprozesse? Darüber hinaus konnten der Inhalt des Begriffes Macht, das Verhältnis zwischen aktueller und potentieller Macht, die Relevanz von Position und Reputation für tatsächliche Entscheidungen sowie das Verhältnis von Entscheidungen und „Nicht-Entscheidungen"[437] nicht befriedigend geklärt werden.

Dennoch vermitteln die verschiedenen Methoden (am besten bei kombiniertem Einsatz) wichtige Annäherungen an den Kreis der „Vorentscheider" in einer Gemeinde[438]. Während die Entscheidungstechnik die in einzelnen (vom jeweiligen Forscher ausgewählten) Fällen tatsächlich beteiligten Personen identifiziert (gewissermaßen die untere Grenze), ermittelt die Reputationstechnik alle Personen, die (nach Meinung der befragten Experten) möglicherweise in Entscheidungen einbezogen werden könnten (also eine obere Grenze). Die Positionstechnik erlaubt zumindest in größeren Städten eine erste, grobe Einschätzung des Vorentscheiderkreises: das System der kommunalen Rollenkumulation verbindet führende Mandatsträger (Ausschußvorsitzende, Fraktionsvorstandsmitglieder), wichtige Parteifunktionen und Honoratioren der örtlichen Gesellschaft. Teilnehmende Beobachtung in einer baden-württembergischen Gemeinde führte zu dem wichtigen Hinweis, daß gerade in kleineren Orten Vorentscheider (also örtliche Meinungsführer) auch außerhalb von Rat und Verwaltung zu finden sind [439].

In Groß- und Kleinstädten sind die Vorentscheider (aus dem Bereich der Vertretungskörperschaft) sehr oft nicht nur die Meinungsführer ihrer Fraktionen und die Repräsentanten ihrer Parteiorganisationen. Sie sind (ebenso wie die kommunalen Wahlbeamten) zugleich auch wichtige Informanten und Bezugspersonen der Lokalpresse sowie Funktionäre örtlicher Vereine, die mit dem Verlangen nach Subventionen an die Kommunalverwaltung herantreten [440] (s. Abb. 10)

Abb. 10: Politische Ressourcen (Machtquellen) kommunaler „Vorentscheider"

VERWALTUNG	GEMEINDERAT
— Informanten und Bezugspersonen der Lokalpresse	
— Verfügung über Informationsverarbeitungskapazität (Mitarbeiter)	— Verfügung über Legitimationspotential (Meinungsführer der Fraktionen)
— Kontakte zu den überörtlichen Verwaltungen (Finanzzuweisungen, Planungsverbund, Kommunalaufsicht)	— Kontrolle der Rekrutierungskanäle (Führungsgruppe der örtlichen Parteien)
— Kontakte zu den örtlichen Produktionsinteressen (Gewerbesteuer, Wohnungsbau)	— Artikulation der örtlichen Freizeitinteressen (Repräsentanten der örtlichen Vereine)

Damit schließt sich zugleich der Kreis zwischen dem scheinbaren Ressortegoismus in der Verwaltung, der nach Ausschüssen gegliederten und in den Fraktionen hierarchisierten Willensbildung der Vertretungskörperschaften und einer in Form von Vereinen sektoral organisierten lokalen Öffentlichkeit. Der kommunalpolitische Entscheidungsprozeß erweist sich in drei zentralen Bereichen als segmentiert: Bei den Trägern des artikulierten gesellschaftlichen Bedarfs (Vereinen), den Verfügungsberechtigten über öffentliche Ressourcen (Verwaltung) und den legitimierten politischen Entscheidungsinstanzen (Vertretungskörperschaft). Allerdings bestehen zwischen den einzelnen Sektoren der verschiedenen Bereiche enge Verflechtungen: Da „jede organisatorische Einheit dazu tendiert, ihre Aufmerksamkeit auf den eigenen Zuständigkeitsbereich zu beschränken"[442], wird sie „die Probleme ihrer sozio-ökonomischen Umwelt und die jeweiligen Umweltbezüge" nur selektiv wahrnehmen („perzipieren").

Die selektive Perzeption verfestigt sich im Laufe der Zeit zu fest etablierten Klientelbeziehungen zwischen Fachamt, Interessenorganisation und Fachausschuß:[443]„Der Egoismus der Ressorts ist meist der Egoismus gesellschaftlicher Interessengruppen"[444], also Ausdruck gesellschaftlicher Verteilungskonflikte. Bereits die Ressortkoordination ist Teil der gesellschaftlichen Konfliktregelung, also politische Entscheidung. Das gilt in besonderem Maße, wo ihr Ergebnis die Zuweisung oder Verweigerung von bestimmten Ressourcen bedeutet, also etwa bei der Aufstellung eines Bebauungsplans und bei der alljährlichen Beratung des kommunalen Haushalts.

4.3 Beratung des Gemeindehaushalts

Nach den Vorschriften der Gemeindeordnungen wird der Entwurf des Haushaltsplans von dem für das Finanzwesen verantwortlichen Gemeindebeamten (Kämmerer) aufgestellt und vom Verwaltungschef festgestellt. In der kommunalpolitischen Praxis reduzieren sich diese Handlungen allerdings auf je eine Unterschriftsleistung. Prinzipiell unterscheidet sich die Arbeit der Gemeindeverwaltung und der Gemeindevertretung am Gemeindehaushalt nicht von ihrem Vorgehen bei der Beschäftigung mit anderen Vorlagen. Allenfalls erscheinen ein größerer Umfang des Gegenstandes (und der Unterlagen), eine relativ starke Formalisierung des Verfahrens (einschließlich einer zeitlichen Beschränkung) und der vorhersehbare Zeitpunkt der abschließenden Beratungen (alljährlich im Herbst) bemerkenswert. Da Abänderungen und Ergänzungen, die ein Entwurf in den Beratungen des Gemeinderates erfährt, den Voranschlag in der Regel nicht entscheidend umgestalten, geht ein wesentlicher Impuls von der jeweiligen Kommunalverwaltung aus. Für die Arbeit am Haushaltsplan hat sich ein Ritual ausgebildet, in das die Grundstrukturen kommunalpolitischer Entscheidung ebenso eingegangen sind wie einige durch den Gegenstand bedingte Besonderheiten.

In den großen Städten erweist sich bereits die (verwaltungsinterne) Aufstellung des Haushaltsentwurfs als ein dreistufiges Verfahren zur Kontrolle der Bedarfsexplosion (Ausgabenbremse). Die erste Stufe bildet die Bedarfsermittlung der Ämter und Dezernate, die zweite die Abstimmung zwischen Fachämtern und Kämmerei, die dritte schließlich die abschließende Beratung der Verwaltungsspitze. In kleinen Gemeinden kann sich das Verfahren – bedingt durch ein geringeres Maß verwaltungsinterner Arbeitsteilung – um eine Stufe vereinfachen. Das Grundproblem bei der Aufstellung des Entwurfs bleibt jedoch die Abstimmung zwischen Ausgabenwünschen und möglichen Einnahmen.

Spätestens im Frühsommer eines Jahres beginnen die Arbeiten am Haushaltsplan für das kommende Jahr. Die einzelnen Ämter werden von der Kämmerei aufgefordert, ihre Vorstellungen darzulegen und entsprechende Anforderungen für die einzelnen Haushaltstitel einzureichen. Darin finden selbstverständlich Vorhaben, die gerade bearbeitet werden, wie etwa der Bau des Hallenbades in Leichlingen oder die Einrichtung einer Fußgängerzone in Westerstede ebenso ihren Niederschlag wie die Ergebnisse früherer Diskussionen, also etwa die Einsparungsmöglichkeiten, die am Ende der Beratung über eine Privatisierung des Reinigungsdienstes in Nagold standen. Der Bezug auf unsere Beispielfälle zeigt bereits, daß die Vorbereitung eines Haushaltsplanentwurfs keineswegs auf Überlegungen innerhalb der Gemeideverwaltung beschränkt bleibt.

Zunächst einmal bringen politische Diskussionen am Ort oder in überörtlichen Zusammenhängen (wie kommunalen Spitzenverbänden, politischen Parteien, Fachzeitschriften für Kommunalverwaltung und Kommunalpolitik oder auch überörtlichen Massenmedien) neue Themen, neue Aufgaben, neue Lösungsmöglichkeiten (kurz: politische Innovationen), die – soweit sie finanzwirksam sind – in den Gemeindehaushalt umgesetzt werden müssen. So griff etwa in Nagold die Verwaltungsspitze eine Anregung des Städtetages Baden-Württemberg sowie Erfahrungen der Arbeitsgemeinschaft kommunaler Schulämter auf und schlug Anfang 1976 dem zuständigen Verwaltungsausschuß vor, in allen Verwaltungsgebäuden vom Prinzip der täglichen Reinigung abzugehen und den Reinigungsdienst in den Schulen einer privaten Reinigungsfirma zu übertragen. Zwar konnte sich diese („große") Lösung nicht durchsetzen, aber der Haushaltsplan 1977 enthielt bei allen städtischen Gebäuden gegenüber dem Vorjahr verringerte Ansätze für den Reinigungsaufwand[445].

Sehr viel massiver als politische Innovationen wirken aktuelle Entwicklungen im Bereich der Bundes- und Landespolitik auf gemeindliche Entscheidungen ein. So haben etwa in Leichlingen und Wester-

stede die landespolitische Auseinandersetzung über die territoriale Neugliederung bzw. die bundespolitischen Maßnahmen zur Stabilisierung der Beschäftigungslage (Konjunkturprogramme) finanzwirksame Entscheidungsprozesse in beiden Orten zumindest erheblich beschleunigt. In Leichlingen hatte Anfang 1969 ein SPD-Ratsmitglied auf der Jahreshauptversammlung seiner Partei vorgeschlagen, für den Bau eines Hallenbades einen unabhängigen Förderverein ins Leben zu rufen, der bürgerliche Initiative wecken und die Stadt materiell unterstützen sollte[446]. Auf diesem Wege war Leichlingen bereits in den Jahren 1953 bis 1956 zu einem Freibad gekommen.
Der Vorschlag griff den latenten Wunsch vieler Leichlinger nach einem Hallenbad auf. Auch andere kleine Städte der Umgebung (z.B. Burscheid) hatten bereits mit Erfolg diesen Weg beschritten. Die Initiative wurde sogleich von einem CDU-Ratsmitglied unterstützt und vom Stadtverband für Leibesübungen begrüßt[447]. Die (bestehende) Freibadgesellschaft übernahm nach etwa zwei Monaten auch die neue Aufgabe; der Sportausschuß des Rates beauftragte die Verwaltung, die Fragen der Nutzung und des Standortes vorzuklären[448]. Obwohl die Gebietsreform anstand, die Selbständigkeit Leichlingens bedroht erschien, vertrat die Verwaltung noch Ende 1969 die Auffassung: „Eine Atempause (im Hinblick auf die angespannte Finanzsituation) ist dringend nötig"; das Hallenbad erschien, zumindest aus der Sicht der Verwaltung, als reine Zukunftsmusik.
Im Laufe des Jahres 1970 konnten erste namhafte Spenden, u.a. die Hälfte der Gewinnabführung der Sparkasse, eingeworben werden; auch das Barvermögen der (nach Übergabe des Freibades in städtische Regie[449] überflüssigen) Freibadgesellschaft wurde dem Fonds für den Hallenbadbau zugewiesen[450]. Von Rat und Verwaltung wurden jedoch der Neubau eines Rathauses und der Bau einer Hauptschule als vorrangiger angesehen und im Herbst 1971 beschlossen. Der Baubeginn für das Hallenbad sollte allerdings zur Wahrung überörtlicher Interessen noch 1973 erfolgen[451] und deshalb wurden im Haushaltsplan 1972 DM 200.000 für vorbereitende Arbeiten bereitgestellt. So war es möglich, daß bereits im März 1972 der Auftrag zum Bau des Hallenbades an das Leverkusener Architekturbüro Heuser-Henneböhl vergeben werden konnte, das schon verschiedene Schulen und das Rathaus für Leichlingen geplant hatte[452]. Im Haushaltsplan 1973 werden dann 2,5 Mill. DM für den Hallenbadbau veranschlagt, in den folgenden Jahren, bedingt durch Baufortschritt, konjunkturelle Entwicklung und Finanzsituation der Stadt, geringere Beträge. Der erste Spatenstich (finanziert aus Mitteln des Hallenbadfördervereins) erfolgte noch 1972, die Eröffnung im Herbst 1976.
Die Rolle der „Vorentscheider" in diesem Fall soll weiter unten noch

aufgegriffen werden. In Westerstede tritt sie deutlicher und in unmittelbarem Zusammenhang mit der Einwerbung zweckgebundener Finanzzuweisungen zutage: ein zweifacher Personenwechsel im Amt des Ratsvorsitzenden (Bürgermeister) und des Verwaltungschefs (Stadtdirektor) bewirkt, daß die Gemeinde Anfang 1977 ein Konjunkturprogramm des Bundes (das ZIP) als Möglichkeit nutzen wollte, die Erneuerung des Ortskerns in Angriff zu nehmen [453]. Finanzwirksam wurden die Planungen (nach dem Ausbleiben der ZIP-Zuweisung) bislang allerdings nicht; die betroffenen Ämter (hier insbesondere das städtische Bauamt) brauchten dieses Vorhaben bei ihren Bedarfsmeldungen bisher nicht zu berücksichtigen.

„Häufig wird die Meinung vertreten, man müsse bei den Anmeldungen zum Haushaltsplan das Doppelte fordern, um letztlich die Hälfte davon tatsächlich zu bekommen"[454]. Zweifellos wird vielfach nach dieser Methode vorgegangen. Es gibt aber auch Ämter, deren Haushaltsanforderungen ausschließlich auf Ansätzen beruhen, die sich am konkreten Bedarf orientieren, nicht von der Taktik geleitet werden und sich bis zur letzten Mark gut begründen lassen. Während das eine Verfahren pauschale Kürzungen voraussieht, zielt das andere darauf, ein auf Glaubwürdigkeit beruhendes Vertrauensverhältnis zwischen Fachamt und Kämmerei zu schaffen. Für die Aufstellung des Voranschlages sammelt die Kämmerei zunächst die Bedarfsmeldungen der einzelnen Ressorts. Dabei stellt sich häufig heraus, daß die neuen Anforderungen die Vorjahreszahlen nicht unerheblich übersteigen. Damit beginnt bereits die Koordinierungsarbeit des Kämmerers: bei Gegenüberstellung der geforderten Ausgabenansätze mit den zur Verfügung stehenden Einnahmemöglichkeiten erweisen sich erhebliche Ausgabenkürzungen als notwendig. Als Ausgangsbasis bei den Verhandlungen der einzelnen Fachämter mit der Kämmerei dient die Höhe der Vorjahrsansätze, die als „Besitzstand" der einzelnen Sachgebiete weitestgehend respektiert werden. Durch diese traditionelle „Sperrklinke nach unten" gerät der für die Koordination der Einzelanforderungen zuständige Kämmerer alljährlich in das Dilemma zwischen Ressortegoismus und Deckungslücke. In Großstädten mit entsprechend differenzierter Verwaltungsstruktur" muß der Kämmerer in langwierigen Verhandlungen mit den einzelnen Dezernaten versuchen, die Positionen der Ausgabenseite den vorhandenen Mitteln anzupassen"[455]. Dabei werden routinemäßige Klagen über die schlechte Finanzsituation der Gemeinde im allgemeinen wenig helfen.

Allenfalls kann er durch den Hinweis auf die Notwendigkeit des Haushaltsausgleichs und die damit verbleibenden Möglichkeiten einen Rahmen für das Ausgabevolumen abstecken. Dieser Rahmen ist wesentlich von den zu erwartenden Steuereinnahmen und allgemeinen

Finanzzuweisungen bzw. einer Prognose der Personalkostensteigerung abhängig, für die Fachämter also letztlich nicht kontrollierbar. Gelingt es dem Kämmerer nicht, durch Einsatz dieser „Instrumente" die Ausgabenwünsche zu reduzieren, bleibt ihm als vorläufig letzte „Waffe" seine Berufserfahrung: „das Aufstellen eines Budgets ist die Kunst, Enttäuschungen gleichmäßig zu verteilen"[456]. Dieses Konzept aus der Praxis wird zuweilen dadurch formalisiert, daß der Kämmerer jedem Aufgabenbereich ein bestimmtes Ausgabevolumen einräumt und damit einen Teil der Koordinationsarbeit wieder in die Abteilungen (Ämter/Dezernate) zurückverweist.

Die verwaltungsinterne Willensbildung über den Haushaltsentwurf findet ihren Abschluß in einer Zusammenkunft der Verwaltungsspitze (Stadtvorstand, Magistrat, Dezernentenkonferenz). Für den Ablauf und das Ergebnis dieser Beratung ist eine Vielfalt von Faktoren maßgebend, von denen sich einige zwar auflisten, in ihrer z.T. gegensätzlichen Wirkung aber kaum abschätzen lassen:
– Die Neigung, Prioritätsentscheidungen zu vermeiden, veranlaßt die
– Teilnehmer, Kompromisse zu suchen oder Kompensationslösungen
– auszuhandeln[457];
– Die gesetzlich vorgeschriebene Aufgabenstellung „Haushaltsaus-
– gleich" stärkt die Position des Kämmerers;
– Kenntnisse über finanzielle Möglichkeiten (insbesondere auf der
– Einnahmenseite) hat vor allem der Kämmerer;
– Fachliche Informationen (über sachliche Notwendigkeit und interes-
– senpolitische Einwirkung) steht meist nur den einzelnen Abteilungs-
– leitern (Dezernenten, Referenten) zur Verfügung;
– Koordination (notfalls durch dienstliche Anordnung) obliegt der
– hierarchischen Spitze, dem Verwaltungschef.

Wie bei allen Gremienberatungen sind erhebliche informelle Einflüsse gruppendynamischer Art (persönliche Wertschätzung, Erfahrungen aus der bisherigen Zusammenarbeit) ebenso von Bedeutung wie die Vorwegnahme von Interessenlagen[458], die im formellen Verfahren der (öffentlichen) Haushaltsberatung ohnehin ihren Niederschlag finden würden. Hier wird jeder leitende Kommunalbeamte bemüht sein, durch Gespräche mit den „Vorentscheidern" außerhalb der Verwaltung zu klären, welche haushaltswirksamen Forderungen von den örtlichen Interessengruppen (im Ernstfall auch öffentlich) mit Nachdruck erhoben werden. Meist werden solche Forderungen den einzelnen Abteilungen der Gemeindeverwaltung allerdings aus laufenden Kontakten mit örtlichen Interessenvertretern ohnehin bekannt sein.

Das Ergebnis dieser Rückkoppelungs- und Kompromißprozesse wird im Herbst eines jeden Jahres (nach formeller „Feststellung") als Verwaltungsvorlage durch die Etatreden des Verwaltungschefs und des

Kämmerers in der kommunalen Vertretungskörperschaft eingebracht. Anläßlich der Haushaltsberatungen bietet sich der Gemeindevertretung die Möglichkeit, die gesamte Kommunalverwaltung sowohl im Hinblick auf die zu erfüllenden Aufgaben als auch hinsichtlich ihrer Finanzierung ebenso einer grundsätzlichen wie einer detaillierten Kritik zu unterziehen. Dennoch bleibt in der kommunalpolitischen Praxis diese Möglichkeit fast immer ungenutzt. Als Ursache dafür ist wohl kaum die (auf den kommunalen Finanzausschuß gemünzte) Erwartung anzusehen, die besonders leicht erkennbaren sachlichen Zusammenhänge und die konkreten Tatbestände würden die kommunale Kollegialität unter den Ratsmitgliedern so weit fördern, daß demonstrative Anträge unterbleiben[459].

Vielmehr versucht jeder Kämmerer, die Haushaltsberatungen im Rat und seinen Ausschüssen durch die Konzeption des Voranschlages und den Inhalt der „Vorbemerkungen" in eine gewisse Richtung zu lenken[460]. U.a. wird er sich bemühen, den örtlichen Interessenstrukturen auf der Einnahmen- und Ausgabenseite des Haushaltsentwurfs Rechnung zu tragen. Kein Kämmerer wird etwa (zumindest nicht ohne Not) die Lokalpresse durch die Höhe der vorgesehenen Steuer- und Gebührenfestsetzungen zu einer Kampagne gegen seinen Entwurf herausfordern. Angesichts der erheblichen Bedeutung des (gewerbe- und/oder grundsteuerpflichtigen) Mittelstandes in den kommunalen Vertretungskörperschaften[461] (s. Abb. 10, Tab. 6) und der Orientierung der Lokalpresse an den Interessen der örtlichen Honoratioren[462], die in dieser Frage auch die persönlichen Interessen ihres Verlegers sind, erspart der Kämmerer sich so unnötige und aussichtslose Konfliktsituationen. Er nimmt allerdings auch im (tatsächlichen oder vermeintlichen) Interesse an der Erhaltung von Arbeitsplätzen eine reduzierte finanzielle Leistungsfähigkeit der Gemeinde in Kauf. Die unmittelbare Verbindung zwischen etablierten kommunalen Interessen und Gemeindesteuerpflichtigen wirkt als Einnahmenbremse für die Gemeinde.

Auf der Ausgabenseite werden durch Vereine aller Art vielerlei Sonderwünsche vorgebracht[463]. Beim Bau des Hallenbades in Leichlingen war dies nicht erforderlich. Hier bestand von Anfang an eine enge personelle Verzahnung zur örtlichen Interessengruppe (Freibadgesellschaft bzw. Hallenbadförderverein). Der Vorsitz des Hallenbadfördervereins lag zunächst bei dem (damaligen) Stadtdirektor (Verwaltungschef) und ging im Januar 1971 auf den der SPD angehörenden Bürgermeister (Ratsvorsitzenden) über. Seine Stellvertreter im Vereinsvorsitz waren der Vorsitzende des örtlichen Schwimmvereins und der Sparkassendirektor. Auch die örtliche CDU wirkte im Verein mit.[464] Diese engen Verflechtungen ergänzten das Interesse

der örtlichen Spitzenpolitiker an einer Erhaltung der Selbständigkeit. Auf diese Weise konnten die Vereinsinteressen am Hallenbadbau und die Interessen der örtlichen Verwaltung an einer bestimmten Abfolge (Rathaus, Hauptschule, Hallenbad) bereits im Vorentscheidungsprozeß zur Geltung kommen.
Soweit dies nicht gelingt und die örtlichen Vereine eine Korrektur des Haushaltskompromisses für erforderlich und durchsetzbar halten, sind die Fraktionen die wesentliche Anlaufstelle für Interessentenansprüche, die entweder ortsteilbezogen oder öffentlichkeitswirksam dargeboten werden. Die Fraktionen geraten so in ein nur schwer überschaubares Spannungsverhältnis zwischen verfestigten Klientelbeziehungen, verständlichem Profilierungsstreben und sachlicher Überforderung. Damit verbunden ist die Profilierung politischer Positionen an Marginalien, wie Zuschüssen für bestimmte Organisationen oder Bereitstellung von Mitteln für ganz spezielle Aufgaben, z.B. für die großzügigere Förderung eines bestimmten Kleingartenvereins. In einer „nicht transparenten Grauzone" von „Parteien, Stammtischbekanntschaften und sonstigen undurchschaubaren Beziehungen"[465] werden Entscheidungen selbst für die Interessenten zum Glücksspiel.
Angesichts dieser Unberechenbarkeit bleibt dem leidgeprüften Kämmerer zunächst einmal seine Berufserfahrung, daß die Summe aller Änderungen seines Vorentwurfs im Verhältnis zum gesamten Umfang des Haushalts relativ gering bleibt[466]. Außerdem steht ihm eine „eiserne Reserve" der Manipulation zur Verfügung, das Instrument der Nachtragshaushalte: „Erweist sich die Durchführung des Budgets in der festgelegten Form als unmöglich, sei es infolge einer unvorhergesehenen Entwicklung der Einnahmen oder der Notwendigkeit über- oder außerplanmäßiger Ausgaben, so müssen entsprechende ... Nachtragshaushalte ... aufgestellt, beraten und beschlossen werden"[467]. Die Notwendigkeit dafür ist aber nur z.T. von unvorhersehbaren Entwicklungen abhängig. Dazu gehört auch das Ergebnis der Prüfung durch die Kommunalaufsicht[468].
Werden die Hebesätze, eine Gebührensatzung oder wesentliche Ansätze des vom Gemeinderat beschlossenen Haushaltsplans beanstandet, kann die Haushaltssatzung nicht in Kraft treten. Das Verfahren der Haushaltsberatungen muß von neuem aufgenommen werden. Angesichts des stets vorhandenen Bedarfsüberhangs und der großen Bedeutung staatlicher Mittelzuweisungen läßt sich aber auch bereits bei Verabschiedung eines Haushalts das baldige Eintreten einer Situation voraussehen, in der (verwaltungstechnisch) die Notwendigkeit und (damit politisch) die Möglichkeit eines Nachtragshaushalts besteht. Der Nachtragshaushalt wird so zum politischen

Instrument des Kämmerers. Er kann den Budgetprozeß selbst dann noch steuern, wenn sein Haushaltsentwurf und die „Vorbemerkungen" im kommunalpolitischen Alltag „verschlissen" sind. Allerdings löst dies gleichzeitig den im öffentlichen Haushaltsrecht vorgesehenen strengen Zusammenhang zwischen Haushaltsjahr und Haushaltsplan in gewissem Umfang auf.
Damit nähert sich die Planung des kommunalen Finanzgebarens in mancher Hinsicht der örtlichen Bauleitplanung an.

4.4 Entscheidung über einen Bebauungsplan

Während das kommunale Haushaltsrecht die Gemeinden verpflichtet, regelmäßig Haushaltspläne aufzustellen, sind Maßnahmen der Bauleitplanung nicht periodengebunden. Bebauungspläne werden von den Gemeinden bei Bedarf aufgestellt. Die Gemeinde ist formal frei in der Festlegung des Planungsbereichs wie des Planungszeitpunktes. Tatsächlich wird eine Gemeinde jedoch immer dann ein Bebauungsplanverfahren einleiten müssen, wenn sie auf die bauliche Entwicklung in einem bestimmten Bereich einwirken will.
Der Anstoß dazu kann von einzelnen Bürgern und Institutionen jeglicher Art ausgehen. Oft genügt die Bauanfrage eines Grundstückeigentümers. Aber auch gemeindliche Investitionsvorhaben wie das Hallenbad in Leichlingen, die Lösung städtebaulicher Probleme (z.B. Ortsdurchfahrt Westerstede) oder die Erschließung eines neuen Wohngebiets für Einzelbebauung können die Aufstellung eines Bebauungsplanes auslösen. Zuweilen legen Bauwillige, etwa große Baugesellschaften, die größere Flächen bebauen wollen, der Gemeinde bereits einen Vorschlag für den Bebauungsplan vor. Auch wenn der sachliche Zusammenhang zwischen Bebauungsplan und Maßnahmenplanung eindeutig ist, läßt sich keine allgemeingültige zeitliche Reihenfolge angeben. In Leichlingen wurde die Änderung des Bebauungsplanes für den Bereich Büscherhöfen-Nord (Gelände für Freibad und Hallenbad) eingeleitet, nachdem der Standort für das Hallenbad vom Rat festgelegt war [469]. In Westerstede liefen die Arbeiten am Bebauungsplan 14 für den Ortskern bereits seit Jahren, als durch die Aussicht auf ZIP-Mittel die konkrete Planung der Fußgängerzone eingeleitet wurde [470].
Im formellen Bebauungsplanverfahren sind mindestens drei Beschlüsse der kommunalen Vertretungskörperschaft, also auch mindestens drei Beschlußvorlagen, erforderlich. Der Gemeinderat berät und beschließt (wie beim Haushaltsplan) schließlich über eine örtliche Satzung, den betreffenden Bebauungsplan (Satzungsbe-

schluß). Bevor es zu diesem Beschluß kommt, muß aber ein Entwurf öffentlich ausgelegt werden (Auslegungsbeschluß). Ganz am Anfang des Verfahrens ist ein weiterer Beschluß erforderlich, der Aufstellungsbeschluß: auf Anregung von „Vorentscheidern" oder aus eigener Initiative leitet das für die Bauplanung zuständige Amt (Planungsamt, Bauamt) dem entsprechenden Ratsausschuß (Bauausschuß, Planungsausschuß, technischer Ausschuß[471])eine Vorlage zu, die in der Regel nur eine Festlegung des zu beplanenden Gebietes u.U. auch Anregungen für die inhaltliche Konzeption enthält. Nach Beratung im Ausschuß beschließt der Gemeinderat dann zunächst die Aufstellung eines Bebauungsplans. Daraufhin leitet die Bauverwaltung die Ausarbeitung eines Bebauungsplanentwurfs ein.
Nach dem novellierten Bundesbaugesetz sollen bereits in dieser frühen Phase (Erarbeitung der ersten Konzeption) die Bürger in den Planungsprozeß einbezogen werden:
„Die Gemeinde hat die *allgemeinen Ziele und Zwecke* der Planung öffentlich darzulegen. Sie hat allgemein Gelegenheit zur Äußerung und zur Erörterung zu geben (Anhörung). *Öffentliche Darlegung und Anhörung* sollen *in geeigneter Weise* und *möglichst frühzeitig* erfolgen; dabei sollen auch die voraussichtlichen Auswirkungen der Planung aufgezeigt werden. Soweit verschiedene, sich wesentlich unterscheidende Lösungen für die Neugestaltung oder Entwicklung eines Gebiets in Betracht kommen, soll die Gemeinde diese aufzeigen"[472].
Besser als die Verwaltung und die u.U. ortsfremden Planer wissen meist die Bürger eines Ortsteils, wo es an Spielplätzen, Geschäften oder auch Haltestellen für den öffentlichen Nahverkehr fehlt. Gerade weil die Bürger ihren Lebensraum so gut kennen, ist es ihnen oft möglich, für seine Probleme den Planern bessere Lösungen vorzuschlagen. Schon deshalb erscheint es außerordentlich sinnvoll, daß die Bürgerbeteiligung in der Phase der Sammlung von Lösungsvorschlägen den Gemeinden durch das Bundesbaugesetz zur Pflicht gemacht worden ist. Die Gestaltung der Einzelheiten, insbesondere die Wahl des Verfahrens, freilich bleibt den Gemeinden überlassen. Gerade dies wird aber von vielen Gemeinden als weiteres Hindernis auf dem Weg zu einem rechtskräftigen Bebauungsplan empfunden. Ursache dafür scheint vor allem eine gewisse Unsicherheit im Verhältnis von planender Verwaltung und betroffenen Bürgern, örtlichen Politikern und zuständiger Kommunalaufsicht zu sein. Die von uns im Gesetzestext hervorgehobenen „unbestimmten Rechtsbegriffe" tragen – bei allzu ängstlicher Auslegung – dazu bei, diese Unsicherheit zu verstärken. Das gilt allerdings nur, so lange unter Bürgerbeteiligung die Anwendung eines einheitlichen Verfahrens für alle Arten von Bebauungsplänen verstanden und ein (gesetzlich zulässiger)

Verzicht auf Bürgerbeteiligung (etwa in Bagatellfällen) nicht in Erwägung gezogen wird. Das Difu hat den Gemeinden vorgeschlagen, nach Inhalt des Bebauungsplans und daraus resultieredem Umfang der Bürgerbeteiligung insgesamt fünf Typen von Bebauungsplänen zu unterscheiden und für diese Fälle unterschiedlich intersive Formen der Beteiligung zu praktizieren[473]. Dieser Vorschlag ermöglicht es, das Beteiligungsverfahren sowohl der Bedeutung des Bebauungsplans gemäß als auch nach Art der betroffenen Bevölkerung angemessen zu gestalten und auf diese Weise die bereits genannten Vorteile der Bürgerbeteiligung zu nutzen, ohne sich zum leichtfertigen Opfer ihrer Unwägbarkeit zu machen.

Üblich ist die Einberufung einer Bürgerversammlung im entsprechenden Gebiet und Ankündigung in der Presse. Wirksamer sind u.U. Sprechstunden der Verwaltung im entsprechenden Stadtteil, die durch Postwurfsendungen angekündigt werden. Westerstede begnügte sich 1976 (also vor Inkrafttreten des novellierten Bundesbaugesetzes) für Teilpläne des Bebauungsplans 14 noch mit der öffentlichen Auslegung der fertigen Bebauungsplanentwürfe im Rathaus. Allerdings standen der Bürgermeister und der Vorsitzende des Planungsausschusses in einer während der Auslegungsfrist (mitten im Kommunalwahlkampf) auf Initiative des Ortsbürgervereins, des Verkehrsvereins und des Motorclubs einberufenden Bürgerversammlung den recht zahlreich erschienenen Bürgern Rede und Antwort[474]. Damals ging es hauptsächlich um die geplante Entlastungsstraße. Später verschob sich das Interesse der lokalen Öffentlichkeit mehr auf die Fußgängerzone.

Korrekter formuliert müßten wir festhalten: der Bebauungsplan bzw. seine spezifischen Teilpläne für den Ortskern von Westerstede erstreckten sich auf zwei verschiedene Probleme, die Fußgängerzone und die Entlastungs-(Umgehungs-)Straße. Deshalb stößt der Plan auf den Widerstand unterschiedlicher Teilöffentlichkeiten: während die Anlieger der Wohnstraßen von der Entlastungsstraße betroffen werden, lehnt eine im Zeitablauf wechselnde Zahl von Geschäftsleuten im Ortskern die Fußgängerzone[475] ab. Beide Gruppen schalteten sich zu unterschiedlichen Zeiten in den Entscheidungsprozeß ein. Es gibt keinen Anhaltspunkt für die Auffassung, in Westerstede sei der Widerstand beider Teilöffentlichkeiten gegen Teilpläne des Bebauungsplans 14 durch das Instrument der Bürgerbeteiligung entstanden. Vielmehr ist anzunehmen, daß Bürgerbeteiligung für Rat und Verwaltung „ein Frühwarnsystem" bei Planungen darstellen kann, das gleichermaßen Planungsfehler verhindern und Loyalitätsverluste vermeiden hilft[476].

Freilich ist nicht zu bestreiten, daß die Erweiterung formaler Be-

teiligungsrechte auch die Bedingungen für eine Durchsetzung von Einzel- und Teilinteressen zu Lasten der Allgemeinheit verbessert. Interessenten, die über Zeit, Geld und Bildung verfügen, können das berechtigte Verlangen nach Bürgerbeteiligung auch dazu mißbrauchen, Entscheidungen zu verzögern oder gar zu verhindern. So wurde etwa in Westerstede von der Lokalpresse und von der Verwaltung bezweifelt, daß unter den Geschäftsleuten der Widerstand gegen die Fußgängerzone so groß war, wie die Öffentlichkeitswirksamkeit vermuten ließ. Bürgerbeteiligung und verantwortliche politische Führung bedingen einander.
Die Last der öffentlichen Verantwortung und Entscheidung tragen Rat und Verwaltung. Neben den betroffenen Bürgern müssen diese vor einer endgültigen Entscheidung auch andere von der gemeindlichen Planung betroffene Institutionen hören; die Gemeinde muß sogenannten Trägern öffentlicher Belange[477] Gelegenheit zur Stellungnahme geben. Von den Gemeinden erhalten bestimmte Institutionen (z.B. die untere Naturschutzbehörde, das Gesundheitsamt, die Bauaufsicht, das Amt für Denkmalspflege, die Kirchen) routinemäßig die Entwürfe aller Bebauungspläne und werden so zu einer Stellungnahme aufgefordert. Oft finden mit diesen von der Gemeinde für wichtig gehaltenen Akteuren auch Vorabklärungen durch Gespräche statt, so in Westerstede mit der IHK, dem Gewerbeaufsichtsamt, der Landwirtschaftskammer, der Handwerkskammer, dem Landkreis. Die Gemeinde erfüllt mit der schriftlichen Information eine Vorschrift des Bundesbaugesetzes. Eine Stellungnahme soll innerhalb der von der Gemeinde angegebenen angemessenen Frist erfolgen; „äußern sie sich nicht fristgemäß, so kann die Gemeinde davon ausgehen, daß die von diesen Beteiligten wahrzunehmenden öffentlichen Belange durch den Bauleitplan nicht berührt werden"[478].
Die Stellungnahmen der Träger öffentlicher Belange werden ebenso wie die Ergebnisse der Bürgerbeteiligung in die Überarbeitung des Entwurfs einbezogen. Der überarbeitete Plan wird dann dem zuständigen Ratsausschuß vorgelegt. Soweit Änderungswünsche (insbesondere solche der Träger öffentlicher Belange) bei der Überarbeitung berücksichtigt wurden, ist damit ein Teil des potentiellen örtlichen und überörtlichen Widerstandes ausgeräumt. Die nicht berücksichtigten örtlichen Interessen haben in der Ausschußberatung eine Möglichkeit, ihre Vorstellungen „politisch aufzuladen" (also auf besonders schutzwürdige Interessen wie die private Initiative, soziale Bedürfnisse oder städtebauliche Konzeptionen zu verweisen) und damit erneut vorzubringen. Dies gelingt besonders wirksam, wenn die Betroffenen in der (öffentlichen) Sitzung persönlich anwesend sind und somit Druck auf die Ratsmitglieder ausüben. Aber auch von den

einzelnen Fraktionen des Gemeinderates können eigenständige Impulse zur Änderung des Entwurfs ausgehen. So versuchte etwa in Westerstede die SPD-Fraktion, im Sommer 1976 eine andere Trassenführung für die Entlastungsstraße durchzusetzen[479], fand jedoch dafür keine Mehrheit.
Die Tatsache, daß den Bau- bzw. Planungsausschüssen der Gemeinderäte häufig Architekten, Bauunternehmer, Grundstücksmakler, Vertreter von Wohnungsbaugesellschaften und ähnliche „Sachverständige" angehören, kann sich für einzelne Interessenten z.T. als hilfreich, z.T. als hinderlich erweisen. Soweit die vorgelegte Fassung des Bebauungsplanentwurfs sich in der Ausschußsitzung als nicht „beschlußreif" erweist, findet eine weitere Überarbeitung statt. Sobald eine Vorlage die Zustimmung des Fachausschusses erhalten hat, kann das Ratsplenum die Auslegung des Bebauungsplans beschließen.
Durch diesen Beschluß wird eine zweite Phase der Bürgerbeteiligung eingeleitet: „Die Gemeinde hat die Entwürfe der Bauleitpläne mit dem Erläuterungsbericht oder der Begründung auf die Dauer eines Monats öffentlich auszulegen. Ort und Dauer der Auslegung sind mindestens eine Woche vorher ortsüblich bekanntzumachen mit dem Hinweis darauf, daß Bedenken und Anregungen während der Auslegungsfrist vorgebracht werden können"[480]. Die ortsübliche Bekanntmachung erfolgt am „schwarzen Brett" der Gemeindeverwaltung, in einem amtlichen Mitteilungsblatt oder im Anzeigenteil der örtlichen Tageszeitung. Die Darstellung des Sachverhalts wird dabei allerdings durch das Verwaltungsverfahren so weit verklausuliert, daß nur Eingeweihte davon Kenntnis erhalten, wenn sie betroffen sind. Die öffentliche Auslegung der Pläne erfolgt in der Regel im jeweiligen Rathaus (also u.U. ziemlich weit vom beplanten Gebiet entfernt); dort können während der Dienststunden „Bedenken und Anregungen" geltend gemacht werden.
Will ein betroffener Bürger (und dies wird meist ein Grundstückseigentümer sein) davon Gebrauch machen, dann kann er persönlich im Rathaus vorsprechen. Hier ist zunächst daran zu denken, daß eine persönliche Vorsprache bei der Kommunalverwaltung voraussetzt, daß der betroffene Bürger über entsprechende Zeit verfügt. Darüber hinaus darf er nicht durch eine Überschneidung seiner Arbeitszeit mit den Dienststunden der Verwaltung daran gehindert werden, persönlichen Kontakt aufzunehmen. Schließlich kann auch eine Art „Schwellenangst" gegenüber dem persönlichen Kontakt mit anonymen Verwaltungsapparaten bestehen, die als mögliches Hindernis zu beachten ist. Ein sehr viel stärkerer Vorbehalt wird sich allerdings gegenüber einer schriftlichen Kommunikation einzelner Bürger mit

der Verwaltung ergeben. Ausgelöst wird dieser Vorbehalt durch mangelnde Übung im Umgang mit der Schriftform, die sich nicht nur bei Formularen und dem sog. „Kleingedruckten", sondern auch bei anderen Formen schriftlicher Informationsübermittlung bemerkbar macht.
Viele Kommunalverwaltungen sind deshalb gerne bereit, wenn die bisher genannten Beteiligungsschranken überwunden sind, bei der schriftlichen Abfassung von „Bedenken und Anregungen" zu helfen und damit eine mögliche weitere Schranke aufzuheben. Aber selbst dadurch wird diese Form politischer Teilhabe an der kommunalen Selbstverwaltung im Bereich des Bauwesens nicht so attraktiv, daß eine allgemeine Inanspruchnahme zu erwarten ist.
Mit den auf diese Weise eingegangenen Bedenken und Anregungen müssen sich Rat und Verwaltung auseinandersetzen:
Die Gemeinde prüft die fristgemäß vorgebrachten Bedenken und Anregungen und teilt das Ergebnis mit. Bei der Vorlage der Bauleitpläne zur Genehmigung durch die höhere Verwaltungsbehörde (Kommunalaufsicht) sind die nicht berücksichtigten Bedenken und Anregungen mit einer Stellungnahme der Gemeinden beizufügen[481].
Diese Stellungnahme ist zusammen mit der endgültigen Fassung des Bebauungsplans wiederum Gegenstand der Beratung und Beschlußfassung im Fachausschuß und im Plenum des Gemeinderates. In der Regel werden die „Bedenken und Anregungen" auf Vorschlag der Verwaltung vom Rat abgelehnt. Ergibt sich durch die Berücksichtigung von Bedenken und Anregungen eine wesentliche Änderung des Plans, ist eine erneute Auslegung erforderlich. Andernfalls bzw. nach Ablauf der weiteren Auslegung beschließt der Rat den Entwurf des Bebauungsplans als Satzung.
Der vom Rat beschlossene Bebauungsplan wird dann — wie jede kommunale Satzung — der Kommunalaufsicht zur Genehmigung vorgelegt. Erst wenn diese den Plan genehmigt hat, macht die Gemeinde seinen Inhalt „ortsüblich" bekannt und setzt damit den Bebauungsplan in Kraft. Die Kommunalaufsicht kann dabei ihre Genehmigung an Auflagen binden. So waren in Westerstede 1970/71 bereits Teilpläne des Bebauungsplans 14 als Satzung beschlossen. Der Verwaltungspräsident in Oldenburg verlangte aber die Verabschiedung eines Generalverkehrsplans, so daß die weitere Planung sich um Jahre verzögerte und das Verfahren z.T. von vorn beginnen mußte.
Das gesetzliche Erfordernis einer Genehmigung durch die höhere Verwaltungsbehörde (§ 11 BBauG) führt dazu, daß sich Städte im Stadium der Planerstellung schon auf die von der Kommunalaufsicht vertretenen Auffassungen hin orientieren, allerdings in unterschiedlicher Weise. In Westerstede scheint diese Orientierung (mög-

licherweise aufgrund der bisherigen Erfahrungen) recht stark ausgeprägt. So wird z.B. mit Mitarbeitern des Verwaltungspräsidiums ein Planungskonzept der Gemeinde frühzeitig besprochen, um bestimmte Möglichkeiten und Folgen von Planungen abzuklären. Hierbei treten die Mitarbeiter dann auch als Berater auf, z.b. über die Folgen der Ausweisung einer bestimmten Bauhöhe, die u.U. eine Änderung der Grundstücksgrößen, also ein Umlegungsverfahren, erforderlich machen[482].

Im Zusammenspiel von Aufsichtsbehörde und örtlicher Verwaltung bei der Gestaltung und Genehmigung von Bebauungsplänen kommt es durchaus vor, daß die örtliche Verwaltungsspitze sich von der Aufsichtsbehörde beraten läßt, um die eigene Position gegenüber dem Gemeinderat durchzusetzen. Der Fall, daß wichtige Mitglieder eines Gemeinderates bestimmte Ortsteile als Baufläche ausweisen wollen, um den Wert ihrer dort gelegenen Grundstücke zu erhöhen, ist weder hypothetisch noch durch das Auslaufen der allgemeinen Baukonjunktur in den letzten Jahren oder die Bildung größerer Gemeinden im Zusammenhang mit der territorialen Neuordnung gänzlich unwahrscheinlich geworden. In einem derartigen Fall kann die örtliche Verwaltungsspitze durch Zusammenspiel mit der Kommunalaufsicht die Interessen der Gemeinde gegen Einzelinteressen politisch wichtiger Bürger durchsetzen.

Zum anderen kann es auch bei der Durchsetzung von Interessen der Gemeinde in der Konkurrenz mit anderen Gemeinden nützlich sein, die Kommunalaufsichtsbehörde dadurch an einem Projekt zu beteiligen, daß man sich von ihr beraten läßt. Da die Regierungspräsidenten nicht nur Kommunalaufsichtsbehörde, sondern auch „Vorentscheidungsinstanz" bei der Vergabe zweckgebundener Finanzzuweisungen sind, mag die einvernehmliche Gestaltung von Bebauungsplänen Hilfestellung für die Erlangung von Landesmitteln leisten[483].

Auch diese Überlegungen zeigen, daß eine pauschale Beurteilung der kommunalen Gestaltungsmöglichkeiten aufgrund von Rechtsvorschriften, finanzieller Mangelsituation oder administrativer „Bevormundung" nicht möglich ist. Gerade die vielfältige Verflechtung der Gemeinde mit unterschiedlichen Lebensbereichen und Institutionen schafft im Einzelfall Gestaltungsmöglichkeiten und Entscheidungsfreiheit. Kommunale Autonomie im Sinne völliger Freiheit des örtlichen Verwaltungshandelns von fremden Einflüssen, Bindungen und Regelungen ist in entwickelten Industriegesellschaften schlechterdings unvorstellbar. Völlige Bevormundung der Gemeinden durch staatliche Verwaltungsapparate, die ihre (wieso einheitlichen?) Vorstellungen durch Planungsvorgaben, zweckgebundene Zuweisungen und Anordnungen der Kommunalaufsicht durchsetzen, gehört – wie unsere Beispiele gezeigt haben – in die Vorstellungswelt von „Verschwörungstheorien".

Die Gemeinden in der Bundesrepublik Deutschland stehen in einem vielfältigen Beziehungsgeflecht mit wirtschaftlichen Entwicklungen, gesellschaftlichen Anforderungen und politischen Entscheidungen, bei denen die verschiedenen Ebenen des politisch-administrativen Systems im Rahmen eines Finanz-, Planungs- und Politikverbundes zusammenwirken und die Ergebnisse von Entscheidungsprozessen sich in keinem Falle der „Macht" einer einzelnen Institution zurechnen lassen. Für den an der Kommunalpolitik Interessierten ergibt sich aus diesen Überlegungen: Kommunalpolitik ist nicht nur *möglich*, sie ist auch *nötig!* Dazu bedarf sie des Willens zur politischen Verantwortung und der Bereitschaft zum politischen Engagement.

Anmerkungen

1. Freiberg (Bibliographie Nr. 17), S. 16.
2. Schmidt-Jortzig, Edzard: Gemeinden und Kreise vor den öffentlichen Aufgaben der Gegenwart, in: DVBl., 1977, S. 803 f.
3. Scheuner, Ulrich: Zur Neubestimmung der kommunalen Selbstverwaltung, in: AfK, I/1973, S. 1.
4. Klönne, Arno: Zum Begriff und zur Realität von politischer Gemeinde, abgedruckt in: Zoll (Bibliographie Nr. 69), S. 249.
5. König, René: Grundformen der Gesellschaft: Die Gemeinde, Hamburg 1958, S. 9 oder 45.
6. So bereits Köttgen (Bibliographie Nr. 36), aber auch Pagenkopf (Bibliographie Nr. 46), S. 7 ff.
7. Grauhan (Bibliographie Nr. 25); Kevenhörster (Bibliographie Nr. 33); Kevenhörster, Paul/Wollmann, Hellmut (Hrsg.): Kommunalpolitische Praxis und lokale Politikforschung, Berlin 1978.
8. Grauhan, Rolf-Richard: Einführung, in: Grauhan (Bibliographie Nr. 25 (1)), S. 12; ders.: Warum „Großstadt-Politik"? (Bibliographie Nr. 24), S. 9); ähnlich auch: Scheuner, S. 40 f. (Anm. 3); Grauhan/Linder (Bibliographie Nr. 26), S. 28 ff.
9. Als Beispielgemeinden dienen die Kleinstädte Leichlingen (Nordrhein-Westfalen) mit 20.605, Nagold (Baden-Württemberg) mit 19.171 und Westerstede (Niedersachsen) mit 17.535 Einwohnern (jeweils bei der letzten Volkszählung 1970). Wir danken den Gemeinden für die uns zur Verfügung gestellten Informationen.
10. Grauhan, Rolf-Richard: Der politische Willensbildungsprozeß in der Großstadt, in: Grauhan (Bibliographie Nr. 24), S. 149 unter Bezugnahme auf Narr, Wolf-Dieter: Logik der Politikwissenschaft, in: Kress, Gisela/ Senghaas, Dieter (Hrsg.): Politikwissenschaft, Frankfurt 1969, S. 22 ff.
11. Zur systemtheoretischen Betrachtung politischer Prozesse s. z. B. Deutsch, Karl: Politische Kybernetik, Freiburg i. Br., 2. Aufl. 1970; Easton, David: A Systems Analysis of Political Life, New York/London/Sydney 1965; Parsons, Talcott: The Social System, New York 1951; eine kritische Würdigung durch Narr, Wolf-Dieter: David Eastons Systemanalyse, in: PVS, 1967, S. 424 ff.
12. Grundgesetz für die Bundesrepublik Deutschland vom 23. Mai 1949, Art. 28 II.
13. Laux, Eberhard: Kommunale Selbstverwaltung im Staat der siebziger Jahre, in: AfK, II/1970, S. 224; Scheuner, S. 6 (Anm. 3); Schmitz-Jortzig, S. 806 (Anm. 2); Laux, Eberhard: Kommunale Aufgabenverbesserung,

in: Entwicklung der Aufgabe und Ausgaben von Bund, Ländern und Gemeinden, Vorträge und Diskussionsbeiträge der 39. Staatswissenschaftlichen Fortbildungstagung der Hochschule für Verwaltungswissenschaften Speyer 1971, Berlin 1971, S. 117; mit dem gleichen Ergebnis auch Hättich, Manfred: Kommunalpolitik – ein politisches Seitengebiet?, in: Rausch/Stammen (Bibliographie Nr. 49), S. 293 ff.
14. In allen Fällen ist das Ziel eine „Stärkung der Verwaltungskraft". Zu den rechtlichen Formen s. § 71 NGO (Niedersächsische Gemeindeordnung in der Fassung vom 18. Oktober 1977 (Nds. GVBl. S. 497), § 59 GO B.-W. (Gemeindeordnung für Baden-Württemberg i.d. Fassung vom 22. Dezember 1975, GBl. vom 27. Januar 1976, S. 1), § 64 GemO RhPf. (Gemeindeordnung für Rheinland-Pfalz vom 14. 12. 1973, GVBl. S. 419). Zu den Begriffen und zur Geschichte s. Pagenkopf (Bibliographie Nr. 46), S. 59 ff.,s. auch unter Anm. 381 und Anm. 382 (Synopose).
15. Für Ansätze s. Wehling, Hans-Georg/Werner, Axel: Altes Dorf und neue Siedlung, in: Dorfpolitik (Bibliographie Nr. 66), S. 143 f.; Jauch Dieter: Auswirkungen der Verwaltungsreform in ländlichen Gemeinden, dargestellt an 14 Gemeinden in Baden-Württemberg, Stuttgart 1975.
16. Zur Konzeption s. Wagener (Bibliographie Nr. 64); zur Realisierung insbesondere Wehling, Rosemarie und Hans-Georg: Gemeinde und Gemeindereform, in: Wehling (Bibliographie Nr. 65), S. 12–42; Laux, Eberhard: Die kommunale Gebietsreform. Ein Literaturbericht, in: AfK, II/1973, S. 235; Frey, Rainer: Verwaltungsreform in Deutschland: Voraussetzung zur Verwirklichung lokaler Demokratie?, in: Frey (Bibliographie Nr. 18), S. 97–140.
17. Z.B. §§ 13a GO NW (Gemeindeordnung für das Land Nordrhein-Westfalen vom 19. 12. 1974 (GVBl. Nr. 2023, S. 91), 22a NGO (Anm. 14), 17 GemORhPF. (Anm. 14), 67 ff. GO B.-W. (Anm. 14).
18. Zu diesem Problemkreis statt vieler Thränhardt, Dietrich (Hrsg.): Funktionalreform – Zielperspektiven und Probleme einer Verwaltungsreform, Meisenheim 1978, mit weiteren Nachweisen. Zur grundsätzlichen Kritik des Konzepts siehe Wagener, Frido: Der Standort der kommunalen Selbstverwaltung in der Funktionalreform, gemeinsame und unterschiedliche Auffassungen von Kreisen und Gemeinden, aus verfassungsrechtlicher und organisatorischer Sicht, in: Krabs, Otto (Hrsg.): Der Standort der kommunalen Selbstverwaltung in der Funktionalreform – gemeinsame und unterschiedliche Auffassungen von Kreisen und Gemeinden, Köln 1977, S. 55 ff.
19. Siehe unten, Abschnitt 2.3.
20. Offe, Claus: Zur Frage der 'Identität der kommunalen Ebene', in: Grauhan (Bibliographie Nr. 25 (2)), S. 307, 306 (Hervorhebung vom Verfasser); ähnlich Grymer, Herbert: Zum Verhältnis von Zentralstaat und Kommunen, in: Emenlauer u.a. (Bibliographie Nr. 14), S. 107 ff., 113; Funk, Albrecht/Häußermann, Hartmut/Will, Hans-Dieter: Planung als Beruf?, in: Grauhan (Bibliographie Nr. 25 (2)), S. 375 ff.
21. Wagener, S. 56 ff. (Anm. 18); ähnlich Voigt, Rüdiger: Kommunale Partizipation am staatlichen Entscheidungsprozeß, Würzburg 1976, S. 139, 143; Pappermann, Ernst: Selbstverwaltungsgarantie aus neuer Sicht, in: Demo, 12/1973, S. 1307 f.; Laux, S. 236 (Anm. 13); Scheuner, S. 6, 9 f., 40 (Anm. 3).

22. Voigt, S. 48 (Anm. 21); ähnlich die Enquête-Kommission Verfassungsreform, Schlußbericht, Deutscher Bundestag, Drs. 7/5924, S. 220.
23. So der Arbeitsauftrag an die Thieme-Kommission (Niedersächsischer Minister des Innern)(Bibliographie Nr. 45), S. XVII.
24. Pelinka, Anton: Lokale Politik und vertikale Gewaltenteilung, in: Kevenhörster (Bibliographie Nr. 33), S. 184.
25. Für eine Überblick dazu siehe Naßmacher, Karl-Heinz: Politikwissenschaft I, 3. Aufl., Düsseldorf 1977, S. 33 f.; vgl. auch Grauhan, Rolf-Richard: Modelle politischer Verwaltungsführung, in: PVS, 1969, S. 270 ff.
26. Pelinka, S. 190 (Anm. 24); für eine Skizze des gesamten Prozesses siehe Pelinka, Anton: Dynamische Demokratie, Stuttgart/Berlin/Köln/Mainz 74
27. Ulrich, Fritz (Innenminister) in: Landtag von Baden-Württemberg, 1. Wahlperiode, Sitzungsprotokoll, S. 2265; ähnliche Gedanken zit. bei Hättich, S. 275 (Anm. 13) und Wehling (Bibliographie Nr. 65), S. 27.
28. Niedersächsischer Minister des Innern (Bibliographie Nr. 45), S. 3.
29. Dahl, Robert: The City in the Future of Democracy, in: APSR, 1967, S. 965, 967, 969.
30. Hättich, S. 275, 272, 298 f. (Anm. 13); Wehling, Hans-Georg: Gemeinde und politisches Lernen, in: Wehling (Bibliographie Nr. 65), S. 287.
31. Dieses Problem wird als generelles Dilemma politischer Partizipation (mit wachsender Größe der politischen Einheit werden die Mitwirkungsmöglichkeiten des einzelnen geringer, während bei kleineren Einheiten die Gefahr besteht, daß die politische Beteiligung sich als trivial erweist, weil sie nur einen ganz geringen Teil der gesellschaftlichen Umwelt zu gestalten vermag) im deutschen Sprachraum in der Regel unter Bezug auf Naschold (Organisation und Demokratie, Stuttgart/Berlin/Köln/Mainz 1969) aufgeworfen (so z.B. von Rausch, Heinz: Zur Krise der „Demokratie von unten", in: Rausch/Stammen (Bibliographie Nr. 49), S. 226; Wehling, S. 287 (Anm. 30)), wurde aber bereits von Dahl (Anm. 29) formuliert.
32. Thränhardt, Dietrich: Kontraktökonomie oder kommunale Politik? Anmerkungen aus Anlaß des Lehner'schen Theorieansatzes, in: Kevenhörster (Bibliographie Nr. 33), S. 226; Dahl, S. 957 ff. (Anm. 29); Wagener, . 65 f. (Anm. 18), S. 65 f.
33. S.d. insbesondere Hättich, S. 294 f. (Anm. 13).
34. Leibholz, Gerhard: Strukturprobleme der modernen Demokratie, Karlsruhe, 3. Aufl. 1967; Hermens, Ferdinand A.: Verfassungslehre, Köln und Opladen 1968.
35. Lintz, Gerd: Die politischen Parteien im Bereich der kommunalen Selbstverwaltung, Baden-Baden 1973, S. 158.
36. Köttgen (Bibliographie Nr. 36), S. 35; ähnlich auch ebenda, S. 196 f.
37. Ebenda, S. 209, 197; Lintz, S. 81, 45 f. (Anm. 35).
38. Ziebill, Otto: Politische Parteien und kommunale Selbstverwaltung, Stuttgart/Berlin/Köln/Mainz, 2. Aufl. 1971, S. 57, 92.
39. Lintz, S. 132 f. (Anm. 35).
40. Scheuner, S. 35, 33 (Anm. 3).
41. Ziebill, S. 52, 66 (Anm. 38); Lintz, S. 52, 110, 146 (Anm. 35).
42. Trachternach (Bibliographie Nr. 63), S. 49; unter Bezug auf Thieme (Werner: Bund, Länder und Gemeinden, in: AfK, I/1963, S. 191 f.) er-

innert Laux, S. 225 (Anm. 13) daran, daß dieser schon „vor Jahren darauf hingewiesen (hat – d. V.), daß der Staatsbürger seine sozialen Bindungen in erster Linie nicht in der Gemeinde hat, sondern in anderen Gruppen, in Verbänden und Vereinen, die seinen konkreten Interessen entsprechen" i.d. auch Klönne, s. 253 (Anm. 4); Scheuner, S. 15, 20 (Anm. 3).
43. BVerfGE 11, S. 276, 363.
44. Trachternach (Bibliographie Nr. 63), S. 46; vgl. auch ebenda, S. 164 f., 243; zur Rolle der Wahlbeamten s. unten, Abschnitt 1.2.2.
45. Lintz, S. 53 (Anm. 35); vgl. auch ebenda, S. 75, 108, 125.
46. Trachternach (Bibliographie Nr. 63), S. 48; zur Rolle der Haus- und Grundbesitzer siehe auch Ziebill, S. 22, 88 f. (Anm. 38).
47. Wehling, S. 283 (Anm. 30).
48. Banfield, Edward C./Wilson, James Q.: Stadtpolitik, in: Grauhan (Bibliographie Nr. 24), S. 80, 82 f.
49. So immer Ziebill, S. 63 f. (Anm. 38); im Ergebnis auch Lintz, S. 48, 110 f. (Anm. 35).
50. So auch die Thieme-Kommission, allerdings mit der Einschränkung, Kommunalpolitik sei meist projektorientiert, weniger richtungsgebunden (Niedersächsischer Minister des Innern (Bibliographie Nr. 45), S. 51).
51. Difu (Hrsg.) (Bearbeiter: Bretschneider/Göbel): Kommunalpolitische Grundsatzprogramme der Parteien (Textsammlung und Synopse), Berlin 1976; Reuter (Bibliographie Nr. 50); Holler, Wolfgang: Ziele und Rahmenbedingungen kommunaler Politik. Eine vergleichende Analyse der kommunalpolitischen Grundsatzprogramme von SPD, CDU/CSU und FDP, in: Naßmacher (Bibliographie Nr. 43), S. 126 ff.
52. Scheuner, S. 9 (Anm. 3).
53. Ziebill, S. 51 (Anm. 38) in Auseinandersetzung mit Weber, Werner: Gegenstandsprobleme der Verwaltungsordnung, in: DÖV, 1951, S. 513.
54. Ziebill, S. 52 (Anm. 38).
55. Lintz, S. 117 (Anm. 35).
56. Mayntz, Renate: Lokale Parteigruppen in der kleinen Gemeinde, in: ZfP, 1955, S. 62.
57. Köttgen (Bibliographie Nr. 36), S. 209.
58. S.d. Kirchheimer, Otto: Der Wandel des westeuropäischen Parteiensystems, in: PVS, 1965, S. 26 (abgedruckt unter dem Titel: Der Weg zur Allerweltspartei, in: Lenk, Kurt/Neumann, Franz (Hrsg.): Theorie und Soziologie der politischen Parteien, Neuwied 1974, Bd. 2, S. 115); Neumann, Sigmund: Die Parteien der Weimarer-Republik, unveränderter Nachdruck der Ausgabe von 1932, Stuttgart 1965, S. 106;
Narr, Wolf-Dieter: CDU – SPD. Programm und Praxis seit 1945, Stuttgart 1966 und Naßmacher, Karl-Heinz: Linke Volkspartei in der Klassengesellschaft, in: Gansel, Norbert (Hrsg.): Überwindet den Kapitalismus oder: Was wollen die Jungsozialisten, Reinbek 1971, S. 58 ff.
59. Laux, S. 231 (Anm. 13).
60. Köttgen (Bibliographie Nr. 36), S. 204 – Inwieweit die Tatsache, daß der Begriff „Ortsvereine" nur bei der SPD Verwendung findet, den Schlüssel zu einer tiefenpsychologischen Einschätzung bietet, sei hier dahingestellt. Die tatsächliche Ausbreitung des nationalen Parteien-

systems ist gegenwärtig Gegenstand anderer Arbeiten der Verfasser.
61. Von Saldern, Adelheid: Sozialdemokratische Kommunalpolitik in wilhelminischer Zeit. Die Bedeutung der Kommunalpolitik für die Durchsetzung des Reformismus in der SPD, in: Naßmacher (Bibliographie Nr. 43), S. 18 ff.; dieselbe: Die Gemeinde in Theorie und Praxis der deutschen Arbeiterorganisationen 1863 – 1920. Ein Überblick, in: IWK, 3/1976, S. 295 ff.
62. Ellwein, Thomas: Politische Parteien und kommunale Öffentlichkeit, in: AfK, I/1971, S. 21; ähnlich – freilich mit positiver Wertung – Lintz, S. 110 (Anm. 35); eine einseitige Ausrichtung der örtlichen Parteien an der Zentrale erwartet Köttgen (Bibliographie Nr. 36), S. 33.
63. Ebenda, S. 22.
64. Niedersächsischer Minister des Innern (Bibliographie Nr. 45), S. 9, 52; Laux, S. 231 (Anm. 13); ähnlich Trachternach, S. 47 (Anm. 42); ausführlicher Bertram (Bibliographie Nr. 4), S. 134 ff.
65. Ziebill, S. 66, 69 (Anm. 38); Lintz, S. 111 (Anm. 35) unter Bezug auf Weber, Werner: Wandlungen der Kommunalverwaltung, in: Staats- und Selbstverwaltung in der Gegenwart, Göttingen 1953, S. 64.
66. Niedersächsischer Minister des Innern (Bibliographie Nr. 45), S. 53. Zu den genannten Parteifunktionen siehe auch Naßmacher, Karl-Heinz: Parteien im kommunalpolitischen Zielbildungsprozeß, in: ÖZP, 4/1972, S. 46 ff., 62 ff.
67. Eine Skizze der badischen und württembergischen Entwicklung gibt Hamberger, Wolfgang: Motive und Wirkungen des Kommunalwahlverhaltens in Baden-Württemberg, phil. Diss. Heidelberg 1966, S. 29 ff., S. 171 f.; s. auch Borchmann, in: Borchmann/Vesper (Bibliographie Nr. 6), S. 19 ff.; Stammen, S. 12 f. (Anm. 31); Bayrische Verfassung von 1818, Württembergische Verfassung von 1819; Württembergische Gemeindeverfassung von 1822; Bayrisches Gemeindeedikt von 1818; s. dazu auch Pagenkopf (Bibliographie Nr. 46), S. 42 ff.
68. Laux, S. 218 (Anm. 13); ähnlich Scheuner, S. 1 ff. (Anm. 3).
69. Thieme, Werner: Vorbemerkungen, in: Niedersächsischer Minister des Innern (Bibliographie Nr. 45), S. XXII.
70. Vgl. Rodenstein, Marianne: Thesen zum Wandel der kommunalen Selbstverwaltung in Deutschland, in: Emenlauer u.a. (Bibliographie Nr. 14), S. 37.
71. Ähnlich Lintz, S. 31, FN 25 (Anm. 35).
72. See (Bibliographie Nr. 60), S. 77.
73. Grauhan, S. 146 (Anm. 10).
74. Ueltzhöffer, Jörg: Die kommunale Machtelite und der politischen Willensbildungsprozeß in der Gemeinde, in: Wehling (Bibliographie Nr. 65), S. 95.
75. Grauhan, S. 14 (Anm. 8); Borchmann, in: Borchmann/Vesper (Bibliographie Nr. 6), S. 19; vgl. auch See (Bibliographie Nr. 60), S. 79; Rodenstein, S. 42 (Anm. 70); Pagenkopf (Bibliographie Nr. 46), S. 38 ff., insbes. S. 47.
76. Wehling, S. 281 (Anm. 30); ähnlich Zoll (Bibliographie Nr. 69), S. 36; Eschenburg, Theodor: Mythos und Wirklichkeit der kommunalen Selbstverwaltung, in: ders., Zur politischen Praxis in der Bundesrepublik

Deutschland, Band II, München 1966, S. 130 (= FN 16); Stammen nimmt allerdings an, in der kommunalen Selbstverwaltung habe „sich das demokratische 'Element in Deutschland wenigstens ansatzweise zur Geltung zu bringen" vermocht (S. 9 (Anm. 31)).
77. Zur Sache vgl. Köttgen (Bibliographie Nr. 36), S. 48, 54; zur Formulierung vgl. Pelinka, Anton: Wiedergeburt des Citoyen?, in: Kaltenbrunner, Gerd-Klaus (Hrsg.): Kapitulation des Bürgers, München 1977, S. 111 ff.
78. Schäfer, Friedrich: Die Stellung der Gemeinden im Sozialstaat, in: Naßmacher (Bibliographie Nr. 43), S. 174.
79. See (Bibliographie Nr. 60), S. 80; vgl. Trachternach, S. 23 (Anm. 42).
80. Köttgen (Bibliographie Nr. 36), S. 239; Rodenstein, S. 39, 45 (Anm. 70); ähnlich Gude, Sigmar: Der Bedeutungswandel der Stadt als politische Einheit, in: Grauhan (Bibliographie Nr. 24), S. 27, 57, 43.
81. Vgl. Heffter, Heinrich: Die deutsche Selbstverwaltung im 19. Jahrhundert, Geschichte der Ideen und Institutionen, 2. Auflage Stuttgart, 1969, S. 6; Stammen, Theo: Die Erneuerung der kommunalen Selbstverwaltung in Deutschland nach 1945, in: Rausch/Stammen (Bibliographie Nr. 49), S. 15.
82. Thränhardt, Dietrich: Einleitung. Funktionalreform als Politikinhalt und Politikdeterminante, in: ders. (Hrsg.): Funktionalreform – Zielperspektiven und Probleme einer Verwaltungsreform, Meisenheim 1978, S. XXXV.
83. Trachternach (Bibliographie Nr. 63), S. 26 f.; Stammen, S. 12 (Anm. 81); Rodenstein, S. 48 f. (Anm. 70).
84. Hättich, S. 297 (Anm. 13); ebenfalls kritisch: Niedersächsischer Minister des Innern (Bibliographie Nr. 45), S. 6.
85. Vgl. Rodenstein, S. 46, 49 f. (Anm. 70); Trachternach (Bibliographie Nr. 63) S. 25, 27.
86. Scheuner, S. 36 (Anm. 3).
87. See (Bibliographie Nr. 60), S. 95.
88. Scheuner, S. 7 (Anm. 3); vgl. zusätzlich ebenda, S. 21, 23.
89. Rodenstein, S. 57 (Anm. 70).
90. See (Bibliographie Nr. 60), S. 95.
91. Köttgen (Bibliographie Nr. 36), S. 11; ders.: Die Gemeinde und der Bundesgesetzgeber, Stuttgart 1967, S. 30.
92. Ribhegge, Wilhelm: Die Systemfunktion der Gemeinden. Zur deutschen Kommunalgeschichte seit 1918, in: Frey (Bibliographie Nr. 18), S. 30; so auch Rodenstein, S. 50 (Anm. 70).
93. Ebenda, S. 54.
94. Heffter, S. 615 (Anm. 81).
95. Croon, Helmuth: Das Vordringen der politischen Parteien im Bereich der kommunalen Selbstverwaltung, in: Croon/Hofmann/von Unruh (Bibliographie Nr. 9), S. 17; von Saldern, in: Naßmacher, S. 26 (Anm. 61); Ziebill, S. 17, 19 (Anm. 38). Wenn Ziebill (S. 14) und Lintz (S. 29, Anm. 35) das für überraschend halten, so offenbart dies lediglich, daß ihnen altbekannte Einsichten der Wahlsoziologie zum schichtspezifischen Wahlverhalten unbekannt geblieben sind.
96. Rive, Richard Robert: Lebenserinnerungen eines deutschen Bürger-

meisters, Stuttgart 1960, S. 102 f.
97. Rodenstein, S. 56, 48 (Anm. 70).
98. Ziebill, S. 18 (Anm. 38).
99. Von Saldern, in: Naßmacher, s. 28 (Anm. 61).
100. Vgl. Rodenstein, S. 55 f. (Anm. 70); Ziebill, S. 17 (Anm. 38); von Saldern, in: Naßmacher (Anm. 61), S. 28 f.; eine ähnliche Größenordnung hat Ziebill, S. 24 (Anm. 38).
101. Von Saldern, in: Naßmacher, S. 30 (Anm. 61).
102. Ribhegge, S. 36 (Anm. 92).
103. Ebenda.
104. Rudzio (Bibliographie Nr. 54), S. 21; Trachternach (Bibliographie Nr. 63), S. 195.
105. Ziebill, S. 19 (Anm. 38); ähnlich Scheuner, S. 9 (Anm. 3); Köttgen (Bibliographie Nr. 36), S. 7, 9.
106. Köttgen (Bibliographie Nr. 36), S. 196.
107. Forsthoff, Ernst: Die Krise der Gemeindeverwaltung im heutigen Staat, Berlin 1932. Beachtenswert ist auch die Bemerkung von Ziebill, S. 27 („Der frühere Dualismus zwischen Staat und Selbstverwaltung... bekam... insofern ein anderes Gesicht, als einem demokratischen Zentralismus ... die ... kommunale Selbstverwaltung als Ausdruck des Prinzips der Dezentralisierung gegenüberstand" – (Anm. 38)).
108. Köttgen (Bibliographie Nr. 36), S. 23; bekräftigend ebenda, S. 34 f.
109. Ziebill, S. 29 (Anm. 38).
110. Rodenstein (S. 63 – Anm. 71) nennt als Ursachen einerseits das Parteienwesen auf lokaler Ebene, andererseits das auf dem „Dotationswesen" beruhende Finanzsystem. Zur Rolle der Staatskommissare vgl. Ziebill, S. 33 (Anm. 38); See (Bibliographie Nr. 60), S. 81 und Rodenstein, S. 63 (Anm. 70) sowie Haus, Wolfgang: Staatskommissare und Selbstverwaltung 1930 – 1933, in: Der Städtetag, 1956, S. 96 f.
111. Ziebill, S. 33 (Anm. 38).
112. Köttgen (Bibliographie Nr. 36), S. 37; Deutsche Gemeindeordnung vom 30. 1. 1935 (RGBl. S. 49 ff.); für einen Überblick s. Pagenkopf (Bibliographie Nr. 46), S. 54 f.; Borchmann, in: Borchmann/Vesper (Bibliographie Nr. 6), S. 23, 25 ff.; Ziebill, S. 34 ff. (Anm. 38); Ribhegge, S. 46 ff. (Anm. 92); für eine ausführliche Darstellung s. Matzerath, Horst: Nationalsozialismus und kommunale Selbstverwaltung, Stuttgart/Berlin/Köln/Mainz 1970.
113. Stern, Klaus: Das Selbstverwaltungsrecht der Gemeinden in der Rechtsprechung des Bundesverfassungsgerichts, in: Juristische Rundschau, 1963, S. 202 ff.
114. Stammen, S. 19 (Anm. 81).
115. Wehling, S. 281 (Anm. 30).
116. Vgl. Rudzio (Bibliographie Nr. 54), S. 33 ff., 42 f.
117. Zoll (Bibliographie Nr. 69), S. 38.
118. Hereth, Michael: Die Freiheit des Bürgers zum Handeln, in: Aus Politik und Zeitgeschichte, Beilage zur Wochenzeitung Das Parlament, B 5/72, S. 5.
119. Banfield/Wilson, S. 85 (Anm. 48); Wehling, S. 282 (Anm. 30).
120. Vgl. Stammen, S. 20 (Anm. 81).

121. Siehe unten, Abschnitt 4. Die Ausnahme von dieser Regel bildet Schleswig-Holstein, das bereits in den fünfziger Jahren wieder zu einer traditionellen Verfassungsform zurückkehrte. Für Einzelheiten siehe Rudzio (Bibliographie Nr. 54), S. 134 ff.
122. Siehe unten, Abschnitt 2.3.2.
123. Vesper, in: Borchmann/Vesper (Bibliographie Nr. 6), S. 125.
124. Zoll (Bibliographie Nr. 69), S. 37.
125. Vesper, S. 125 (Anm. 123).
126. Stammen, S. 22 (Anm. 81).
127. Vesper, S. 125 (Anm. 123).
128. Stammen, S. 25 (Anm. 81).
129. Vesper, in: Borchmann/Vesper (Bibliographie Nr. 6), S. 126.
130. S.d. Matzerath, S. 61 ff. (Anm. 112).
131. Vesper, in: Borchmann/Vesper (Bibliographie Nr. 6), S. 128.
132. Ribhegge, S. 59 (Anm. 92); Rudzio (Bibliographie Nr. 54), S. 80 ff., 190 ff.
133. Trachternach (Bibliographie Nr. 63), S. 170 f., 162 f.
134. Niedersächsischer Minister des Innern (Bibliographie Nr. 45), S. 5.
135. Grauhan, S. 146 f. (Anm. 10).
136. Scheuner, S. 40 (Anm. 3).
137. Grauhan, S. 147 (Anm. 10); mit dem gleichen Ergebnis Laux, S. 117 (Anm. 13) und Hättich, S. 297, 299 (Anm. 13).
138. Frey, Rainer: Kommunale Selbstverwaltung im Verfassungsstaat, in: Frey (Bibliographie Nr. 18), S. 20. Vgl. auch den Beitrag von Krabs, Otto: Selbstverwaltung als Aufgabe kommunaler Informationspolitik, in: Naßmacher (Bibliographie Nr. 43), S. 198 ff.
139. Reuter (Bibliographie Nr. 50), S. 11.
140. S.d. Hartwich, Hans Hermann: Sozialstaatspostulat und gesellschaftlicher Status quo, Köln und Opladen 1970, S. 49 ff. und passim.
141. Niedersächsischer Minister des Innern (Bibliographie Nr. 45), S. 2.
142. Art. 72, II, insbesondere Ziff. 3 GG.
143. Scheuner, S. 16 (Anm. 3).
144. Voigt, S. 139 (Anm. 21).
145. Roters (Bibliographie Nr. 52), S. 17; Niedersächsischer Minister des Innern (Bibliographie Nr. 45), S. 3.
146. Preuß, Ulrich K.: Kommunale Selbstverwaltung im Strukturwandel der politischen Verfassung, in: Stadtbauwelt, 1973, S. 203.
147. Minderheitenvotum Friedrichs, in: Niedersächsischer Minister des Innern (Bibliographie Nr. 45), S. 163.
148. Ullrich, Konrad: Kritik am sogenannten funktionalen Selbstverwaltungsverständnis, in: DÖV, 1978, S. 75.
149. Ebenda, S. 76.
150. Niedersächsischer Minister des Innern (Bibliographie Nr. 45), S. 2.
151. Wagener, S. 57 (Anm. 18).
152. Niedersächsischer Minister des Innern (Bibliographie Nr. 45), S. 7; vgl. Grauhan (Bibliographie Nr. 24), S. 13 f.
153. S.d. Arbeitstagung der Gesellschaft für Wirtschafts- und Sozialwissenschaften – Verein für Socialpolitik – vom 19. – 21. September 1977 in Münster: Arbeitskreis 1: Theorie der öffentlichen Güter; Kevenhörster, Paul: Kollektive Güter und organisierte Interessen, in: Dettling, W.

(Hrsg.): Macht der Verbände. Ohnmacht der Demokratie, München-Wien 1976, S. 189 ff.
154. Laux, S. 225 (Anm. 13); s. auch Anm. 41.
155. Schäfer, S. 172 (Anm. 78).
156. Eine Verbindung bzw. Annäherung konstatieren auch: Voigt, S. 139 (Anm. 21); Scheuner, S. 11 (Anm. 3); vgl. auch Niedersächsicher Minister des Innern (Bibliographie Nr. 45), S. 10; Köttgen (Bibliographie Nr. 36), S. 2.
157. Niedersächsischer Minister des Innern (Bibliographie Nr. 45), S. 5; vgl. unten Abschnitt 2.3.3 (Privatisierung).
158. Vgl. oben, Abschnitt 1.1.1, und unten, Abschnitt 4.
159. Niedersächsischer Minister des Innern (Bibliographie Nr. 45), S. 14.
160. Laux, S. 117, 119 (Anm. 13).
161. Ullrich, S. 77 (Anm. 148).
162. Ellwein, Thomas/Zimpel, Gisela: Wertheim I, München 1969, S. 14.
163. Ribhegge, S. 35 (Anm. 92).
164. Vgl. Elsner/Schüler (Bibliographie Nr. 13).
165. Arndt, Rudi: Das kommunalpolitische Grundsatzprogramm der Sozialdemokraten, in: NG, 9/1974, S. 714.
166. Diese Aspekte nennt bereits Köttgen, S. 3, als Gründe für die in den dreißiger Jahren diskutierte „Krise der kommunalen Selbstverwaltung".
167. Vgl. oben, Abschnitt 1.1.2 (Funktionalreform).
168. Siehe Handbuch Der Kreis (Bibliographie Nr. 29) und Peters (Bibliographie Nr. 47) sowie die Zeitschrift Der Landkreis.
169. Siehe insbesondere Grauhan (Bibliographie Nr. 23, 24, 25 (2)); Schäfers (Bibliographie Nr. 56); Thränhardt, Dietrich: Die Bezirksverfassung in den Großstädten Nordrhein-Westfalens. Möglichkeiten und Grenzen, in: Naßmacher (Bibliographie Nr. 43), S. 179 ff.; Heuer (Bibliographie Nr. 30); Aich (Bibliographie Nr. 1) und laufend die Zeitschrift Der Städtetag.
170. Für einige grundsätzliche Bemerkungen s. Leclaire, Alfred: Probleme der kleinen Gemeinde, in: Rausch/Stammen (Bibliographie Nr. 49), S. 272 und Thränhardt, S. 217, 221 (Anm. 32) in Auseinandersetzung mit den von Lehner (, Franz: Dezentralisation, Koordination und Kontrakt: Überlegungen zur Ordnung kommunaler Politik, ebenda, S. 206 f.) vorgeschlagenen institutionalisierten „Kontraktsystemen".
171. Monheim, Rolf: Fußgängerbereiche. Bestand und Entwicklung. Eine Dokumentation, Deutscher Städtetag, Köln 1975, S. 45.
172. NWZ, Ausgabe: Der Ammerländer vom 19. 10. 1974.
173. Vgl. unten, Abschnitt 2.3.3.
174. Die Gegenüberstellung deckt sich inhaltlich weitgehend mit anderen in der Literatur verwendeten Gegensatzpaaren, z.B.
    – Bereitstellung von Dienstleistungen vs. Steuerung von Konflikten (Banfield/Wilson, S. 80 (Anm. 48))
    – Maßnahmen der spezifischen Daseinsvorsorge vs. Herstellung der örtlichen Produktions- und Reproduktionsbedingungen (Rodenstein, Marianne: Konflikte zwischen Bund und Kommunen, in: Grauhan (Bibliographie Nr. 25 (2)), S. 310)
    – Vorsorge für Grundbedürfnisse vs. Ausgestaltung des Lebensraumes

(beides einschließlich der Durchführung allgemeiner Staatsaufgaben) (Scheuner, S. 6 und 11 (Anm. 3)).
175. „...; es gibt heute keinen fixierbaren Kreis traditionell bestimmter örtlicher Aufgaben. Der Aufgabenkreis der Gemeinde befindet sich wie ihre institutionelle Legitimation in einem stetigen Wandlungsprozeß ... Die *kommunalverfassungs-* ... rechtlichen Bestimmungen (tragen – d.V.) den veränderten Bedingungen, interlokalen Verflechtungen und lokalspezifischen soziologisch-funktionalen Differenzen ... praktisch nur wenig Rechnung. ... Der juristische Gemeindebegriff erfaßt die soziologische Gemeinde nicht und trennt so den soziopolitisch-ökonomisch-kulturellen Nahraum" (Reuter, Bibliographie Nr. 50 S. 11 f.; auch S. 45 f.).
176. Vgl. Commerzbank Aktiengesellschaft (Hrsg.): Wer gehört zu wem? o.O. 10. Aufl., 1973, S. 112, 622, 624, 639, 652, 691, 693. (Dort finden sich auch weitere Beispiele, etwa auf S. 621 ff.)
177. Probleme zwischen Kreisen und Gemeinden werden hier nicht behandelt, s.d. das Handbuch „Der Kreis" (Bibliographie Nr. 29). Zur Zuordnung der Aufgaben Weber, Werner: Der Kreis als untere Verwaltungsinstanz, ebenda, Band I, S. 75 ff.
178. Die Aufgabenwahrnehmung ist oft zufällig. Je nach Bundes- und Landesrecht bzw. politischen Entscheidungen am Ort bestehen unterschiedliche Regelungen.S. d. Sonderarbeitskreis der Ständigen Konferenz der Innenminister der Länder (Bibliographie Nr. 62), insb. S. 28 ff.; Pagenkopf (Bibliographie Nr. 46), S. 181 ff.; 141 ff.
179. S. unten, Abschnitt 3.
180. Das Gemeindehaushaltsrecht wurde 1973 in den einzelnen Ländern novelliert. Seither gibt es ein einheitliches Gemeindehaushaltsrecht für das ganze Bundesgebiet, das nur geringe landesspezifische Modifikationen aufweist (Brückmann, Friedel: Gemeindehaushalt und Konjunkturpolitik, in: Demo, 9/1976, S. 766); Verordnung über die Aufstellung und Ausführung des Haushaltsplans der Gemeinden – Gemeindehaushaltsverordnung (GemHVO) vom 27. August 1973 (Nds.GVBl. S. 301).
181. Stadt.Leichlingen: Haushaltssatzung mit Haushaltsplan für das Jahr 1975, S. 189, 191. Der Abschluß für das Jahr 1975 weist Ausgaben in Höhe von DM 213.820,– und Einnahmen von DM 87.100,– aus, so daß sich gegenüber dem veranschlagten Zuschußbedarf von DM 26.753,– der tatsächliche Zuschußbedarf auf DM 126.720,– erhöhte (Mitteilung der Stadt Leichlingen vom 19.10.1978).
182. Stadt Leichlingen, Haushaltssatzung, S. 337 – 347, insbes. S. 345 (Anm. 181); vgl. Müthling (Bibliographie Nr. 41), S. 347 f.; Giere, Gustav: Die allgemeine Verwaltung, in: Peters (II., Bibliographie Nr. 47), S. 15.
183. Stadt Leichlingen, Haushaltssatzung, S. 255 – 262 (Anm. 181).
184. Vgl. Stadt Nagold (Hrsg.): Nagold – Bild einer Stadt, Altensteig 1971, S. 102; Stadt Nagold: Haushaltssatzung und Haushaltsplan ... 1977, S. 1 ff., 14 f., 82 f., 351 ff., 418 f.
185. Klein/Münstermann (Bibliographie Nr. 34), S. 11.
186. S. unten, Abschnitt 2.3.3.
187. Klein/Münstermann (Bibliographie Nr. 34), S. 18.
188. Peters, Paulhans (Hrsg.): Fußgängerstadt, München 1977, vgl. die Übersicht bei Monheim (Anm. 171). Inzwischen gibt es auch Untersuchungen,

die Fußgängerzonen eher negative Folgen zuschreiben, so z.B. das Ergebnis der Studiengruppe „Wohnungs- und Stadtplanung" aus Frankfurt, Nahverkehrspraxis Nr. 2/1978, S. 56.
189. Frey, Rainer: Entwicklungsplanung als kommunale Aufgabe, in: ders. (Hrsg.): Kommunalpolitik zwischen Krise und Reform, Düsseldorf 1976, S. 208. Zur Ausgangslage beim Baurecht siehe auch Scheuner, S. 36 (Anm. 3).
190. Bundesbaugesetz (BBauG) vom 23. Juni 1960 (BGBL. I, S. 341).
191. Zum Überblick über die historische Entwicklung s. Pankoke, Eckart/ Nokielski, Hans: Verwaltungssoziologie, Stuttgart 1977, S. 56 ff., 60 f.; Funke (Bibliographie Nr. 21), S. 73 ff.; Siebel (Bibliographie Nr. 61), S. 41 ff. Zur Konzeption s. Grauhan, Rolf-Richard: Zur Struktur der planenden Verwaltung, in: Stadtbauwelt 22/1969, S. 132 ff. Zum empirischen Befund s. Hesse (Bibliographie Nr. 32).
192. Ebenda, S. 86 ff.
193. Grauhan, Rolf-Richard: Strukturwandlungen planender Verwaltung, Beispiel der Münchener Stadtentwicklungsplanung, in: Schäfers, Bernhard (Hrsg.): Gesellschaftliche Planung, Stuttgart 1973, S. 231 ff.; Hesse (Bibliographie Nr. 32), S. 131.
194. Beispiele und deren kritische Diskussion finden sich bei Hesse (Bibliographie Nr. 32), S. 101 ff.
195. Rheinische Post, Ausgabe: Rhein-Wupper-Kreis, vom 5.1.1972; Flächennutzungsplan Renningen 1975, S. 3.
196. Vgl. Böhret, Carl: Problemlösungsansätze für die Entwicklungsplanung, in: Frey, insbes. 192 f. (Anm. 189). Zum Problem der Bestimmungsfaktoren für die Stadtentwicklungsplanung s. Heuer (Bibliographie Nr. 30); zur Strategie s. Friend/Jessop (Bibliographie Nr. 19).
197. Böhret, ebenda, S. 201.
198. S. unten, Abschnitt 4.
199. In Westerstede wird eine solche Satzung vorbereitet (NWZ, Ausgabe: Der Ammerländer vom 16.8.1978); Gaentzsch, Günter: Das Bauordnungsrecht und der Schutz erhaltenswerter Bausubstanz, in: Bundesminister für Raumordnung, Bauordnung und Städtebau (Hrsg.): Praxis des Umgangs mit erhaltenswerter Bausubstanz, Bonn- Bad Godesberg 1975, S. 19 ff.
200. Kühn (Bibliographie Nr. 38), S. 17 ff.; Schräder, Hildegard: Kommunale Sozialpolitik, in: Peters (II, Bibliographie Nr. 47), S. 267.
201. Baunutzungsverordnung (BauNVO) vom 15. September 1977 (BGBL. I, S. 1757)
202. § 35 BBauG: Zum Beispiel einem land- und forstwirtschaftlichen Betrieb dient, wozu seit der Novellierung der BBauG auch die Binnenfischerei und die Imkerei gehört. Hinzu kommen noch halbprivilegierte Tatbestände. (s. d. Difu (Hrsg.): Arbeitsblätter zum novellierten Bundesbaugesetz, Berlin 1977, Blatt Nr. 6.11)
203. „Jetzt Fortschritte beim Pläneschmieden". Zehn Teilkonzepte für Westersteder Stadtbezirke – Erste Genehmigung liegt vor, in: NWZ, Ausgabe: Der Ammerländer vom 19.1.1978.
204. Heuer, Hans/Schäfer, Rudolf: Möglichkeiten der Beeinflussung kleinräumiger Wanderungsprozesse in großstädtischen Verdichtungsgebieten,

in: Raumforschung und Raumordnung, 4/1976, S. 150.
205. Dyong, H.: Städtebaurecht, in: Pehnt, W. (Hrsg.): Die Stadt in der Bundesrepublik Deutschland, Stuttgart 1974, S. 381; Wollmann, Hellmut: Das Städtebauförderungsgesetz als Instrument staatlicher Intervention – wo und für wen?, in: Leviathan, 2/1974, S. 203.
206. Ein Beispiel bildet das Münchener Lehel, weitere Beispiele sind der Stuttgarter Westen und das Oldenburger Dobbenviertel.
207. Heuer/Schäfer (Bibliographie Nr. 31), S. 73 ff., 77 ff.
208. Novelliertes BBauG und BauNVO bieten bessere Möglichkeiten der Feinsteuerung (Anm. 190 und 201).
209. NWZ, Ausgabe: Der Ammerländer vom 5.6.1978.
210. Vgl. hierzu Menke, R.: Stadtverkehrsplanung, Stuttgart 1975; hier finden sich auch ausführliche Literaturangaben.
211. Vgl. Siebel (Bibliographie Nr. 61), S. 44.
212. Wollmann, S. 203 (Anm. 205).
213. Das Zusammenspiel zwischen privaten Investoren und öffentlicher Steuerung illustrieren die einander entgegengesetzten Sanierungsmaßnahmen der Städte Gronau und Wiesbaden. Während in Gronau eine Einigung zwischen Stadt, Sanierungsträger und Eigentümern auf freiwilliger Basis gelang, wurden in Wiesbaden alle Register öffentlicher Steuerungsmaßnahmen durch kombinierten Einsatz von Veränderungssperren, Verweigerung von Abrißgenehmigungen, Zusammenarbeit mit dem Denkmalschutz gezogen. Für Einzelheiten Sondermann, Dieter: Praktische Erfahrungen einer Stadtkernsanierung, in: SGK-Fachtagung: Stadtsanierung – Wege und Verfahren, Düren am 29. März 1974; Darnstädt, Thomas: Das Einmalmarx der grünen Bäume, in: Frankfurter Rundschau am Wochenende vom 9. 2. 1974.
214. Difu, Arbeitsblätter, Blatt 9.1 (Anm. 202).
215. Neuffer (Bibliographie Nr. 44), S. 222.
216. Gesetz über städtebauliche Sanierungs- und Entwicklungsmaßnahmen (Städtebauförderungsgesetz, StBauFG) vom 27. Juli 1971, BGBL. 1971, Teil I, Nr. 72, S. 1125 ff.
217. Heuer/Schäfer (Bibliographie Nr. 31), S. 120 ff.
218. S. unten, Abschnitt 3.4.3.
219. Bundesministerium für Raumordnung, Bauwesen und Städtebau (Hrsg.): Raumordnungsprogramm für die großräumige Entwicklung des Bundesgebietes (Bundesraumordnungsprogramm), Bonn-Bad Godesberg 1975, S. 11.
220. Waterkamp, Rainer: Von der Finanz- und Raumplanung zur Entwicklung, in: Wirtschaftsdienst, 1975/XII, S. 641.
221. S. unten, Abschnitt 3.4.1.
222. S. oben, Abschnitt 2.2.1. Die Verbesserung kommunaler Mitwirkungsformen an überörtlichen Planungen diskutiert Roters (Bibliographie Nr. 52), insbes. S. 95 ff.
223. Landesplanungsgemeinschaft Rheinland: Gebietsentwicklungsplan, Teilabschnitt Bergisches Land. Entwurf, Düsseldorf 1970 S. 47.
224. Ziele der Landesplanung gemäß Landesentwicklungsprogramm und Landesentwicklungsplan I (MBL. NW. 1966, S. 2260) und II (MBL. NW. 1970, S. 494) (Gebietsentwicklungsplan, S. 23 (FN 118a); Landesregierung

Nordrhein-Westfalen: Nordrhein-Westfalen-Programm 1975, Düsseldorf 1970 S. 80, Abb. 22.
225. Gebietsentwicklungsplan, S. 24 (Anm. 223); s. auch Landesregierung Nordrhein-Westfalen: Nordrhein-Westfalen-Programm, S. 81, Abb. 23 (Anm. 224).
226. Rheinische Post, Ausgabe: Rhein-Wupper-Kreis, vom 29.12.1970.
227. Stadt Solingen, Stellungnahme zum Neugliederungsvorschlag des Innenministers NW, Solingen 1974, S. 14, 6.
228. Gebietsentwicklungsplan, S. 50 (Anm. 223).
229. Rheinische Post, Ausgabe: Rhein-Wupper-Kreis, vom 14.1.1971.
230. Ebenda, vom 5.3.1969.
231. Landesregierung Nordrhein-Westfalen: Nordrhein-Westfalen-Programm 1975, S. 115 (Anm. 224).
232. Wann diese erreicht ist, ist wiederum eine Bewertungsfrage, die allerdings durch die Kommunalaufsicht fixiert werden kann, s. unten, Abschnitt 3.3.
233. S. oben, Abschnitt 1.3.1.
234. Ellwein, Thomas: Das Regierungssystem der Bundesrepublik Deutschland, Opladen, 3. Aufl. 1973, S. 74.
235. Ebenda, S. 366.
236. Reuter (Bibliographie Nr. 50), S. 14.
237. Die Terminologie ist zudem in den einzelnen Bundesländern unterschiedlich. Wesentlich ist, welche Rechte die Kommunalaufsicht daraus ableiten kann.
238. S. oben, Abschnitt 1.3.1.
239. Pankoke/Nokielski, S. 55 (Anm. 191).
240. Ribhegge, S. 41 (Anm. 92); See (Bibliographie Nr. 60), S. 95.
241. Rudzio, Wolfgang: Eine Erneuerung gesellschaftsverändernder Kommunalpolitik; Zum Impuls der Jungsozialisten, in: Naßmacher (Bibliographie Nr. 42), S. 80, unter Bezug auf Gunlicks, Arthur B.: Gemeindevertreter und politische Parteien in Niedersachsen, in:AFK, I/2962, S. 295, und Grauhan (Bibliographie Nr. 23), S. 262; ähnlich auch Ziebill, S. 30 (Anm. 38).
242. Ribhegge, S. 41 (Anm. 92).
243. S.d. Böhret, Carl: Aktionen gegen die „kalte Sozialisierung" 1926 – 1930, Berlin 1966.
244. Mulert, Oskar: Wirtschaftliche Betätigung der Gemeinden, in: Deutscher Städtetag, 23/1929, Sp. 252.
245. Ganz anders im roten Wien, s.d. Pelinka, Anton: Kommunalpolitik als Gegenmacht. Das „rote Wien" als Beispiel gesellschaftsverändernder Reformpolitik, in: Naßmacher (Bibliographie Nr. 43), S. 69 ff.
246. Böhret, S. 19 und passim (Anm. 243).
247. Vgl. § 85 GO B-W.; Art. 75 Bayern, Hessen § 98; § 89 NGO; § 63, 69 GONW, Rheinland-Pfalz § 80, Saar § 83; Schleswig-Holstein § 82.
248. Diesen (auch und gerade für ihre Fragestellung bedeutsamen Sachverhalt) übersieht Marianne Rodenstein (S. 65, Anm. 20), wenn sie apodiktisch feststellt: „Die nationalsozialistische Phase der kommunalen „Selbstverwaltung" ist für unsere Thema wenig ergiebig, ...".
249. Roth (Bibliographie Nr. 53), S. 21; Rudzio, S. 96 (Anm. 241).
250. Beschlüsse der Parteitage Hannover und Mannheim der SPD.

251. So z.B. in Bayern, s. Günther, Heinz: Die Stadt als Wohnungsmakler, in: Demo 2/1972, S. 131.
252. § 5, 1, und 3, 2 Gesetz für Jugendwohlfahrt (JWG) vom 11. August 1961 (BGBL. I, S. 1206). Dies gilt auch noch nach Neubekanntgabe des Gesetzes vom 25. April 1977 (BGBL. I, S. 633).
253. Zur Kritik s.d. Graf, Pedro: Die Aufgaben der Gemeinden, in: Rausch/Stammen (Bibliographie Nr. 49), S. 59.
254. Ellwein, Thomas: Zur Entwicklung der öffentlichen Aufgaben, in: Die öffentliche Verwaltung, 1/2/1972, S. 14.
255. Zundel, Reinhard: Die Bedeutung der Kommunalwirtschaft für die Kommunalpolitik, in: Verband kommunaler Unternehmen, Landesgruppe Baden-Württemberg (Hrsg.): Kommunalwirtschaft in Baden-Württemberg, o.O. 1976, S. 14.
256. CDU/CSU: Kommunalpolitisches Grundsatzprogramm, beschlossen auf der Bundesvertreterversammlung der Kommunalpolitischen Vereinigung der CDU und der CSU Deutschlands vom 21. und 22. November 1975 in Stuttgart, abgedruckt in: Difu: S. 20 (Anm. 51).
257. F.D.P.: Leitlinien zur Kommunalpolitik (Entwurf), Vorlage der Bundesprogrammkommission Kommunalpolitik der F.D.P., Bonn, 23. Juli 1975, in: Difu, S. 60 (Anm. 51).
258. Zum Niederschlag der Diskussion um die Privatisierung in Zeitungen s. z.B. Hamm, Walter: „Privatisierung" des öffentlichen Busverkehrs?, in: FAZ vom 12. 8. 1977 in: „Gebäudereiniger balgen sich um den Markt", in: FAZ vom 28. 11. 1977, Gebäudereinigung, die Zukunft der Saubermänner steuert weiterhin auf scharfem Expansionskurs, in: Industriemagazin vom Mai 1976, S. 74 f.; Blüthmann, Heinz: Teilzeitarbeit. Lohn für tote Seelen. Wie sich Gebäudereinigungsunternehmen vor den Sozialabgaben drücken, in: Die Zeit vom 27. 1. 1978.
259. Deutscher Städtetag (Bibliographie Nr. 11), S. 44.
260. U.a. Kaltefleiter, Werner: Die Produktivität ist miserabel, in: Wirtschaftswoche 37/1975, S. 42 – 48.
261. Privatinterview.
262. ÖTV: Zur Privatisierung öffentlicher Dienstleistungen, Band I bis VI, Stuttgart 1977 – 1978.
263. Deutscher Städtetag (Bibliographie Nr. 11), S. 50 ff.
264. Höller, Heinz: Besser und billiger – schlechter und teurer. Privatisierung öffentlicher Aufgaben?, in: Demo, 6/1976, S. 464.
265. Zundel, S. 62 (Anm. 255).
266. Holler, Wolfgang: Ziele und Rahmenbindungen kommunaler Politik. Eine vergleichende Analyse der kommunalpolitischen Grundsatzprogramme von SPD, CDU/CSU und FDP, in: Naßmacher, (Bibliographie Nr. 43), S. 144 f.
267. Bundesministerium der Finanzen: Finanzbericht 1977, Bonn 1978 S. 230.
268. Fick (in: Demo, 8/1977 + Demo, 12/1978, Bibliographie Nr. 16), S. 694; Wrobel/Münstermann/Zabel (Bibliographie Nr. 67).
269. Nur Verwaltungsgebühren sind stets öffentlich-rechtliche Gebühren. Bei der Benutzung öffentlicher Einrichtungen kann die Gemeinde wählen, ob sie Entgelte auf privatrechtlicher Basis oder eine öffentlich-rechtliche Ge-

bühr erheben will. Hierzu ist der Beschluß einer Satzung erforderlich. Die Frage ist, ob die Beitreibung der Gelder problematisch werden kann. (Fick (in: Demo, 12/1978, Bibliographie Nr 16)), S. 1047, insbesondere FN 5; vgl. auch Pagenkopf (Bibliographie Nr. 46), S. 121).
270. Fick (in: Demo, 8/1977, Bibliographie Nr. 16), S. 692.
271. Ebenda, S. 696.
272. Scheuner (S. 28 Anm. 3) wirft im Zusammenhang mit der definitorischen Entwicklung „bei nicht elementaren Einrichtungen, wie etwa dem städtischen Theater, die Frage auf, welchen Bevölkerungsschichten sie dienen und in welchem Verhältnis ihre Kostendeckung zu anderen Aufgaben steht."
273. „Die Gemeinden erheben zur Deckung ihres anderweitig nicht gedeckten Aufwandes für Erschließungsanlagen einen Erschließungsbeitrag ..."
274. Niedersächsisches Kommunalabgabengesetz (NKAG) vom 8. Februar 1973 (GVBL., S. 41).
275. Arend, Peter: Die finanzielle Lage der Gemeinden, in: Borgerding, Albert u.a.: Kommunale Politik – Rahmenbedingungen, Struktur, Entscheidungsprozesse, Bonn 1978, S. 398 f.
276, Boncek, W./Förster, H./Gassner, E. u.a.: Vorschläge zur Fortentwicklung des Beitragsrechts für städtebauliche Aufschließungsmaßnahmen, Bonn-Bad Godesberg 1973, S. 85.
277. S. unten, Abschnitt 3.4.
278. Bonczek u.a., S. 16 (Anm. 276).
279. Ebenda, S. 20
280. Ebenda, S. 22
281. Tiedemann, Hans-Jürgen: Der Fußgängerbereich – ein Rechtsproblem?, in: Demo, 2/1978, S. 88.
282. Privatinterview.
283. Hein, Edgar: Künftig weniger Ärger bei Erschließungen?, in: Demo, 12/1977, S. 1060.
284. Gleitze/Klein (Bibliographie Nr. 22), S. 125.
285. Gittel, Helmut: Fragen der Gemeindefinanzierung, in: Rausch/Stammen (Bibliographie Nr. 49), S. 110.
286. Ebenda.
287. Gleitze/Klein (Bibliographie Nr. 22), S. 125.
288. Holler, S. 149 (Anm. 266) unter Bezug auf Loberg, Helmut: Gemeinden brauchen „kleine Steuern" in: Demo, 5/1971, S. 491 ff.; ders.: Die „negative Finanzreform", in: Demo, 1/1972, S. 24 f.; Gittel, Gemeindefinanzierung, S. 109 f. (Anm. 285).
289. Schmölders, Günter: Kommunale Finanzpolitik, in: Peters (Bibliographie Nr. 47), S. 60; Petri (Bibliographie Nr. 48), S. 29; Giese, Gustav: Gemeindefinanzen, in: HdSW, 4.Band, S. 310.
290. Freiberg (Bibliographie Nr. 17), S. 72 f.
291. Vgl. Köttgen (Bibliographie Nr. 36), S. 19.
292. Freiberg (Bibliographie Nr. 17), S. 73 f.
293. „Die Hebesätze der Grundsteuer A und B sind bereits seit 1953 gleichlautend gewesen. Eine Anhebung der Steuerhebesätze im Haushaltsjahr 1975 war Voraussetzung für die Gewährung einer eventuellen Bedarfszuweisung vom Land" (Stadt Westerstede: Haushaltssatzung und Haushaltsplan 1976, S. 21).

294. 1977 waren in Nagold 75 % der Neubewertungen abgeschlossen (Stadt Nagold: Haushaltssatzung ..., 1977, S. 12).
295. Neuffer (Bibliographie Nr. 44), S. 216.
296. Ebenda, S. 216.
297. Ebenda, S. 217.
298. Thränhardt, Dietrich: Die Gemeinden in Abhängigkeit von Bund und Ländern, in: Rausch/Stammen (Bibliographie Nr. 49), S. 127 f.
299. Neuffer (Bibliographie Nr. 44), S. 217.
300. Gesetz zur Neuordnung der Gemeindefinanzen (Gemeindefinanzreformgesetz) vom 8. September 1969 (BGBL. I.,S. 1587).
301. Schmidt, Werner: Gemeindefinanzreformgesetz, Köln 1970, S. 38.
302. Gleitze/Klein (Bibliographie Nr. 22), S. 126; Lohnsummensteuer noch zu rechtfertigen?, in: Komm Bl., 6/1977, S. 530.
303. Schmidt, S. 121 (Anm. 301).
304. Änderungsgesetz zum Gemeindefinanzreformgesetz vom 27. 12. 1971 (BGBl., S. 2157).
305. Zur Begründung vgl. schriftlichen Bericht des Finanzausschusses des Deutschen Bundestages vom 8. 11. 1971, Bundestags-Drs. VI/2798 und zu VI/2798. (Bis Ende 1978 galten die Höchstsätze DM 16.000 und DM 32.000)
306. Neuffer (Bibliographie Nr. 44),S. 215; Lohnsummensteuer noch zu rechtfertigen?, in: KommBL., 6/1977, S. 530.
307. Zu den Ursachen im örtlichen Entscheidungsprozeß, s. unten, Abschnitt 4.3.
308. S. oben, Abschnitt 3.2.
309. Boldt, Hans: Kommunale Finanzen im Rahmen der Finanzverfassung der Bundesrepublik, in: Wehling (Bibliographie Nr. 65), S. 134.
310. Ebenda, S. 135.
311. Klein/Münstermann (Bibliographie Nr. 34), S. 15.
312. Boldt, S. 135 (Anm. 309).
313. Vgl. Müthling (Bibliographie Nr. 41), S. 266 f. So mußte Leichlingen 1974 wegen angespannter Kassenlage des öfteren und in erheblichem Umfange von Kassenkrediten zur Vorfinanzierung von Investitionsmaßnahmen Gebrauch machen (Stadt Leichlingen, Haushaltssatzung ... 1975, S. 14). 1975 mußte der Höchstbetrag der Kassenkredite um 50 % im Nachtrag erhöht werden (Stadt Leichlingen: 1. Nachtragshaushaltssatzung für das Haushaltsjahr 1975, § 4).
314. Rheinische Post, Ausgabe: Rhein-Wupper-Kreis vom 21.10.1971; Stadt Nagold Haushaltssatzung... 1977, S. 18 f.
315. „Zu diesem Zweck muß ein Betrag vorhanden sein, der sich in der Regel auf mindestens 1 vom Hundert der Ausgaben des Verwaltungshaushalts nach dem Durchschnitt der drei dem Haushaltsjahr vorangegangenen Jahre beläuft" (GemHVO vom 27. August 1973, Nds. GVBl., S. 301 (Vgl. Anm. 180,); ähnliche Regelungen finden sich in den GemHVO anderer Bundesländer (siehe Pagenkopf (Bibliographie Nr. 46), S. 233).
316. Zielinski (Bibliographie Nr. 68), S. 46, 47, 60
317. Brückmann, S. 767 (Anm. 180).
318. Schmölders, S. 66 (Anm. 289); aktuelle Zahlen zur Schuldensumme bezogen auf die Einwohnerzahl bei von Borris, Volker/ von Clausen, Lars/ Simons, Karl: Siedlungssoziologie – Wohnung, Gemeinde, Umwelt, München 1978, S. 49.

319. Giere, Gustav: Kommunales Schuldenwesen, in: Peters (Bibliographie Nr. 47), S. 216.
320. § 92 NGO (Anm. 14).
321. Gittel, S. 115 (Anm. 285).
322. Müthling (Bibliographie Nr. 41), S. 404.
323. Verfügung eines nordrhein-westfälischen Regierungspräsidenten im Jahre 1977. Zur Problematik der Kriterier s. Pagenkopf (Bibliographie Nr. 46), S. 240.
324. Gesetz zur Förderung der Stabilität und des Wachstums der Wirtschaft (Stabilitätsgesetz) vom 8. Juni 1967 (BGBl., S. 582).
325. Dieses Instrument (Schuldendeckelverordnung) wurde am 1. Juni 1973 eingesetzt. Der Deutsche Städtetag stellte dennoch fest, daß die Gemeinden ihren Kreditbedarf nur um 15 % hatten einschränken müssen (Der Städtetag, 1/1974, S. 5).
326. Ausnahmen sind lediglich die von „philantropischen" Gesellschaften getragenen Sparkassen in Hamburg und Frankfurt sowie die Landessparkassen (bzw. deren Rechtsnachfolger) im Gebiet einiger ehemaliger Kleinstaaten.
327. Boldt, S. 134 (Anm. 309).
328. Gittel, S. 113 (Anm. 285).
329. Vgl. hierzu Geißelmann, Friedrich: Die kommunalen Spitzenverbände, Berlin 1975, S. 63.
330. Für Einzelheiten s. Berkenhoff, Hans Albert: Kreisumlagen und Amtsumlagen, in: Peters (Bibliographie Nr. 47), S. 370 und Hacker, Horst: Die Kreisumlage, in: Handbuch Der Kreis (Bibliographie Nr. 29), 2. Band, S. 357 ff.
331. Art. 106, 3 und 7 GG.
332. Beer, Rüdiger Robert: Die Gemeinde. Grundriß der Kommunalpolitik, München und Wien 1970, S. 111.
333. Petri (Bibliographie Nr. 48), S. 179; unter Bezug auf Ehrlicher, Werner: Kommunaler Finanzausgleich und Raumordnung, Hannover 1967, S. 79, und Düker, Rudi: Das Problem einer bedarfsrechten Verteilung der Finanzzuweisungen an die Gemeinden, Diss. Freiburg 1970, S. 63 ff.
334. Geißelmann, S. 107 (Anm. 329).
335. Puls, Heinz: Finanzkraft der Gemeinden und kommunaler Ausgleichsstock in NRW, Dortmund 1977, S. 4; Ausgleichsstockgemeinden – die ärmsten der Armen, in: KommBl, 6/1977, S. 528 f.
336. Hacker, Horst: Finanzausgleich, in: Peters (Bibliographie Nr. 47), S. 447.
337. Beer, S. 110 (Anm. 332).
338. Vgl. Abb. 3.
339. Petri (Bibliographie Nr. 48), S. 68.
340. Z.B. § 5 Abs. 4 NGO (Anm. 14).
341. Zielinski (Bibliographie Nr. 68), S. 58; Reissert, Bernd: Staatliche Zweckzuweisungen und kommunales Investitionsverhalten, Thesen zum Referat auf dem 5. Symposion der Studiengruppe für lokale Politikforschung vom 16. – 17. 6. 1978, S. 2.
342. Ebenda, S. 3.
343. Siebel (Bibliographie Nr. 61), S. 17.
344. Die Untersuchung Petris (Bibliographie Nr. 48) ergab, daß sich in

Niedersachsen mehr als 30 % der befragten Gemeinden schlecht informiert fühlten und jeweils besondere Nachfragen erforderlich waren; AI/4; AI/4 f.
345. Ebenda, AI/6.
346. Petri (Bibliographie Nr. 48), S. 53 unter Bezug auf Hansmeyer, Karl-Heinrich: Zweckzuweisungen an Gemeinden als Mittel der Wirtschaftspolitik?, in: Theorie und Praxis des finanzpolitischen Interventionismus, Festschrift für F. Neumark, hrsg. v. H. Haller/L. Kullmer u.a., Tübingen 1970, S. 437 f.
347. Klein/Münstermann (Bibliographie Nr. 34), S. 7.
348. Bundesministerium der Finanzen, S. 116 (Anm. 267).
349. S.d. Fick (Demo, 12/1977; Bibliographie Nr. 16), S. 1065; § 10 GemHVO (Anm. 180).
350. Der Niedersächsische Minister der Finanzen: Mittelfristige Planung. Niedersachsen 1975 – 1979 (beschlossen am 4. Mai 1976); derselbe: Mittelfristige Planung. Niedersachsen 1976 – 1980 (beschlossen am 23. 2. 1977).
351. Die „mittelfristige Planung" des Landes Niedersachsen soll Landesentwicklungsplanung und mittelfristige Finanzplanung des Landes unter raumbezogenen Gesichtspunkten zeitlich und finanziell konkretisieren (Petri (Bibliographie Nr. 48), S. 136).
352. „Zu welchen Ergebnissen dies führt, läßt sich am Beispiel der Stadt Krefeld demonstrieren, die beim Bund für einige Investitionsvorhaben Mittel aus einem Konjunkturprogramm beantragt und erhalten hat. Gefördert wurde nicht das dringend benötigte Berufsschulzentrum, sondern eine Freizeitanlage und ein Großtierhaus im Zoo, die auf der Prioritätenliste auf den Plätzen 9 und 11 standen". (Schuster, Franz/Kux, Wilhelm R.: Probleme und Lösungssätze bei der Funktionalreform, in Kevenhörster/Wollmann (Anm. 7), S. 271.
353. Scharpf/Reissert/Schnabel (Bibliographie Nr. 57), S. 153 und § 3 Gemeindeverkehrsfinanzierungsgesetz vom 18. 3. 1971.
354. § 6, 3 Gemeindeverkehrsfinanzierungsgesetz; Scharpf/Reissert/Schnabel (Bibliographie Nr. 57), S. 143.
355. Ebenda, S. 143.
356. Ebenda, S. 144 f.
357. S. oben, Abschnitt 3.4.1.
358. Scharpf/Reissert/Schnabel (Bibliographie Nr. 57), S. 142.
359. Ebenda, S. 165.
360. Petri (Bibliographie Nr. 48), S. 140.
361. Scharpf / Reissert / Schnabel (Bibliographie Nr. 57), S. 172.
362. Mühlich-Klinger, Ilona / Kröning, Wolfgang / Halberstadt, Rudolf: Das neue Modernisierungsgesetz I, in: Demo, 7/1977, S. 627; Richter, Hellmut: Stadtsanierung nach dem Städtebauförderungsgesetz. Fünf Jahre Probleme mit einem Gesetz, in: Die Bauverwaltung, 12/1976, S. 471.
363. Mühlich-Klinger u.a., S. 627 (Anm. 362).
364. S. oben, Abschnitt 3.1.1.
365. Bewilligungsbescheid des Regierungspräsidenten in Düsseldorf vom 29. 11. 1972.
366. S. oben, Abschnitt 2.2.3.

367. Vorläufige Verwaltungsvorschriften zu § 44, 1 vom 26. 6. 1974, Nr. 3 Antragsverfahren. Abgedruckt bei Petri (Bibliographie Nr. 48), AII/3.
368. Puls, S. 4 (Anm. 335); Vgl. oben, Abschnitt 3.4.1.
369. Ministerium der Finanzen Rheinland-Pfalz (Hrsg.): Folgekosten öffentlicher Investitionen, Bad Ems 1975, S. 8.
370. Stadt Nagold: Haushaltssatzung ... 1977, S. 17; Klein/Münstermann (Bibliographie Nr. 34), S. 12.
371. Deutscher Städtetag, 7. Januar 1976. Nach § 22, 1, 2 GemHVO (Nds.) muß die „Zuführung zum Vermögenshaushalt... mindestens so hoch sein, daß damit die Kreditbeschaffungskosten und die ordentliche Tilgung von Krediten gedeckt werden können", soweit dafür keine Einnahmen aus der Veränderung des Anlagevermögens, Entnahmen aus Rücklagen, Zuweisungen und Zuschüsse für Investitionen und für die Förderung von Investitionen Dritter, Beiträge und ähnliche Entgelte zur Verfügung stehen (ebenso NRW).
372. Landesregierung Nordrhein-Westfalen: Halbzeitbericht Nordrhein-Westfalen-Programm 1975, Düsseldorf 1973, S. 31.
373. Ebenda, S. 33; Neuere Richtlinien zur Standortprogrammplanung geben den Anspruch einer „finanziell-räumlich koordinierten Planung" auf und stellen das gesamte Konzept wieder in Frage. (Bauer, Martin/Bonny, Hans Werner/Friedrich, Norbert: Wechselwirkungen zwischen Wirtschaftsentwicklung und Stadtentwicklung in Solingen, Solingen 1978, S. 64. Baestlein, A./Hunnius, G.M.u.a.: Standortprogramme – Wo sind sie geblieben?, in: Städte- und Gemeinderat, 1/1977, S. 5 – 8.
374. Vgl. Hesse (Bibliographie Nr. 32), S. 89 f.
375. Petri (Bibliographie Nr. 48), S. 182 f. und die dort angegebene Literatur. S. d. Scharpf / Reissert / Schnabel (Bibliographie Nr. 57), z.B. S. 79.
376. Zu den Hindernissen einer solchen Entwicklung vergleiche die Klientel-These von Siebel (Bibliographie Nr. 61), S. 50.
377. Petri (Bibliographie Nr. 48), S. 75.
378. Allein für den Schulbau in NRW gibt es 28 verbindliche Richtlinien (Klein/Münstermann (Bibliographie Nr. 34), S. 6).
379. „Das Mißverhältnis in der Personalausstattung zwischen Verdichtungsräumen und ländlichen Gemeinden wird an einem Beispiel verdeutlicht: 1972 entfällt in den kreisfreien Städten auf 70 Einwohner ein Kommunalbediensteter (hauptamtlich), während in den übrigen Gemeinden 109 Einwohner von einem Kommunalbediensteten betreut werden". (Zielinski (Bibliographie Nr. 68), S. 103, FN 149).
380. Frey, Rainer/Holler, Wolfgang: Die Grundtypen der Gemeindeverfassung in der Bundesrepublik, in: Frey (Bibliographie Nr. 18), S. 241 ff.; Lang, Gerhard: Typen kommunaler Verfassung in der Bundesrepublik, in: Wehling (Bibliographie Nr. 65), S. 154 ff.; vgl. die Darstellung der Kommunalverfassungssysteme bei Borchmann, in: Borchmann/Vesper (Bibliographie Nr. 6), S. 30ff (Difu (Hrsg.) (Bearbeiter: Schmidt-Eichstädt/Sanner – Stade/Haus): Die Gemeindeordnungen in der Bundesrepublik Deutschland, Loseblatt-Ausgabe, Stuttgart/Berlin/Köln/Mainz 1975 ff.
381. Vgl. Pagenkopf (Bibliographie Nr. 46).
382. Difu, Synopse (Anhang) (Anm. 380); s. auch Frey/Holler (Anm. 380)
383. Zur historischen Entwicklung s. Rudzio (Bibliographie Nr. 54).

384. Vgl. oben, Abschnitt 2. und 2.3.
385. §§ 7 bzw. 27, 1 und 2, 1 GONW (Anm. 14).
386. Vgl. oben Abschnitt 2.2.3., 3.4.2., 3.4.3.
387. §§ 23; 24, 1, 1; 42, 1, 1 GO B.-W. (Anm. 14).
388. Vgl. Angaben in Anm. 380.
389. Vgl. Frey/Holler, S. 241 ff. (Anm. 380).
390. Grauhan, S. 270 (Anm. 25).
391. Ebenda, S. 270 f.
392. Damit soll keinesfalls die These vertreten werden, kommunale Vertretungskörperschaften seien kommunale Parlamente. Angemessen erscheint allerdings die Feststellung, daß die Arbeitsweise staatlicher Parlamente und kommunaler Vertretungskörperschaften in vielen Punkten vergleichbar ist, so daß beide unter dem Begriff der parlamentarischen Gremien – für die Vertretungskörperschaften müßte es korrekt der parlamentsähnlich arbeitenden Gremien heißen – zusammengefaßt werden können.
393. Grauhan, S. 271 (Anm. 25).
394. Naßmacher (Bibliographie Nr. 42); vgl. auch Berkemeier (Bibliographie Nr. 3).
395. Vgl. Kaack, Heino: Geschichte und Struktur des deutschen Parteiensystems, Köln und Opladen 1971, S. 28 und S. 473.
396. Siewert, H.-Jörg: Verein und Kommunalpolitik, in: KZSS, 3/1977, S. 503.
397. S. d. Naßmacher (Bibliographie Nr. 42). Diese Hinweise auf die soziale Struktur der kommunalen Vertretungskörperschaften, die von allen vorliegenden Untersuchungen bestätigt werden, widerlegen die Tatsachenbehauptung, „daß andere über die (kommunalen – d.V.) Steuern beschließen als diejenigen, die diese zu zahlen haben, ... Sind doch die Steuern, über deren Höhe die Gemeindevertretungen zu bestimmen haben,„..." in erster Linie Steuern der sog. Besitzenden, des Grundbesitzes, der Inhaber der Produktionsmittel ..." (Schmölders, S. 37(Anm. 289)). Gerade diese Interessen sind aber in den kommunalen Vertretungskörperschaften keineswegs unter-, sondern als Folge der sozialen Selektion für Mandatsträger eher überrepräsentiert.
398. Grauhan, S. 273 (Anm. 25).
399. Vgl. Habermas, Jürgen: Strukturwandel der Öffentlichkeit, Frankfurt a.M. 1973, S. 225.
400. Rückel (Bibliographie Nr. 55), passim.
401. Vgl. Haenisch / Schröter (Bibliographie Nr. 28), S. 266. Eine vergleichende Untersuchung von Rückel kommt zu differenzierteren Ergebnissen (Bibliographie Nr. 55), S. 154 f.
402. Vgl. Haenisch / Schröter (Bibliographie Nr. 28), S. 269 ff.; Rückel (Bibliographie Nr. 55), S. 64 f., 79 f. und Zoll u.a. (Bibliographie Nr. 70), S. 204 ff.
403. Vgl. Dunckelmann (Bibliographie Nr. 12), S. 109, 224.
404. Ebenda, S. 97.
405. Vgl. auch Siewert, H.-Jörg: Zur lokalpolitischen und sozialen Funktion des Vereins, in: Wehling (Bibliographie Nr. 66), insbes. S. 78 ff. Hier ist die wichtigste Literatur zum Thema ausgewertet.
406. Für Einzelheiten s. Naßmacher, Karl-Heinz: Parteien im kommunalpoli-

tischen Zielbildungspozeß, in: ÖZP, 4/1972, S. 60 ff.
407. Naßmacher, Karl-Heinz / Rudzio, Wolfgang: Das lokale Parteiensystem auf dem Lande. Dargestellt am Beispiel der Rekrutierung von Gemeinderäten, in:Wehling (Bibliographie Nr. 66), S. 127 ff.
408. Lehmbruch (Bibliographie Nr. 40), S. 7, – Die Betrachtung mag überspitzt erscheinen, sie betont aber in nachdrücklicher Weise Sachverhalte, die auch von Kaack, S. 29, 33 bzw. 474, 477 (Anm. 395) erwähnt werden.
409. Frey, Rainer/Naßmacher, Karl-Heinz: Parlamentarisierung der Kommunalpolitik?, in: AfK, II/1975, S. 208.
410. Zum Problem der Bürgerinitiativen s. Lange (Bibliographie Nr. 39); Borsdorf-Ruhl (Bibliographie Nr. 8); von Kodolitsch (Bibliographie Nr. 35).
411. S. d. Tillmann, Berthold: Politikverflechtung zwischen Zentralinstanz und lokaler Ebene, in: Frey (Bibliographie Nr. 18), S. 66 ff.
412. Für ein Beispiel s. Reuter (Bibliographie Nr. 50), S. 11.
413. Vgl. oben, Abschnitt 3.2.
414. Rösler, Konrad: Kommunale und regionale Wirtschaftsförderung: in: Der Städtetag, 9/1977.
415. Graf, Pedro: Die Aufgaben der Gemeinden, in: Rausch / Stammen (Bibliographie Nr. 49), S. 48.
416. Glass, Claus-Peter: Die Realität der Kommunalaufsicht, Köln/Berlin/Bonn/München 1967, insb. S. 84 ff., 99 ff., 125 ff., 137 ff.; s. auch Beer, S. 126 ff. (Anm. 332); ähnlich auch Leclaire, S. 274 (Anm. 170)
417. Ellwein, S. 53 (Anm. 234) – Hervorhebung von den Verfassern.
418. Wollmann, Hellmut: Investitionshilfen, in: Scharpf/Reissert/Schnabel II (Bibliographie Nr. 58), S. 27 unter Verweis auf dieselben (Bibliographie Nr. 57), S. 239 f.; Wagener, Frido: Zur künftigen Aufgabenstellung und Bedeutung der Kreise, in: Der Landkreis, 6/1976, S. 7 (Redaktionsbeilage), nennt dies „vertikale Kumpanei".
419. Banner, Gerhard: Politische Willensbildung und Führung in Großstädten mit Oberstadtdirektor-Verfassung, in: Grauhan, (Bibliographie Nr. 24), S. 166 ff.
420. Bachrach, Peter / Baratz, Morton S.: Zwei Gesichter der Macht, in: Zoll (Bibliographie Nr. 69), S. 226, 230; Fürst (Bibliographie Nr. 20), S. 128, 131.
421. Zur öffentlichen Auseinandersetzung über diese Steuer Adam, Hermann: Der Einfluß der Industrie- und Handelskammer auf die politische Willensbildung, Diss. Oldenburg 1978, S. 77 f. und die steuerpolitische Diskussion im Sommer 1978.
422. Vgl. Derlien u.a. (Bibliographie Nr. 10), S.53 ff., 64 ff.
423. Holler, Wolfgang /Naßmacher, Karl-Heinz: Rat und Verwaltung im Prozeß kommunalpolitischer Willensbildung, in: Frey (Bibliographie Nr. 18) und die dort angegebene Literatur.
424. Schmölders, S. 38 (Anm. 289).
425. Für Einzelheiten s. Derlien u.a. (Bibliographie Nr. 10), S. 185 ff.
426. Zoll (Bibliographie Nr. 70), S. 104 ff.
427. Für Einzelheiten s. Holler/Naßmacher, S. 149 ff. (Anm. 423).
428. Banner, S. 166 (Anm. 419).
429. Ebenda, S. 165.
430. Ebenda, S. 167.

431. S. d. Zoll (Bibliographie Nr. 70), S. 93 ff., und Fürst (Bibliographie Nr. 20), S. 85 ff.; s.a. Nelles, Wilfried: Politische Partizipation und kommunaler Planungsprozeß. Untersuchung zu den Bedingungen wirksamer Partizipation am Beispiel einer Stadtsanierung, Bonn 1977, S. 275.
432. S.d. Luckmann, Benita: Politik in einer deutschen Kleinstadt, Stuttgart 1970; Schneider, Herbert: Lokalpolitik in einer Landgemeinde, in: aus politik und zeitgeschichte, Beilage zur Wochenzeitung Das Parlament, B 3/77, S. 21–39; jetzt in: Wehling (Bibliographie Nr. 66); Zoll (Bibliographie Nr. 70).
433. Vgl. Dahl, Robert A.: Who governs?, New Haven/London 1961, S. 223 ff.
434. Fürst (Bibliographie Nr. 20), S. 128 f.
435. Ammon (Bibliographie Nr. 2), S. 54 ff.; Zoll (Bibliographie Nr. 69), S. 129 ff.
436. Hier sind insbesondere die Unterschiede der Parteistruktur (Amtspatronage-versus Mitgliederparteien), der örtlichen Verwaltungsbehörden (aufgabenspezifische Einzelverwaltungen versus Tendenz zur Einheitsverwaltung) und der örtlichen Organisationen (Finanzierung durch private versus öffentliche Mittel) zu nennen. Ueltzhöffer, Jörg: Die kommunale Machtelite und der politische Willensbildungsprozeß in der Gemeinde, in: Wehling (Bibliographie Nr. 65) nennt darüber hinaus die größere Bedeutung formaler Organe, die stärkere Einbindung der Gemeinden in den Politikverbund und „die Vormachtstellung der Parteien in der Kommunalpolitik" (S. 109).
437. Vgl. oben, Abschnitt 4.2.1.
438. Drewe, Paul; Techniken zur Identifizierung lokaler Eliten, in: KZSS, 1967, S. 722 ff.; abgedruckt in: Zoll (Bibliographie Nr. 69), S. 234 ff.
439. Schneider, S. 24 (Anm. 432).
440. Eine Anwendung der Positionsmethode auf die Stadtverordneten einer nordrhein-westfälischen Großstadt (vgl. Anm. 397) ergab deutliche Unterschiede im Aufgabenprofil von Vorentscheidern und „Hinterbänklern", s.d. Naßmacher, Karl-Heinz: Analysen und Reformvorstellungen zur kommunalen Verfassungsstruktur, in: Kevenhörster/Wollmann, S. 316 ff. (Anm. 7).
441. Zum Begriff vgl. Dahl, S. 226 ff. (Anm. 433).
442. Funke (Bibliographie Nr. 21), S. 76.
443. Dieser unmittelbare Interessenbezug und nicht etwa eine besondere „Dynamik der parlamentarischen Willensbildung" (Schmölders, S. 36 f. (Anm. 289)) verursachen die Schwierigkeiten demokratischer Konfliktregelung.
444. Siebel (Bibliographie Nr. 61), S. 50.
445. Stadt Nagold: Haushaltssatzung... 1977, S. 14 f.
446. Rheinische Post, Ausgabe: Rhein-Wupper-Kreis v. 5. 3. 1969.
447. Ebenda, v. 7. 3. 1969. Dieses Vorgehen wird auch im süddeutschen Raum häufig praktiziert, wie die Beispiele Gerlingen und Renningen zeigen, letztere Initiative allerdings bisher ohne Erfolg.
448. Ebenda, v. 9. 7. 1969.
449. S. oben, Abschnitt 3.1.1.
450. Ebenda, v. 14. 9. 1970.
451. Ebenda, v. 15. 12. 1971.

452. Ebenda, v. 8. 3. 1972.
453. Vgl. oben, Abschnitt 3.4.
454. Schauerte (Bibliographie Nr. 59), S. 33.
455. Schmölders, S. 44 (Anm. 289).
456. Müthling, S. 254 (Bibliographie Nr. 41), S. 254.
457. Schauerte (Bibliographie Nr. 59), S. 36.
458. Der Begriff „antizipierte Reaktionen" wurde durch Carl-Joachim Friedrich geprägt.
459. Müthling (Bibliographie Nr. 41), S. 217.
460. Vgl. Schmölders, S. 44 (Anm. 289).
461. Vgl. oben, Abschnitte 1.2.2., 3.2.1., 4.1.1.
462. Vgl. oben, Abschnitt 4.1.2.
463. Insoweit geht Leclaire (S. 277, Anm. 170) an den tatsächlichen Problemen vorbei, wenn er lediglich annimmt: „Die unmittelbare Konfrontation mit dem Bürger und seinem Zorn zwingt die gemeindlichen Vertretungskörperschaften dazu, auf die ihnen im bescheidenen Umfange zustehenden Möglichkeiten zur Steuererhöhung auch dann zu verzichten, wenn die staatlichen Institutionen aufgrund der Finanzlage längst zu einer solchen Maßnahme bereit wären."
464. Rheinische Post, Ausgabe: Rhein-Wupper-Kreis vom 14. 10. 1970 und 28. 1. 1971.
465. Schauerte (Bibliographie Nr. 59), S. 36.
466. Vgl. Stadt Nagold: Haushaltsplan... 1977, S. 26/5.
467. Schmölders, S. 45 (Anm. 289).
468. S. oben, Abschnitt 4.1.3.; unten, Abschnitt 4.4.
469. Vgl. oben, Abschnitt 2.2.
470. Stadt Westerstede: Bürgerinformation der Kreisstadt Westerstede, Westerstede o.J. (1977).
471. Vgl. Einladung zum Bau- und Planungsausschuß für den 6. 2. 1978.
472. § 2a, 2 BBauG.
473. Difu-Arbeitsblätter (Anm. 202); für Einzelheiten siehe auch den Beitrag von Borghorst, Hermann: Merkmale für die Eignung von Beteiligungs-Formen, ebenda, Blatt 2.25 ff.; derselbe (Bibliographie Nr. 7).
474. Vgl. NWZ, Ausgabe: Der Ammerländer vom 11. 9. 1976.
475. Privatinterviews am 31. 3. 1978 und 28. 9. 1978.
476. Daß auch ohne formalisierte Bürgerbeteiligung Bebauungspläne am Widerstand der Betroffenen scheitern können, belegt die Fallstudie von Schäfers (Bibliographie Nr. 56), S. 167 ff.
477. Privatinterview am 28. 9. 1978 in Westerstede.
Die in Westerstede um eine Stellungnahme gebetenen Institutionen waren: der Verwaltungspräsident (Bezirksregierung), Bundesvermögensstelle, Staatshochbauamt, Staatliches Gewerbeaufsichtsamt, Landwirtschaftskammer, Deutsche Bundesbahn, Deutsche Bundespost, Wasserwirtschaftsamt, Industrie- und Handelskammer, Energieversorgung, Weser-Ems AG., Ammerländer Wasseracht, Wehrbereichsverwaltung, Straßenbauamt Oldenburg-West, Norddeutsche Kraftwerke AG., Landkreis Ammerland-Straßenverkehrsabteilung, Landkreis Ammerland als untere Wasser- und Naturschutzbehörde, Landkreis Ammerland – Bauaufsicht, Landkreis Ammerland – Gesundheitsamt, Gewerkschaft Brigitta, Oldenburgisch-Ostfriesischer Wasserverband, Ferngasversorgung Weser-

Ems, Ev.-luth. Kirchengemeinde, Kath. Kirchengemeinde, Schulrat (Akteneinsicht im Planungsamt in Westerstede am 31. 3. 1978).
478. § 2,5 BBauG.
479. NWZ, Ausgabe: Der Ammerländer vom 15. 5. 1976.
480. Für den Text der Bekanntmachung s. die Veröffentlichungen in der Lokalpresse, hier: NWZ, Ausgabe: Der Ammerländer, jeweils im Lokalteil.
481. § 2a, 6 BBauG.
482. NWZ, Ausgabe: Der Ammerländer vom 23. 4. 1969.
483. Glass, S. 45 (Anm. 416).

Kommentierte Bibliographie

Vorbemerkung

Die Titel der nachfolgenden Bibliographie wurden aus der Fülle der in der Bundesrepublik Deutschland veröffentlichten Literatur im Hinblick auf die im Text gesetzten Schwerpunkte ausgewählt. Vollständigkeit ist nur für den politikwissenschaftlichen Teil der kommunalpolitisch relevanten Veröffentlichungen angestrebt. Deshalb erscheint es erforderlich, den Erläuterungen der einzelnen Texte bibliographische Hinweise voranzustellen.
Das wichtigste bibliographische Hilfsmittel für Lehre und Forschung im Bereich der Kommunalwissenschaften bildet das vom Deutschen Institut für Urbanistik, Berlin, herausgegebene „Archiv für Kommunalwissenschaften" (AfK), das in seinen halbjährlich erscheinenden Bänden neben einem umfangreichen Rezensionsteil eine laufend fortgeschriebene Bibliographie der kommunalwissenschaftlichen Literatur enthält. Über stadt- bzw. siedlungssoziologische Arbeiten informieren die bibliographischen Notizen von H.-J. Siewert und H.-G. Wehling in dem weiter unten angezeigten Sammelband „Kommunalpolitik" (siehe Nr. 65) und die Literaturliste in dem Reader „Materialien zur Siedlungssoziologie", hrsg. von T. Atteslander und B. Hamm (Köln 1974, S. 365 – 379). Einen Einstieg in die angelsächsische Literatur bis etwa 1970 ermöglicht „The Study of Community Power. A. Bibliographic Review" von W. D. Hawley und J. H. Svara, Santa Barbara und Oxford 1972 (zum großen Teil mit Kommentierung der angezeigten Bücher und Aufsätze). Den Zugang zu neueren Forschungsarbeiten erschließen die von A. Remke zusammengestellte Bibliographie in dem Sammelband „Lokale Politik unter exekutiver Führerschaft" (siehe unten Nr. 33) und das von G.-M. Hellstern bearbeitete Literaturverzeichnis zu „Kommunalpolitische Praxis und lokale Politikforschung", hrsg. v. P. Kevenhörster und H. Wollmann (Berlin 1978, S. 419 – 454).
Von den folgenden 70 Kurzbesprechungen erschienen 20 erstmals in dem Sammelband „Kommunale Demokratie" (siehe nachstehend Nr. 18) und 14 in der Zeitschrift „Studium – Buchinformation für Studierende" (Ostfildern 2). Die Texte wurden für den Abdruck zum Teil überarbeitet. Die im folgenden angezeigten Texte sind wegen der

bei jeder Zuordnung nicht vermeidbaren Überschneidungen alphabetisch angeordnet. Dem Leser, der Hinweise zu bestimmten Schwerpunkten sucht, seien als
- *Gesamtdarstellungen* die nachfolgend erörterten Titel Nr. 17, 24, 25, 33, 44, 47, 49, 65, 66
- zur *geschichtlichen Entwicklung* die Titel Nr. 9, 14, 36, 43, 45, 46, 54, 60;
- zum Themenfeld *Aufgaben* die Titel Nr. 5, 11, 15, 26, 31, 38, 53, 64;
- zum Bereich *Finanzen* die Titel Nr. 16, 22, 34, 41, 46, 48, 67, 68 und
- zum *Entscheidungsprozeß* die Titel Nr. 2, 10, 18, 20, 21, 23, 27, 56, 57, 58, 69, 70

besonders empfohlen.

1. Prodosh Aich (Hrsg.): Wie demokratisch ist Kommunalpolitik?
Reinbek b. Hamburg 1977

Diese Schrift ist mit sehr grundsätzlicher Fragestellung überschrieben. Sie bringt zwar interessantes Anschauungsmaterial zum Informationsvorsprung der Verwaltung gegenüber den kommunalen Vertretungskörperschaften. Demokratische Strukturen in der Kommunalpolitik werden aber nur daran überprüft, ob Verwaltungen bereit sind, Material über Entscheidungsprozesse an Forschergruppen zu übergeben. Damit bleiben die Autoren den empirischen Beleg der hier angesprochenen Probleme weitgehend schuldig. Wir halten den hier erweckten Eindruck eher für fahrlässig. Auch dürfte sich der Leserkreis, der sich nicht forschend mit Kommunalpolitik beschäftigen will – und daran will sich ja diese Schrift besonders wenden – wohl kaum von dieser Beweisführung angesprochen fühlen. Solchen, die in diesem Bereich noch forschen wollen, hat das Buch wohl manche Tür zugeschlagen: man wird sich nicht nur in der Verwaltung fragen, ob diese Art der Auseinandersetzung mit wissenschaftlichen Fragestellungen – die bewußt darauf verzichtet, das bisher Erdachte oder Erforschte zur Kenntnis zu nehmen – heute gängig ist.

2. Alf Ammon: Eliten und Entscheidungen in Stadtgemeinden,
Berlin 1967

Ammon bringt eine Übersicht über verschiedene Forschungsstrategien und Ergebnisse der amerikanischen „Community Power"-Forschung. Die Studie verfolgt zunächst die Herausbildung des Interesses von Publizisten und Sozialforschern an dem Phänomen der Verteilung und der Handhabung kommunalpolitischer Macht. Im Mittelpunkt stehen dann die Kontroverse zwischen den Forschern, die den reputativen Forschungsansatz verwenden (Hunter und Anhängern) und deren Kritikern, die der Theorie des Pluralismus verpflichtet sind (sog. „Methodenstreit"), sowie deren unterschiedliche Forschungsergebnisse. Zu diesem Problemkreis nimmt der Autor eine kritische Würdigung unter ausführlicher Darstellung der Diskussion in den USA und der Bundesrepublik Deutschland vor. Das Buch ist eine wichtige Grundlage für die wissenschaftliche Diskussion.

3. *Karl H. Berkemeier: Das kommunale Schein-Parlament: Ausgeschaltet aus dem Planungsprozeß,*
in: ZParl, Heft 2/1972 (3. Jg.), S. 202–208
In der ernüchternden Zwischenbilanz seiner dreieinhalbjährigen Praxis zeigt der Verfasser die konkrete Arbeitsbelastung als Stadtverordneter in einer Großstadt. Nach Bewältigung der anfallenden Vorlagenflut bleiben dem einzelnen Stadtverordneten theoretisch nur ca. 200 Stunden im Jahr für die Ausübung seines Berufes. Da die Praxis das nicht zuläßt, zwingt der Zeitmangel zur oberflächlichen Bearbeitung der Vorlagen. Allein die vom Verfasser genannten Zahlen belegen den Widerspruch, der zwischen der rechtlichen Allzuständigkeit (Theorie) und der sachlichen Inkompetenz (Praxis) klafft. Als Reformansätze zur Erhöhung der Leistungsfähigkeit der „Kommunalparlamente" nennt der Autor die Verlagerung von Routineaufgaben auf eine Stadtregierung und die Einrichtung eines parlamentarischen Hilfsdienstes für die Großstadt-Parlamente.

4. *Jürgen Bertram: Staatspolitik und Kommunalpolitik,*
Stuttgart/Berlin/Köln/Mainz 1967
Bertram untersucht hier Probleme der Politikverflechtung, also die Beziehungen zwischen Kommunalpolitik und Bundespolitik sowie Kommunalpolitik und Landespolitik. Er stellt vor allem die Tendenzen eines abnehmenden Entscheidungsspielraums der Kommunen heraus, der sich u.a. schon aus der Zunahme der Pflichtaufgaben ergibt. Sowohl die Wirksamkeit und die Möglichkeiten der Kommunalaufsicht werden kritisch beleuchtet wie auch die Abhängigkeit von der staatlichen Finanzierung diskutiert. Der Autor versucht, Wege aufzuzeigen, die geeignet sind, die gegenseitige Abhängigkeit in eine bessere Zusammenarbeit zu verwandeln. Hier werden u.a. die Mittlerfunktion der kommunalen Spitzenverbände sowie der Parteien und Parlamentarier analysiert bzw. neue Institutionalisierungsmöglichkeiten zur Koordinierung von Staats- und Kommunalpolitik vorgeschlagen. Eine bessere Zusammenarbeit scheint schon deshalb geboten, weil sich die verschiedenen Ebenen durchaus behindern können.

5. *Detlef Bischoff / Karl-Otto Nikusch (Hrsg.): Privatisierung öffentlicher Aufgaben,*
Berlin/New York 1977
Die Privatisierungsdiskussion bezieht sich keineswegs nur auf Aufgaben, die Städte und Gemeinden wahrnehmen. Vielmehr geht es dabei um den Versuch, die öffentlichen Hände allgemein zu entlasten. Im wesentlichen handelt es sich bei dem vorliegenden Band um eine Zusammenstellung von Dokumenten, die das Spektrum der Stellungnahmen der Betroffenen (Bund, Land, Gemeinden), der Verbände und der Parteien zur Einschätzung dieser Möglichkeit widerspiegeln. Somit ist auch die Einleitung dazu geeignet, die Diskussion um die Privatisierung im Hinblick auf die gesamtstaatliche Aufgabenerledigung zu durchdenken, freilich eher aus juristischer Sicht. Die Autoren sehen als Ursache für die Privatisierungsdebatte die Finanzkrise des Staates und die Funktionskrise der Kommunalverfassung an, die nach ihrer Meinung durch Privatisierung noch verstärkt werden.

6. *Michael Borchmann / Emil Vesper: Reformprobleme im Kommunalverfassungsrecht,*
Stuttgart/Berlin/Köln/Mainz 1976
Die Diskussion um die Reform der Kommunalverfassungssysteme hat zwei Schwerpunkte: die Vereinheitlichung der unterschiedlichen Kommunalverfassungssysteme und die Anpassung des gemeindlichen Verfassungssystems an das parlamentarische Regierungssystem. Über beide Aspekte informiert dieser Band, wobei die Verfasser je einen der Diskussionsschwerpunkte aus juristischer Perspektive angehen. Borchmann stellt in seinem Beitrag die verschiedenen Gemeindeverfassungstypen dar und geht auf deren historische Wurzeln ein. Die Reformvorschläge werden länderweise bei Nennung der verschiedenen Initiatoren abgehandelt und auch im Hinblick auf die politische Durchsetzbarkeit diskutiert. Die Vorschläge zu einem Stadt- oder Kommunalregierungssystem würdigt Borchmann ausführlich und unterbreitet schließlich eigene Vorschläge zur Verfassungsreform. Vesper systematisiert die Reformanstöße, arbeitet Tendenzen heraus, die eindeutig auf eine Vereinheitlichung im oben erwähnten Sinne gerichtet sind. Weiterhin versucht er, Ursachen des Scheiterns zu erarbeiten, indem er Durchsetzungsmöglichkeiten abklopft. Sein Ergebnis ist, daß nur eine freiwillige Länderselbstkoordination geeignet sein würde, das Problem einer Lösung näher zu bringen.

7. *Hermann Borghorst: Bürgerbeteiligung in der Kommunal- und Regionalplanung,*
Leverkusen 1976
Die Forderung nach mehr „Bürgernähe" und „Bürgerbeteiligung" bei kommunalen und regionalen Planungsverfahren ist nach wie vor von hoher Aktualität, obwohl sich auch gezeigt hat, daß bestehende Institutionen und Organisationen den Wünschen und Vorstellungen der Bürger recht hilflos gegenüberstehen und Konflikte häufig nicht fruchtbar gemacht werden konnten. Borghorsts Arbeit verschafft eine Übersicht über diese Probleme und geht den Ursachen nach. Er gibt Hinweise darauf, wie sich Bürgerbeteiligung an kommunalen und regionalen Planungsverfahren nach den bisherigen Erfahrungen organisieren kann, so u.a. über Bürgerinitiativen, Bürgerforen, Planungsbeiräte, Anwaltsplanung und Gemeinwesenarbeit. Der Autor lotet Möglichkeiten und Gefahren dieser Beteiligungsformen aus. Diese „kritische Problem- und Literaturanalyse" macht das Buch für denjenigen interessant, der sich wissenschaftlich mit dem Problembereich intensiver befassen will.

8. *Barbara Borsdorf-Ruhl: Bürgerinitiativen im Ruhrgebiet,*
Essen 1973
Arbeiten zum Problem Bürgerinitiativen haben in der Regel jeweils nur eine sehr schmale empirische Basis. Eine der wenigen Ausnahmen ist die von einer Mitarbeiterin des Siedlungsverbandes Ruhrkohlenbezirk initiierte Erhebung. Sie will Grundlagen schaffen für Konzepte der Öffentlichkeitsbeteiligung, um den Funktionsverlust der Parlamente zu kompensieren. Die Studie basiert auf Befragungen von Verwaltungen und Bürgerinitiativen. Die am häufigsten auftretenden Anlässe für Bürgerinitiativen waren dem Themenbereich Bauleitplanung zuzuordnen. Bei Bürgerinitiativen überwiegen lose Zusammenschlüsse ohne feste Regelungen. Auch im Ruhrgebiet wurde festgestellt, daß Arbeiter sich in Bürgerinitiativen nur in sehr geringem Maße

engagieren, obwohl diese Bevölkerungsgruppe in diesem Bereich der Bundesrepublik überproportional vertreten ist: Bürgerinitiativen werden auch hier von Mittelschichten getragen. Die Verwaltungen sind – trotz überwiegend positiver Beurteilung von Bürgerinitiativen – nur mangelhaft auf diese eingestellt.

9. *Helmuth Croon / Wolfgang Hofmann / Georg Christoph von Unruh: Kommunale Selbstverwaltung im Zeitalter der Industrialisierung,*
Stuttgart/Berlin/Köln/Mainz 1971

In diesem Band zur neueren deutschen Kommunalgeschichte befassen sich drei Autoren mit Fragen, die den inneren Wandel der kommunalen Selbstverwaltung verdeutlichen: dem Vordringen der Parteien und ihrer Rolle in der kommunalen Selbstverwaltung, der Aufgabenwahrnehmung und dem Wandel der Aufgaben von Stadt und Kreis, jeweils dargestellt unter besonderer Berücksichtigung der Rolle der zentralen Führungspersönlichkeit, dem Oberbürgermeister bzw. dem Landrat. Hofmanns Beitrag ergänzt Forschungen, wie sie über Stadtoberhäupter der Weimarer Republik schon vorliegen, schwerpunktmäßig um die Zeit vor Ende des 19. Jahrhunderts. Den Juristen Unruh interessiert vor allem die Mittlerstellung zwischen Staatsverwaltung und Kommunalverwaltung. Croons Beitrag über die Politisierung der Kommunalpolitik mit der Ausbreitung der Parteien in Gemeinderäten, wie sie sich Ende des 19. Jahrhunderts und Anfang des 20. Jahrhunderts darstellte, zeigt durchaus noch die heutige Situation in vielen kleinen Gemeinden auf. Damit wird deutlich, wie langsam sich der Wandel vollzieht.

10. *Hans Ulrich Derlien / Christoph Gürtler / Wolfgang Holler / Hermann Josef Schreiner: Kommunalverfassung und kommunales Entscheidungssystem,*
Meisenheim 1975

In dieser Studie wird untersucht, welche Bedeutung die gemeinderechtliche Struktur für den Entscheidungsprozeß hat. Dabei geht es vor allem um die organisationsinternen Prozesse der Informationsverarbeitung und die Machtverteilung im kommunalpolitischen System. Die Analyse vergleicht zu diesem Zweck die vier unterschiedlichen Gemeindeverfassungstypen (Bayern, Nordrhein-Westfalen, Rheinland-Pfalz und Hessen) und erforscht die Wirkung auf die Strukturen in der Realität in vier Mittelstädten der Länder. Dabei wird die Methode der Befragung der Akteure mit vorstrukturierten Interviewleitfäden angewendet. Die Autoren kommen zu dem Ergebnis, „daß die Formalstruktur ... vielfach nur Möglichkeiten bietet, nicht aber die Nutzung der Möglichkeiten in eindeutiger Weise programmiert..."

11. *Deutscher Städtetag (Hrsg.): Privatisierung öffentlicher Aufgaben,*
Köln 1976, abgedruckt in: ÖTV: Zur Privatisierung öffentlicher Dienstleistungen, 4: Materialsammlung: Stellungnahmen von Parteien und politischen Institutionen, Wissenschaftliche Beiträge, Presseberichte, Stuttgart 1977, S. 44 ff.

Die vorliegende Studie soll aufzeigen, welche Probleme im Zusammenhang mit einer Privatisierung öffentlicher Aufgaben auftreten und welche Grundsätze und Kriterien vor der Entscheidung über die Privatisierung zu beachten sind. Zunächst werden die Organisationsformen und Wege der Privatisierung gezeigt und die dabei entstehenden Rechtsprobleme verdeutlicht. Nach

Prüfung auch der wirtschaftlichen, steuerlichen und politischen Gesichtspunkte einer Privatisierung bei den wichtigsten kommunalen Aufgabenbereichen kommt der Städtetag zu konkreten Vorschlägen für Privatisierungsmöglichkeiten. Auf jeden Fall muß der bei jeder Privatisierung darauf geachtet werden, daß Leistungsangebote nicht reduziert, Monopolbildungen vermieden, allen Einwohnern gleiches Benutzungsrecht zu gleichen Entgelten gesichert wird. Die Verträge sollten möglichst kurzfristig abgeschlossen werden.

12. *Henning Dunckelmann: Lokale Öffentlichkeit*
Stuttgart/Berlin/Köln/Mainz 1975
Diese Arbeit bereichert die Gemeindesoziologie vor allem um den Aspekt des Vereinslebens. Dieser umfaßt allerdings nur einen Teil der Arbeit. Daneben werden 'Kreise von Personen, die sich gelegentlich treffen', 'nachbarschaftliche Kontakte' und schließlich 'Bürgerinitiativen' betrachtet. Als lokale Öffentlichkeit sieht der Autor jene identitätsvermittelnden Kommunikationsprozesse an, die eine intensive Beteiligung ermöglichen und dabei weder von der familiären noch der beruflichen Lebenssphäre bestimmt sind. In der Untersuchung geht es in erster Linie um den „Planungsbetroffenen", also um den Bürger, in dessen private Lebensumstände die öffentliche Planung nachhaltig eingreift, und dessen Chance bürgerschaftlicher Identitätsbildung. Grundlage für diese Arbeit ist somit eine Befragung zu einer Vielzahl von Themenbereichen, so daß von ihr differenzierte Aussagen zu Einzelaspekten nicht erwartet werden können. Diese wird in einem ausführlichen Anhang von über 100 Seiten ausführlich dokumentiert.

13. *Hermann Elsner / Manfred Schüler: Das Gemeindefinanzreformgesetz,*
Hannover 1970
Diese „Einführung in die Gemeindefinanzreform und Erläuterungen zum Gemeindefinanzreformgesetz" stellt die Gemeindefinanzreform in den weiten Rahmen der historischen Entwicklung. Die wichtigsten Reformetappen werden vor allem im Hinblick auf ihre heutige Bedeutung interpretiert. Die Lage der Gemeinden vor der Gemeindefinanzreform wird beleuchtet und anschließend an Hand von Diskussionsbeiträgen von Kommissionen und Gutachtern aus Wissenschaft und Praxis Normen für ein optimales Gemeindesteuersystem herausgearbeitet und der Gang des Entscheidungsprozesses um die Gemeindefinanzreform 1969 im einzelnen nachgezeichnet.
Schließlich interpretieren und erläutern die Autoren die Neuregelungen in allen Einzelheiten. Neben den Originaltexten des geänderten Grundgesetzes (Art. 105—107) und dem Gesetz zur Neuordnung der Gemeindefinanzen (Gemeindefinanzreformgesetz) vom 8. Sept. 1969 bringt der Band in einem Anhang den Abdruck der Sonderregelungen in den einzelnen Bundesländern.

14. *Rainer Emenlauer / Herbert Grymer / Thomas Krämer-Badoni / Marianne Rodenstein: Die Kommune in der Staatsorganisation,*
Frankfurt 1974
Die vier Autoren haben aus unterschiedlicher gesellschaftskritischer Position Teilaspekte der kommunalen Politikforschung behandelt. Emenlauer thema-

tisiert die Probleme der lokalen Konfliktbewältigung und speziell die Frage, inwiefern die politisch-ökonomische Theorie dazu einen Beitrag leisten kann. Rodenstein geht dem Wandel der kommunalen Selbstverwaltung in der historischen Entwicklung nach, indem sie Neuregelungen nach dem damit verfolgten Zielen kritisch hinterfragt. Für die heutige Situation formuliert sie die These, daß sich Bund und Kommune gegenseitig legitimatorisch entlasten. Grymer befaßt sich mit dem Verhältnis von Zentralstaat und Kommune unter dem Aspekt der Funktionalität der Kommune im Gesamtstaat. Krämer-Badoni entwickelt eine kritische Position zur Krisentheorie von Offe, indem er ihm eine nach seiner Meinung folgenreiche Reformulierung von Marx vorwirft.

15. *Adalbert Evers / Michael Lehmann: Politisch-ökonomische Determinanten für Planung und Politik in den Kommunen der Bundesrepublik,*
Offenbach 1972

Die Autoren versuchen, aus neomarxistischer Sicht und mit der marxistischen Methode die Probleme der Kommunalpolitik zu klären. Sie untersuchen schwerpunktartig die Abhängigkeit der Kommunen von der wirtschaftlichen Entwicklung im Kapitalismus. Die unterschiedlichen Entwicklungschancen der Kommunen werden als Ausdruck der Widersprüche der herrschenden Wirtschafts- und Gesellschaftsordnung erkannt: so sind die meisten Einrichtungen für den gesellschaftlichen Bedarf nicht profitabel produzierbar. Auch die Verteilung von Stadt und Land wird auf einzelunternehmerische Entscheidungen zurückgeführt. In den Kommunen stellen die Autoren eine Verschlechterung der Lebensverhältnisse bei gleichzeitiger Schwierigkeit, die Aufgaben noch zu finanzieren, fest. Solange noch keine Umwälzung der Macht- und Einkommensverhältnisse stattgefunden habe, müsse der Staat dafür sorgen, diese Tendenzen zu kompensieren. In diesem Zusammenhang wird auf die wachsende Abhängigkeit von der staatlichen Politik verwiesen und die Rolle der Kommunen in den in diesem Zusammenhang notwendigen Planungsprozessen dargestellt.

16. *Dieter Fick: Haushaltsplan – Aufbau und Gliederung (I) (II)* in: Demo, 12/1977, S. 1063 - 1066, bzw. 1/1978, S. 18 - 19;
Verwaltungs- und Vermögenshaushalt, in: Demo, 2/1978, S. 92–95,
Infrastrukturmaßnahmen und Folgekosten (I), (II), in: Demo, 7/1977, S. 613–615 bzw. 8/1977, S. 692–696;
Maßstäbe für kommunale Gebühren, in: Demo, 12/1978, S. 1047–1051
Eine Einführung in die „Geheimnisse des Haushaltsplans", die eigentlich gar keine sind, ist hier in übersichtlicher Form gelungen. Die wichtigsten Begriffe werden erläutert und ihre Zusammenhänge erklärt. Zudem wird altes und neues Recht verglichen und Vorzüge von Neuregelungen erarbeitet. Die Beiträge zu Infrastrukturmaßnahmen und Folgekosten geben einen Überblick zur Bedeutung, Zusammensetzung und haushaltsrechtlichen Vorschriften für Investitionen und fassen außerdem Ergebnisse von Untersuchungen zusammen, die für den Bereich Folgekosten bislang vorliegen. Viel zu häufig wurde bisher von einem schier unstillbaren Bedarf für Einrichtungen in den Städten ausgegangen. Die kommunale Finanzsituation zwingt zum Umdenken. Neben einer geeigneteren Bedarfsermittlung können die Folgekosten

auch Orientierung sein. – Bei der Festlegung von Gebühren vermischen sich betriebswirtschaftliche (Bestimmung nach einem von der Verwaltungspraktikabilität nahegelegten Verteilungsschlüssel) und politische Maßstäbe. Gerichte haben wiederum die juristischen Grundlagen in vielfältiger Weise konkretisiert. Fick entwickelt auf dieser Grundlage Empfehlungen für die Praxis.

17. *Werner Freiberg: Grundfragen der Kommunalpolitik*
    Mainz 1970
    Das Buch will in leicht verständlicher Form eine erste Einführung in die Probleme der Kommunalpolitik geben. Den weitesten Raum nimmt dabei eine Darstellung der rechtlichen Grundlagen ein. Insoweit bleibt auch diese (sonst sehr verdienstvolle Darstellung) den von uns im Text kritisierten Überlieferungen verhaftet. Daneben enthält der Band aber auch eine Einführung in die politische Problematik der heutigen kommunalen Wirklichkeit und einen Abriß des jeweiligen Entscheidungsspielraums. Die häufig verbreitete These, daß Kommunalpolitik von technischen und organisatorischen Sachzwängen bestimmt sei, wird allerdings mit Nachdruck zurückgewiesen. Das Buch ist inhaltlich gut gegliedert und durch die Hervorhebung der wichtigsten Begriffe übersichtlich, an manchen Stellen vielleicht zu sehr von Wunschvorstellungen anstelle der tatsächlichen Gegebenheiten geleitet, z.B. beim Thema Kandidatenaufstellung und bei der Trennung zwischen Beschlußfassung und Ausführung der Beschlüsse. Am Schluß entwickelt Freiberg Gedanken für eine zeitgerechte kommunale Selbstverwaltung, ohne sich allerdings zu fragen, ob die Gemeinde heute noch Lehrmeisterin für Mitwirkung der Bürgerschaft und Demokratie sein kann.

18. *Rainer Frey (Hrsg.): Kommunale Demokratie*
    Bonn-Bad Godesberg 1976
    Die Beiträge dieses Bandes sind zwar mit einer Ausnahme als Materialien für Teamer entstanden, die das Curriculum Kommunalpolitik der Friedrich-Ebert-Stiftung einsetzen wollen. Das Interesse daran braucht sich aber nicht auf diesen Leserkreis zu beschränken. Neben einem Vergleich der Kommunalverfassungen (Frey/Holler) werden die wesentlichen Dimensionen kommunalen Handelns thematisiert und Restriktionen problematisiert, gegliedert in die Abschnitte „Politikverflechtung", kommunale Organe im politischen Willensbildungsprozeß (Holler/Naßmacher) und „Kommunale Öffentlichkeit" (Helmke/Naßmacher). Während bislang eindeutig die Interpretation von Gesetzestexten überwog, wird hier das kommunale Handlungsfeld aus politikwissenschaftlicher Sicht beleuchtet. Somit trägt der Bund dazu bei, den tatsächlichen Handlungsabläufen in der Kommunalpolitik ein wenig näher zu kommen. Dies gilt natürlich für die einzelnen Beiträge in unterschiedlicher Weise. Wilhelm Ribhegge ergänzt den Band durch die Kommunalgeschichte seit 1918.

19. *John K. Friend / W. Neil Jessop: Entscheidungsstrategie in Stadtplanung und Verwaltung,*
    Düsseldorf 1973
    Dies Buch ist eine gekürzte Fassung einer englischen Studie. Die Forscher haben sich zum Ziel gesetzt, betriebswirtschaftliche Lösungen für Problem-

stellungen in der Verwaltung vorzuschlagen, um dadurch komplexe Entscheidungen, wie sie z.b. bei Planungsprozessen anliegen, wirksamer als bisher treffen zu können, ohne dabei demokratische Normen zu verletzten. Das Buch basiert auf empirischen Untersuchungen in der Stadt Coventry, die insbesondere teilnehmende Beobachtung beinhaltete, und beginnt mit einer Bestandsaufnahme des Organisations- und Planungsprozesses in Coventry. Hierbei werden Charakteristika herausgearbeitet: Bezeichnend sind Unsicherheiten im Planungsprozeß. Die drei Fallstudien – es handelt sich um fiktive Beispiele – sollen vor allem aufzeigen, wie Planungsprozesse effizienter ablaufen können hinsichtlich Entscheidungsmethodik und darauf abgestimmter Organisationsstruktur. Dabei kommt die politische Dimension des Planungsprozesses nicht zu kurz. So wird z.b. die Bedeutung von Alternativplanungen und die Wirkung von Planungen auf die Betroffenen diskutiert.

20. *Dietrich Fürst: Kommunale Entscheidungsprozesse,*
Baden-Baden 1975
Im Mittelpunkt dieses Buches steht die grundsätzliche Problematik der Informations- und Interessenverarbeitung in demokratischen Entscheidungsprozessen am Beispiel der Kommunalpolitik. Die Beschreibung der Strukturen und Prozesse politischer Auseinandersetzungen zwischen kommunaler Verwaltung und Institutionen lokaler Öffentlichkeit wird eingebettet in ein systemtheoretisches Raster. Dabei erliegt der Autor zuweilen der Gefahr, die Ergebnisse empirischer (vorwiegend amerikanischer) Untersuchungen mit einer gewissen Willkür zur Illustration seiner theoretischen Aussagen heranzuziehen. Gelegentlich wird – wie häufig in der Kommunalwissenschaft – die Wiedergabe juristischer Normen mit einer Beschreibung der kommunalpolitischen Wirklichkeit verwechselt. Dem Gesamtergebnis der Studie, daß kommunale Entscheidungsprozesse dem Einfluß selektiver Strukturen der Informationsaufnahme und Interessenwahrnehmung unterliegen, kann sicherlich auch der kommunal politische Praktiker zustimmen. Verankert sieht Fürst solche Strukturen in der Verwaltung ebenso wie in ihrem politischen Umfeld durch gesellschaftliche Normen, die Rekrutierung kommunalpolitischen Personals sowie die bestehenden Organisations- und Kommunikationsstrukturen.

21. *Rainer Funke: Organisationsstrukturen planender Verwaltungen, dargestellt am Beispiel von Kommunalverwaltungen und Stadtplanungsämtern,*
Bonn-Bad Godesberg 1974
Diese empirische Untersuchung beruht auf einer Analyse von 52 Planungsämtern von Gemeinden verschiedener Größenordnungen. Auswertungsbasis sind schriftliche Umfrage, Geschäftsverteilungspläne und Organisationspläne. Funke beschreibt unter Heranziehung umfangreicher sozialwissenschaftlicher Literatur zunächst Planungsprozesse und stellt die These auf, daß solche Prozesse nur durch multiorganisatorische Strukturen angemessen zu bewältigen sind. Die Ergebnisse der empirischen Untersuchung fördern detaillierte Erkenntnisse über die Kommunikationsstrukturen innerhalb der örtlichen und in der Beziehung zu überörtlichen Verwaltungen zutage. Hervorgehoben wird die zentrale Bedeutung der Bauleitplanung für die Stadtentwicklungsplanung. Bauleitplanung findet dezentralisiert statt, und eine

Vielzahl von mehr oder weniger voneinander unabhängigen Organisationseinheiten sind daran beteiligt. Stadtentwicklungsplanung sollte diese Kommunikationsstrukturen nicht zerstören, sie sollte nicht der Bauleitplanung übergeordnet werden, sondern Bauleitplanung ergänzen um die Dimensionen „Geld" und „Zeit".

22. *J. M. Gleitze/R. R. Klein: Grundlagen kommunaler Finanzpolitik. Das System der kommunalen Einnahmen (I, II),* in: Das Wirtschaftsstudium (WISU), 3/74, S. 123–127; 4/74, S. 179–183

Dieser Aufsatz enthält in sehr übersichtlicher Darstellung sowohl die Entwicklung des Gemeindehaushaltssystems wie auch einen systematischen Überblick über seinen jetzigen Stand. Der geschichtliche Abriß umspannt den weiten Bogen vom Mittelalter über die Stein'sche Städteordnung, die Erzbergersche Finanzreform von 1919/20, die Situation im nationalsozialistischen Deutschland sowie die Grundzüge der Entwicklung in der Bundesrepublik. Diese Jahre werden aufgeschlüsselt und mit Zahlenmaterial belegt. Den Hauptteil der Aufsätze nimmt somit die Darstellung und Diskussion der Haupteinnahmequellen der Gemeinden ein. Fragen problematisieren und vertiefen die Ausführungen. Schließlich gehen die Autoren noch auf Mängel im Gemeindefinanzsystem ein. Die Aufsätze sind zwar als Beiträge zum Grundstudium für Wirtschaftsstudenten geschrieben, dürften aber auch anderen an Kommunalpolitik Interessierten einen systematischen Überblick über Grundlagen und Problematik verschaffen.

23. *Rolf-Richard Grauhan: Politische Verwaltung,*
Freiburg 1970

Ziel dieser Arbeit ist es, Ansätze für eine Theorie der politischen Verwaltung zu gewinnen. Deshalb untersucht der Autor die Stellen der kommunalen Willensbildung, in denen tatsächlich zwischen Handlungsalternativen entschieden wird. Für seine Untersuchung wählt er einen institutionellen Ansatz. Da der Oberbürgermeister als Leiter der Gemeindeverwaltung zwischen politischen und administrativen Institutionen eine Mittlerposition einnimmt, schien dem Autor die Stellung des Oberbürgermeisters gegenüber Verwaltung, Gemeindevertretung und Bürgerschaft für das Forschungsziel besonders ergiebig. Die Untersuchung stützt sich auf reiches empirisches Material, das in jahrelanger Forschungstätigkeit insbesondere durch Befragungen gewonnen wurde, und auf umfangreiche Vorstudien. Die Ergebnisse werden zu einem vorläufigen Modell von Entwicklungstendenzen für die untersuchten Gemeindeverfassungen zusammengefaßt. Damit bietet Grauhan aber bereits mehr als nur „Materialien zu einer Theorie der politischen Verwaltung".

24. *Rolf-Richard Grauhan (Hrsg.): Großstadt-Politik,*
Gütersloh 1972

Grauhan versucht hier, den internationalen Stand der wissenschaftlichen Arbeit zur Großstadtpolitik zu dokumentieren. Gude unternimmt den Versuch, aus der Analyse der Geschichte der europäischen Stadt zum Verständnis der heutigen Stadtformen vorzudringen. Long begreift die örtliche Gemeinschaft als Überlappungsraum pluraler Spiele, Banfield und Wilson lokalisieren Konflikte im städtischen Raum. Weiterhin werden die Verflechtung der lokalen politischen Organisation thematisiert und Wege zu deren Erforschung aufgezeigt, z.b. indem zwischen der Politik der Verflechtungsräume und der internationalen Politik Verbindungen gesucht werden. Der Band enthält außerdem wesentliche Beiträge zum politischen Willensbildungsprozeß in der Großstadt (Grauhan und Banner). Weiterhin werden Teilaspekte der kommunalen Politik herausgegriffen: Stadt- und Verkehrsplanung. Offe grenzt Sachzwänge in der Kommunalpolitik ab und systematisiert sie. Die meisten Beiträge zeichnen sich durch hohes theoretisches Niveau aus.

25. *Rolf-Richard Grauhan (Hrsg.): Lokale Politikforschung 1 und 2,*
Frankfurt/New York 1975

Den Autoren ging es vor allem darum, den Stellenwert lokaler politischer Ereignisse und Problemlagen im gesellschaftlichen Gesamtsystem in den wissenschaftlich Blick zu rücken und neue Fragestellungen vorzuschlagen. Die Beiträge wenden sich bewußt ab von der Diskussion des kommunalpolitischen Systems, das sich in der Institution der kommunalen Selbstverwaltung konkretisiert und wählen als zentrale Analysekategorie die Agglomerationsbildung, die bedingt ist durch das Zusammenwirken der drei Politiken auf Bundes-, Landes- und Kommunalebene, und die damit zusammenhängenden Konflikte (theoretische Darstellung vor allem im 1. Band). Das „lokale Feld" wird zum Zwecke empirischer Konkretisierung benutzt, in dem sich akute Belastungen als Folge des Zusammenwirkens der Politiken ergeben. Dies wird u.a. dargestellt am Beispiel des städtischen Bodens (Faßbinder) (Band 1) oder den Fällen zur Stadtentwicklungspolitik: Bremen (Billerbeck), Heidelberg (Wollmann) und Berlin: „Steglitzer Kreisel" (Hilterscheid/Lenke) (Band 2). Die Zielsetzung dieser Bände macht deutlich, daß sich die Autoren von einem hohen theoretischen Niveau her den konkreten Problemen in städtischen Räumen nähern wollen, um Hintergründe auszuloten.

26. *Rolf-Richard Grauhan / Wolf Linder: Politik der Verstädterung,*
Frankfurt 1974

Die Ergebnisse eines Forschungsprojekts über „Regionalpolitische Entscheidungsprozesse im Verflechtungsraum München", das 1969 – 1972 an der Universität Konstanz von Grauhan, Green, Linder und Strubelt bearbeitet wurde, werden hier in einen theoretischen Zusammenhang eingebettet. Der Bezugsrahmen umfaßt insbesondere die ökonomischen Bestimmungskräfte des Verstädterungsprozesses und seine Wirkungen auf die Verteilung sozialer Vorteile und Lasten sowie auf die Rolle des Staatsapparates. Diese Einordnung ermöglicht es, städtische Fehlentwicklungen nicht als Probleme einer örtlichen Gemeinschaft, sondern als Erscheinungsformen gesamtgesellschaftlicher Strukturprobleme zu untersuchen. Der Bezug auf die konkreten Münchener Beispiele (Stadtentwicklungsplan, Nahverkehrssystem, Großflughafen und Kerngebietserweiterung) ermöglicht die Verknüpfung von theoretischen Konzepten und empirischer Analyse. Dadurch entgeht der Band der Gefahr, in eine ermüdende Exegese politökonomischer Kernthesen abzugleiten.

27. *Hans-Arthur Haasis: Kommunalpolitik und Machtstruktur,*
    Frankfurt 1978

Die Erforschung gemeindlicher Machtstrukturen ist seit den fünfziger Jahren ein festetabliertes Thema der empirischen Sozialforschung. Zunächst in den USA zu konzeptioneller und methodologischer Reife entwickelt, dann durch die Arbeiten von Ammon (Nr. 2) und Zoll (Nr. 69) für den deutschen Sprachraum rezipiert, durch einige Arbeiten in den sechziger Jahren auch in Deutschland eingesetzt, schien sie mit dem Aufkommen einer mehr politökonomisch orientierten Forschung (vgl. Nr. 25) hinfällig geworden. Durch eine systematische Sekundäranalyse von in Deutschland (zwischen 1968 und 1977) durchgeführten, politikwissenschaftlich bedeutsamen, empirischen Gemeindestudien belegt der Autor Aktualität und Relevanz der Fragestellung. Die Darstellung der amerikanischen Entwicklung und dortiger Sekundäranalysen liefert den Hintergrund und entfaltet den konzeptionellen Bezugsrahmen, der nach einer knappen Darstellung der wissenschaftsgeschichtlichen Entwicklung in Deutschland mit eindrucksvollem Ergebnis auf die genannten Studien angewandt wird. Für vorwiegend an der Forschungsarbeit Interessierte der gegenwärtig beste Einstieg in den Themenkreis.

28. *Horst Haenisch/Klaus Schröter: Zum politischen Potential der Lokalpresse,*
    in: Ralf Zoll (Hrsg.): Manipulation der Meinungsbildung, Opladen 1971

Der Beitrag unterrichtet über die Ergebnisse eines Forschungsvorhabens im Rahmen der Wertheim-Studie (vgl. unten Nr. 70). Die Besonderheit dieser baden-württembergischen Kleinstadt mit ca. 12 000 Einwohnern im Hinblick auf die Lokalzeitungen besteht in einer überraschend hohen Zahl redaktionell voneinander unabhängiger Lokalzeitungen (insgesamt vier Mantelzeitungen mit unterschiedlicher Auflagenhöhe). Keinesfalls ist also die monopolistische Struktur der örtlichen Presse Ursache für die bemerkenswerten Befunde im Hinblick auf die Strukturen lokaler Öffentlichkeit und das geringe Ausmaß an kommunalpolitischer Meinungsvielfalt. Sprachlich ist der Bericht zuweilen schwer zugänglich. Dennoch vermittelt er eine Fülle von Einsichten, die zumindest wesentliche Probleme der Lokalpresse, ihrer Arbeitsweise und Informationsgebung auch für andere Orte aufzeigen. Für Wertheim werden die von den Autoren entwickelten Thesen durch die Ergebnisse einer quantitativen und qualitativen Inhaltsanalyse im einzelnen belegt. Vergleichbare Untersuchungen liegen leider nicht vor; die Ergebnisse dürften aber kaum grundsätzlich anders ausfallen.

29. *Handbuch: Der Kreis, hrsg. vom Verein für die Geschichte der Deutschen Landkreise,*
    Band I, Köln/Berlin 1972; Band II, Köln/Berlin 1976

Die ersten beiden Sammelbände dieses Handbuchs befassen sich mit „Ursprung, Wesen und Wandlung des Kreises als Institution" bzw. „Verwaltungsorganisation und Finanzsystem der Kreise". Zwei weitere Bände sind geplant „Die Aufgabenstellung der Kreise" und „Die Aufgabenstellung der höheren Kommunalverbände". Die vorliegenden Sammelwerke unterrichten grundlegend über die Institution unter organisatorischem Aspekt (Verwaltungsaufbau, Personalwesen), informieren über Möglichkeiten der Aufgabenwahrnehmung (sowie Wandlungen im Hinblick auf mehr Planung innerhalb der Verwaltung) und die Finanzausstattung der Kreise und deren historischer Entwicklung. Die Beiträge sind von Verwaltungspraktikern und Juristen verfaßt, somit steht die juristische Betrachtungsweise stark im Vordergrund. Eine umfassende politikwissenschaftliche Analyse der Kreise steht noch aus, dennoch bieten die Bände dafür eine wesentliche Grundlage.

30. *Hans Heuer: Sozioökonomische Bestimmungsfaktoren der Stadtentwicklung,*
Stuttgart/Berlin/Köln/Mainz 1975
Das Wachstum der Städte ist mit tiefgreifenden Strukturwandlungen und zunehmend schwerer lösbaren Problemen verbunden. Will die Stadtentwicklungspolitik diese Probleme zielgerichtet in den Griff bekommen, so gilt es zu klären, welche Einflußgrößen den Entwicklungsprozeß bestimmen und wie diese zusammenwirken. Diese Bestimmungsfaktoren sind nach Ansicht des Autors vor allem im wirtschaftlichen Bereich zu suchen. Da eine umfassende Theorie der Stadtentwicklung bislang nicht vorliegt, werden die Erkenntnisse einzelner Erklärungsversuche der Wirtschaftswissenschaften zusammengefaßt und zu Hypothesen verdichtet. Im Mittelpunkt der Analyse stehen das städtische Arbeitskräftepotential, die unternehmerische Standortwahl und die Investitionstätigkeit der Kommunen. Die abgeleiteten Ergebnisse werden schließlich dazu benutzt, die bestehenden Unterschiede zwischen Großstädten in der Höhe des wirtschaftlichen Entwicklungsstandes und im Entwicklungstempo quantitativ zu analysieren. Die Ausführungen sind für alle, die sich mit Stadtentwicklungsfragen in der Kommunalpolitik befassen wollen, grundlegend.

31. *Hans Heuer / Rudolf Schäfer: Stadtflucht,*
Stuttgart/Berlin/Köln/Mainz 1978
Mit „Stadtflucht" wird ein Problem bezeichnet, dem sich die Verantwortlichen in den Städten noch weitgehend hilflos gegenübersehen. Sie sind darauf angewiesen, die Folgen der Abwanderung ins Umland (u.a. soziale Segregation, Verödung der Innenstädte) von meist jüngeren und besser verdienender Bevölkerung in Grenzen zu halten. Das Buch zeigt auf der Grundlage einer Analyse von Ursachen und Problemen das – überwiegend erst neuerdings – zur Verfügung stehende Steuerungspotential in rechtlicher, finanzieller und planerischer Sicht in verständlicher Form auf und gibt einen differenzierten Überblick über die Einsatzmöglichkeiten. Dies beinhaltet gleichzeitig eine Analyse von Defiziten dieses Instrumentariums: Anwendungsmöglichkeiten und erwartete Wirkungen werden kritisch beleuchtet.

32. *Jens Joachim Hesse: Organisation kommunaler Entwicklungsplanung,*
Stuttgart/Berlin/Köln/Mainz 1976
Hier werden neben einer Begründung und der Formulierung von Erwartungen an eine kommunale Entwicklungsplanung Ergebnisse einer Untersuchung vorgestellt, die sich mit der Organisation kommunaler Planungsprozesse befaßt. In vier größeren und sieben ergänzenden empirischen Fallstudien in Städten unterschiedlicher Größenordnung ging es vor allem um die Einbindung der Entwicklungsplanung in die bestehende Verwaltungsstruktur. Die Ergebnisse gestatten eine exemplarische Vertiefung der Hypothesen zum Anspruch der Entwicklungsplanung und ein Aufzeigen von Defiziten bisheriger Verwirklichungsstrategien im Zusammenhang mit tradierten Organisationsmustern der Verwaltung.

33. *Paul Kevenhörster (Hrsg.): Lokale Politik unter exekutiver Führerschaft*,
    Meisenheim a.G. 1977
Der Band will einen Überblick zum Stand der politikwissenschaftlichen Auseinandersetzung mit der Gemeinde geben. Lokale Politikforschung wird in den einzelnen Beiträgen als politikwissenschaftliche Gemeindeforschung verstanden: Politik in der Handlungseinheit Gemeinde ist nicht nur Paradigma für eine Analyse des Agglomerationsprozesses, sondern eigener Gegenstand. Die meisten Beiträge sind im Zusammenhang mit einem Symposion der Studiengruppe für lokale Politikforschung entstanden. Dennoch ist der Band kein Tagungsbericht im üblichen Sinne, sondern eine Sammlung wichtiger Einzelbeiträge zu den Themenkreisen kommunalpolitisches Handeln und demokratische Legitimation, Kommunalpolitik im föderalistischen System, kommunale Entscheidungsstrukturen und Politikinhalte, der durch einen systematischen Überblick des Herausgebers hervorragend eingeleitet und durch eine umfangreiche (leider nicht kommentierte) Bibliographie abgerundet wird.

34. *Richard R. Klein / Engelbert Münstermann: Gemeindefinanzbericht 1978*,
    in: Der Städtetag 1/1978, S. 2 – 22
Der alljährlich erscheinende Finanzbericht in der Zeitschrift des kommunalen Spitzenverbandes bringt sowohl allgemeine Orientierungsdaten über gemeindeinterne Entwicklungen wie die gesamtwirtschaftliche Lage, eine Diskussion der finanziellen Entwicklung im Zeitablauf sowie eine Prognose für das kommende Jahr. Tabellen, Diagramme und Schaubilder veranschaulichen die Analysen. Zudem wird in der Regel ein Schwerpunktthema behandelt. 1978 steht die Rolle der Gemeinden in der Konjunkturpolitik im Mittelpunkt der Betrachtung. Als problematisch stellen die Verfasser vor allem die sich mehrenden Investitionshemmnisse heraus, hier vor allem die zunehmenden bürokratischen Investitionsbarrieren, die an den Beispielen Schulbau und Baugenehmigungsverfahren demonstriet werden. Weiterhin wird die Effizienz von Konjunkturprogrammen angezweifelt und Reformansätze zur Verbesserung der Finanzausstattung diskutiert. Die Berichte vermitteln Maßstäbe zur Beurteilung der Finanzsituation aus der Sicht des zentralen Interessenverbandes der Städte.

35. *Paul von Kodolitsch: Gemeindeverwaltungen und Bürgerinitiativen*,
    in: AfK, II/1975, S. 264 – 278.
Der Aufsatz interpretiert Ergebnisse einer Untersuchung, die 1972/73 in Mitgliedsstädten des Deutschen Städtetages durchgeführt wurde. Deren Verwaltungen wurden nach der Mitgliederstruktur, den Beziehungen zur Gemeindeverwaltung und den Aktionsformen der Bürgerinitiativen befragt. In der Verwaltung stießen sie zunächst auf Ablehnung, zum Zeitpunkt der Untersuchung ist die Haltung dazu eher als zwiespältig zu bezeichnen. Die Verwaltungen haben über die grundsätzliche Kooperationsbereitschaft hinaus kaum Anstrengungen unternommen, die Kommunikation mit Bürgerinitiativen sicherzustellen und damit – so von Kodolitsch – versäumt, die Chancen, die Bürgerinitiativen zur Einübung von Bürgerbeteiligung bieten, wahrzunehmen. Verwaltungen schienen auch unzureichend über Bürgerinitiativen informiert. Die Bürgerinitiativen, die am ehesten die Chance hatten, von der Verwaltung gefördert zu werden, bestanden schon längere Zeit und bemühten sich, die Ver-

waltungen durch soziale Einrichtungen zu entlasten. Das Konfliktpotential der Bürgerinitiativen wird häufig falsch eingeschätzt. Ihre Aktionsfelder lassen sich am häufigsten den Bereichen Umweltschutz und Stadtentwicklungsplanung zuordnen.

36. *Arnold Köttgen: Kommunale Selbstverwaltung zwischen Krise und Reform,*
Stuttgart/Berlin/Köln/Mainz 1968
Diese Sammlung von Aufsätzen eines bekannten Kommunalwissenschaftlers mit eindeutig rechtswissenschaftlicher Orientierung bildet eine Art wissenschaftliches Vermächtnis. Sie wurde vom Vorläufer des heutigen Difu zu Ehren eines seiner Gründer nach dessen Tod zusammengestellt und umfaßt insgesamt 12 Beiträge, beginnend mit der bekannten Schrift zur „Krise der kommunalen Selbstverwaltung" (1931) und endend mit einer Abhandlung im Vorfeld des heutigen Stabilitätsgesetzes (1966). Die Beiträge kreisen um die Stellung der Gemeinden im Dreiecksverhältnis von Staat, Wirtschaft und Parteien, betreffen also alle Themenfelder, die von der deutschen Kommunalwissenschaft traditionell bearbeitet werden: Staatsaufsicht, Auftragsangelegenheiten, Gemeindevertretung, Satzungsrecht, Wählervereinigungen, wirtschaftliche Betätigung. Besonderes Interesse hat der Verfasser mit zwei Beiträgen (aus den Jahren 1935 bzw. 1964) der ländlichen Gemeindeverwaltung gewidmet. Der programmatische Beitrag zur Gründung des AfK rundet einen Band ab, der in eindrucksvoller Weise den Zugang zur Kontinuität des deutschen Selbstverwaltungsverständnisses erschließt.

37. *Konrad-Adenauer-Stiftung, Institut für Kommunalwissenschaften (Hrsg.): Strukturprobleme des lokalen Parteiensystems,*
Bonn 1975
Die Beiträge dieses Bandes befassen sich mit den Funktionen der Parteien in der Kommunalpolitik und deren Wahrnehmung. Gabriel sichtet die Argumente, die die Perzeption des gegenwärtigen Parteiensystems widerspiegeln und skizziert die gegenwärtige Forschungslage. Kreiter diskutiert die Rolle der Parteien in der Entwicklungsplanung, wobei er davon ausgeht, daß die stärkere Betonung des Politischen in kommunalen Entscheidungsprozessen die Parteien mehr fordert. Der Autor setzt sich mit Vorschlägen gezielter Aufgabenwahrnehmung auseinander. Die weiteren Beiträge des Bandes von Ronneberger/Walchshöfer (Parteien als Kommunikationssysteme), Mathias Schmitz (Parteien als Partizipationssysteme), Manfred Hättich (Parteien als Integrationssystem) und Peter Haungs (Funktionsoptimierende Strukturen lokaler Parteiorganisationen) gehen den hier angesprochen Funktionen im einzelnen nach. Die Forschungsansätze sind dabei unterschiedlich, z.T. systemtheoretisch orientiert oder greifen die Fragestellung eher praxisnah auf.

38. *Dietrich Kühn: Kommunale Sozialplanung,*
Stuttgart 1975
Der Autor geht in seinem Beitrag von einem umfassenden Begriff der Sozialplanung aus: Er sieht Sozialplanung als Instrument der gesellschaftlichen Entwicklung. Sozialplanung erstreckt sich allerdings erst auf wenige Bereiche der Sozialpolitik. Kühn diskutiert in diesem Band zwei Schwerpunkte: Sozial-

planung als Stadtplanung und kommunale Sozialfürsorgeplanung. Die gesetzlichen Grundlagen sind Anhaltspunkte für Anzeichen einer Sozialplanung auf den verschiedenen staatlichen Ebenen. Der Autor weist auf Schwächen hin, wie sie besonders im lokalen Bereich ihren Ausdruck finden. Gleichzeitig stellt sich aber auch heraus, daß die Stufe der reinen Anpassungsplanung überschritten ist. Im zweiten Teil gibt der Autor konkrete Hinweise zum Aufbau einer Sozialplanung. Er vermittelt dem Leser einen Überblick über mögliche organisatorische Regelungen wie sie in verschiedenen Städten praktiziert werden und stellt einzelne Planungsstufen und Planungsmethoden vor. Der politische Prozeß wird dabei weitgehend vernachlässigt. Das Buch ist von einem Planungspraktiker (der Autor ist Stadtentwicklungsreferent) geschrieben.

39. *Rolf-Peter Lange (Hrsg.): Zur Rolle und Funktion von Bürgerinitiativen in der Bundesrepublik und West-Berlin,*
in:ZParl, Heft 2/1973 (4. Jg.), S. 247 – 286

Bislang liegen kaum gesicherte Forschungsergebnisse über Bürgerinitiativen vor. Hier werden Ergebnisse einer Primärerhebung vermittelt, die u.a. dazu dienen können, Forschungsfragen über Bürgerinitiativen zu entwickeln. Es handelt sich um quantitative Ergebnisse z.B. zur Gründung und Entstehung, Binnenstruktur, Zielsetzungen und Erfolgsdimensionen bzw. gesellschaftlichen Wechselbeziehungen. Die Einzelergebnisse werden vorläufig zu Thesen zusammengefaßt, deren wesentliche Inhalte lauten: Bürgerinitiativen vertreten fast ausschließlich die Interessen der neuen Mittelklasse, es organisieren sich fast ausschließlich die unmittelbar Betroffenen. Sie sind dann am erfolgreichsten, wenn sie sich auf kurzfristige, konkrete Einzelziele richten; für allgemeine politische Aktivitäten fehlen ihnen schon die organisatorischen Voraussetzungen. Nach Meinung der Verfasser haben die Bürgerinitiativen nur dann eine Chance, wenn die Verwaltung Alternativplanungen vorlegt. Politisch folgenreich könnten Bürgerinitiativen nach Meinung der Autoren nur dann werden, wenn sie Bewußtsein der politisch-strategischen Dimension ihrer Arbeit entwickeln.

40. *Gerhard Lehmbruch: Der Januskopf der Ortsparteien,*
in: Der Bürger im Staat, Heft I/1975 (25 Jg.), S. 3 – 8

Welche Rolle spielen Parteien in der Lokalpolitik? Lehmbruch differenziert nach Ländern und Städtegrößen. Er geht aus von der kleinen Gemeinde bäuerlicher Prägung mit der charakteristischen Vorliebe der Bestimmung von Gemeinderäten durch Mehrheitswahl. Hier schätzt er die Bedeutung der Parteien in der Lokalpolitik als sehr gering ein: In der kleinen Gemeinde werde die Partei nicht so sehr als Orientierungshilfe gebraucht, denn neben den Parteien spielen unabhängige und freie Wählergemeinschaften noch eine wichtige Rolle. Den örtlichen Parteiengruppen billigt er eher eine überlokale Funktion zu. So könne es sogar zum Konflikt zwischen „parteilosen" Urteils- und Selektionskriterien der Lokalebene und der großen Politik kommen. Auch aus diesem Grunde lasse die politische Effizienz der lokalen Parteiorganisation so sehr zu wünschen übrig: der Gegensatz zwischen lokaler und überlokaler Orientierung könne die Aktivität lahmlegen. Ein solcher Konflikt sei am ehesten in der Großstadt nicht vorhanden.

41. *Hans Müthling: Haushaltslexikon des Gemeindevertreters,*
Bonn-Bad Godesberg 1973
Die politische Relevanz des Haushaltsrechts und der Haushaltsberatung ist unter politikwissenschaftlicher Fragestellung noch wenig erforscht. Allenfalls wird einerseits auf die Bedeutung der Etatberatungen hingewiesen, gleichfalls von seiten der Mitglieder der Vertretungskörperschaften deren faktische Irrelevanz bedauert. Zudem spielen sich die Diskussionen über Grundsatzprobleme unter Experten ab, während die meisten Ratsmitglieder darauf verwiesen sind, über Einzelpositionen auf der Basis der Ansätze des letzten Jahres zu diskutieren. Bei mangelndem Sachverstand der meisten Mitglieder der Vertretungskörperschaft ist es für die Verwaltung leicht, sich auf rechtliche Positionen zurückzuziehen. Ein Haushaltslexikon wird damit zum unentbehrlichen Hilfsmittel für die politische Arbeit. Es kann dazu beitragen, die Verständigungsschwierigkeiten zwischen Rat und Verwaltung abzubauen. In diesem Haushaltslexikon werden auch volkswirtschaftliche Zusammenhänge kurz behandelt, die für die Etatberatungen von Bedeutung sind.

42. *Karl-Heinz Naßmacher: Funktionen politischen Personals in lokalen Vertretungskörperschaften (Kommunalparlamenten),*
in: ZParl, Heft 4/1973 (4. Jg.), S. 550 – 566
An Hand von Ergebnissen einer Befragung aller Stadtverordneten der Großstadt Wuppertal untersucht der Verfasser zunächst die soziale Struktur des Stadtrates und die Kriterien der Kandidatenaufstellung. Im Mittelpunkt der Arbeit stehen die Kontrollaufgaben des Stadtrates und der Informationsfluß zwischen den Stadtverordneten einerseits und der Stadtverwaltung, lokalen Institutionen sowie einzelnen Bürgern andererseits. Der Analyse liegen eine Einschätzung der verschiedenen Informationsquellen durch die befragten Stadtverordneten und Angaben über ihren Zeitaufwand für verschiedene Aktivitäten zugrunde. Dabei zeigt sich, daß der Binnenkontakt zwischen Rat und Verwaltung nicht nur den größten Teil des kommunalpolitischen Zeitbudgets in Anspruch nimmt, sondern auch von den Stadtverordneten als besonders informativ eingeschätzt wird.

43. *Karl-Heinz Naßmacher (Hrsg.): Kommunalpolitik und Sozialdemokratie,*
Bonn-Bad Godesberg 1977
Dieser Sammelband, zu dem Wissenschaftler und Praktiker Beiträge geliefert haben, enthält aus sozialdemokratischer Perspektive Ausführungen, die entweder eine parteispezifische Reflexion kommunalpolitischer Aufgaben und Erfahrungen und eine vergleichende Betrachtung einzelner kommunalpolitischer Themenfelder bieten. Für Leser, die an spezifisch sozialdemokratischen Positionen weniger interessiert sind, bieten vor allem drei Beiträge wichtige Anregungen: der Vergleich der kommunalpolitischen Grundsatzprogramme der im Bundestag vertretenden Parteien (Wolfgang Holler: Ziele und Rahmenbedingungen kommunaler Politik), die Analyse der Rahmenbedingungen und Handlungsmöglichkeiten kommunaler Politik im Konflikt mit staatlichen Institutionen (Anton Pelinka: Kommunalpolitik als Gegenmacht – das rote Wien als Beispiel gesellschaftsverändernder Reformpolitik) und der Bericht über erste Erfahrungen mit dem bislang wichtigsten Versuch zur Dezentralisierung bei den Institutionen kommunaler Selbstverwaltung (Dietrich

Thränhardt: Die Bezirksverfassung in den Groß-Städten Nordrhein-Westfalens).

44. *Martin Neuffer: Entscheidungsfeld Stadt,*
    Stuttgart 1973

Die Dominanz zwingender sachlogischer Überlegungen in der Kommunalpolitik erscheint häufig noch als gegeben. Neuffer weist demgegenüber in den verschiedenen Bereichen der Kommunalpolitik Handlungsspielräume unter Zugrundelegung des freiheitlich-egalitären Wertesystems auf. Aus der Sicht der kommunalen Leitungsposition des Oberstadtdirektors werden die in diese Richtung formulierten Lösungsvorschläge diskutiert und auf ihre Praxisrelevanz geprüft. Dies geschieht einerseits unter dem Aspekt der individuellen Bedürfnisbefriedigung bei gleichzeitiger Beachtung des Leitgedankens des sozialen Ausgleichs und andererseits unter dem Gesichtspunkt der gesellschaftlichen Belastungen. So entwickelt der Autor auf der Grundlage dieses Wertsystems ein umfassendes kommunalpolitisches Programm. Weiterhin werden die Verzahnungen der Einzelaspekte im Städtebau und der Stadtentwicklungsplanung aufgezeigt, Möglichkeiten der Reform des politischen Willensbildungsprozesses aufgewiesen und Fragen der Leistungsfähigkeit der Kommune diskutiert. In diesem Zusammenhang wird auch der angeblich ständig wachsende Bedarf kritisch beleuchtet.

45. *Niedersächsischer Minister des Innern (Hrsg.): Niedersächsische Sachverständigenkommission zur Fortentwicklung des Kommunalverfassungsrechts – Bericht,*
    Köln/Berlin/Hannover u.a. 1978

In der Sachverständigenkommission haben unter dem Vorsitz des Rechtswissenschaftlers Thieme (Hamburg) 18 Praktiker aus Politik und Verwaltung in wechselnder Besetzung mitgearbeitet. Neben Landtagsabgeordneten gehörten dazu Vertreter der kommunalen Spitzenverbände (Verwaltungschefs und Mandatsträger) sowie Vertreter der Landesverwaltung. Nach fast dreijähriger Arbeit hat die Kommission eine umfassende, wenn auch stark juristisch geprägte, Bestandsaufnahme zur Lage der kommunalen Selbstverwaltung vorgelegt. Der Bericht umfaßt auftragsgemäß die Stellung der Gemeinden im Staat ebenso wie das Verhältnis der kommunalen Gebietskörperschaften zueinander, die innere Gemeindeverfassung und das Verhältnis des Bürgers zu seiner Gemeinde. Gerade weil die politische Wirksamkeit des Ergebnisses durch Regierungswechsel, Kreisreform und Wahlen in hohem Maße überlagert wurde, sollte das kommunalwissenschaftliche Ergebnis von kommunalpolitisch Interessierten auch in anderen Bundesländern gewürdigt und genutzt werden. Das gilt insbesondere für die Ausführungen zum Verhältnis von Staat und Gemeinde sowie zur Mitwirkung des Bürgers in der Gemeinde.

46. *Hans Pagenkopf: Einführung in die Kommunalwissenschaft,*
    Münster, 3. Aufl., 1975

Das Lehrbuch stellt auf der Grundlage des neuesten Standes der Rechtsentwicklung die Stellung der Gemeinde im Staatsgefüge und ihre innere Ordnung in einem systematischen Überblick dar. Zuvor gibt der Autor eine Einordnung der Kommunalwissenschaft in das Wissenschaftsgebäude. Dabei wird zugleich deutlich, mit welchem Forschungsziel sich Wissenschaftler bisher mit der Kommune befaßt haben. Pagenkopf gliedert die Kommunalwissenschaft in drei Bereiche: die Kommunallehre (Entstehung, Wesen und Aufgaben der Gemeinde), das Kommunalrecht und die Kommunalpolitik. Die Kommunallehre zeigt die gemeindlichen Organe und die ihr zur Verfügung stehenden Kräfte in der Ruhelage, die Kommunalpolitik zeigt sie in Bewegung. Pagenkopf wendet sich fast ausschließlich den beiden ersten Bereichen der Kommunalwissenschaft zu. Dies entspricht dem Selbstverständnis der älteren Kommunalwissenschaft: soziologische und politische Fragestellungen bleiben ausgeklammert, allenfalls werden historische Begründungen für die Entwicklung der Rechtsnormen aufgezeigt. So enthält das Buch auch einen sehr weitgreifenden historischen Rückblick zur Entwicklung der Gemeinden und ihrer Verfassungen.

47. *Hans Peters (Hrsg.): Handbuch der Kommunalen Wissenschaft und Praxis:* Erster Band: *Kommunalverfassung* (1956); Zweiter Band: *Kommunale Verwaltung* (1957); Dritter Band: *Kommunale Finanzen und kommunale Wirtschaft* (1959), Berlin/Göttingen/Heidelberg

Dies nunmehr vor etwa 20 Jahren erschienene Werk muß auch heute noch als grundlegend für das Verständnis der Kommunalverfassungen, deren Entwicklung, den Aufbau der Kommunalverwaltung und das kommunale Finanzwesen angesehen werden. Einige Aufsätze sind aus politikwissenschaftlicher Sicht nicht unmittelbar interessant (z.B. zum kommunalen Dienstrecht), viele Beiträge durch die neuere Gesetzgebung zumindest in Details überholt (z.B. im Band „Finanzen" zum kommunalen Schuldwesen, zum Gemeindehaltsrecht und zu den Steuern). Die einzelnen Aufsätze wurden von Verwaltungspraktikern geschrieben, die natürlich die juristische Sichtweise der Probleme stark betonen und z.T. noch immanent von der Vorstellung einer Kommune als politikfreiem Raum ausgehen. Insbesondere Beiträge von Peters und Schmölders gehen darüber hinaus. Schmölders beschreibt den Willensbildungsprozeß bei den Haushaltsberatungen. Die Probleme, die dabei auftreten, lassen sich mit den Stichworten Ressortegoismus (auf Seiten der Verwaltung), mangelnde Sachkenntnis (bei den Parlamentariern) und Zwang zur Konkretheit schlagwortartig umschreiben. Zudem werden Faktoren der kommunalen Ausgabenpolitik thematisiert und Probleme der Politikverflechtung und Einflußmöglichkeiten der Gemeinde in diesem Prozeß erörtert.

48. *Wilhelm Petri: Die staatlichen Zweckzuweisungen im kommunalen Finanzsystem. Dargestellt am Beispiel des Landes Niedersachsen*, Berlin 1977

Zur Wirkung staatlicher Zweckzuweisungen auf die Kommunen gibt es zwar gängige Thesen, die allenthalben wiederholt werden, bislang sind aber weder ausreichend theoretische noch empirisch präzisierte Hypothesen vorhanden. Es überwiegt die Interpretation von Gesetzen und Verordnungen und die Folgerung, daß dadurch kommunale Handlungsmöglichkeiten extrem eingeengt werden. Dieser Gesichtspunkt ist auch in dieser Studie sehr materialreich und detailliert angelegt. Die Untersuchung geht aber darüber hinaus: zwar ist die empirische Basis (eine Umfrage bei niedersächsischen Gemeinden unterschiedlicher Größenordnung) so schmal, daß allenfalls von einer Pilotstudie gesprochen werden kann, aber sie erlaubt dennoch in mancher Beziehung eine realistischere Einschätzung tatsächlicher Handlungsrestriktionen durch überörtliche Planungen und Finanzausstattung.

49. *Heinz Rausch/Theo Stammen (Hrsg.): Aspekte und Probleme der Kommunalpolitik,*
    München 1972

Dieser Sammelband will eine leicht faßliche Darstellung sein, die informiert über das, was die Gemeinden zu leisten haben bzw. welchen Schwierigkeiten sie sich gegenübersehen. Er verbindet historische, rechtliche, finanzielle und gesellschaftspolitische Aspekte: Zunächst werden rechtliche Aspekte breit dargestellt. Dies hat den Vorteil, daß konkrete Hinweise auf entsprechende Gesetzestexte gegeben werden (allerdings sind diese Hinweise in der Regel nur auf Bayern bezogen). Weitere Einzelbeiträge befassen sich mit der Erneuerung der kommunalen Selbstverwaltung, den Parteien und Wählergemeinschaften, den Wahlen und Wahlsystemen, der Willensbildung in den Gemeindeparlamenten und Einzelaspekten kommunaler Bürgerbeteiligung sowie der kommunalen Programmatik der verschiedenen Parteien in München. Das Buch ist als Einführung gut geeignet, da es alle wesentlichen Probleme thematisiert und in ihren Dimensionen beleuchtet.

50. *Lutz-Rainer Reuter: Kommunalpolitik im Parteienvergleich,*
    in: aus politik und zeitgeschichte, Beilage zur Wochenzeitung „Das parlament", B34/76 vom 21. August 1976

Der Aufsatz bringt neben einer grundsätzlichen Standortbestimmung der kommunalen Selbstverwaltung in legitimatorisch-funktionaler Sicht und Begründung der Handlungen in den Kommunen als Politik eine historische Rückschau auf programmatische Aussagen zur Kommunalpolitik. Diese grundsätzliche Klärung dient als Hintergrund für die Betrachtung von Parteiprogrammen der drei großen Parteien in der Bundesrepublik, die Ende 1975 fast synchron beschlossen wurden. Verglichen werden vor allem oberste Zielsetzungen und Aufgabenschwerpunkte. Der Verfasser versucht auch, Funktionen der Programme in hypothetischer Weise auszuloten. In seiner Kritik arbeitet Reuter Unzulänglichkeiten aus den Programmen vergleichend heraus.

51. *Günter Rinsche: Dynamische Kommunalpolitik,*
    Recklinghausen 1975

Rinsche, bekannter CDU-Oberbürgermeister, sieht Kommunalpolitik als angewandte Psychologie, da sie dem Menschen dienen soll. Mit seiner Schrift will er dem ehrenamtlichen Kommunalpolitiker Hilfen an die Hand geben, um den Einsatz für seine Mitbürger menschengerechter und sachverständiger zu gestalten. Zunächst geht er auf Menschentypen, Strebungen und Beweggründe für menschliches Handeln ein und leitet daraus Regeln für die Menschenbehandlung ab. Sodann gibt Rinsche z.T. recht detaillierte und brauchbare Anregungen für die Arbeit in der Selbstverwaltung, ausgehend von der Problemanalyse bis hin zur Kontrolle der Öffentlichkeitsarbeit, wobei u.a. die Gestaltung des Zeitbudgets des Ratsvertreters wie auch die Zusammenarbeit in der Fraktion und die Möglichkeiten der Weiterbildung thematisiert werden. Das Kapitel über die kommunale Finanzpolitik beschränkt sich wesentlich auf

Grundinformationen und Techniken. Schließlich reißt der Autor sehr kurz Möglichkeiten und Wirkungsfelder dynamischer Kommunalpolitik an.

52. *Wolfgang Roters: Kommunale Mitwirkung an höherstufigen Entscheidungsprozessen,*
Köln u.a. 1975

Der Autor setzt sich mit juristischen Interpretationen des Selbstverwaltungsanspruchs aus Art. 28 Abs. 2 GG auseinander, indem er sie mit der gesellschaftlichen Realität konfrontiert. So kommt er zu der Einsicht, daß der auf Isolation bedachte Autarkieanspruch einer Gemeinde für ihren Hoheitsbereich zunehmend als atavistisch erscheinen muß. Vielmehr fordere die Verfassungsgarantie den juristischen Sachverstand heraus: die Verflechtungserscheinungen sollten nicht resignierend hingenommen, sondern als Herausforderung gesehen werden, bei wachsendem Aufeinander-Angewiesensein funktionsorientierte Mitwirkungsrechte zu finden. Roters will aufzeigen, daß der faktische staatlich-kommunale Kooperationsdruck nicht staatlichen Disziplinierungsbzw. kommunalen Expansionsversuchen entspricht, sondern daß die modernen Funktionen der gemeindlichen Selbstverwaltung so stark und so weit in das politisch-administrative System der Gegenwart hineinwirken und auf dieses bezogen sind, daß Staat wie Kommunen auf Zusammenarbeit angewiesen sind. Verwirklichte kommunale Beteiligungsmöglichkeiten werden diskutiert und nach neuen Formen überörtlicher Mitwirkung gesucht.

53. *Wolfgang Roth (Hrsg.): Kommunalpolitik – für wen?*
Frankfurt 1971

Dieser im Auftrag der kommunalpolitischen Konferenz der Jungsozialisten herausgegebene Band enthält das Arbeitsprogramm in Auszügen, das auf der Konferenz am 24./25. April 1971 in Mannheim behandelt wurde. Hier wird die kommunalpolitische Praxis von ihrer gesellschaftspolitischen Dimension her kritisch beleuchtet und herauszuarbeiten versucht, wie eng kapitalistisches Gesellschaftssystem und Kommunalpolitik verbunden sind. Auf dieser Basis werden Ziele und sehr ausführlich Strategien für alle Teilprobleme der Politik von der Kommune her entwickelt. Auch derjenige, der den Auffassungen der Jungsozialisten eher kritisch gegenübersteht, wird einen Gewinn daraus ziehen, eine Analyse von klar definiertem Standpunkt her zu lesen, um anschließend seine Position deutlicher beziehen zu können.

54. *Wolfgang Rudzio: Die Neuordnung des Kommunalwesens in der Britischen Zone,*
Stuttgart 1968

Diese Abhandlung zur Entstehungsgeschichte der „norddeutschen Ratsverfassung" aus einer Direktive der britischen Besatzungsmacht ist für die Diskussion und das Verständnis der Gemeindeordnungen in Nordrhein-Westfalen und Niedersachsen eine unentbehrliche Grundlage. Im Anschluß an eine Darstellung der überlieferten Kommunalverfassungssysteme in Großbritannien und Deutschland behandelt der Verfasser die Einzelheiten des britischen Reformprogramms zur Dezentralisierung und Demokratisierung der politischen Strukturen in Deutschland und schildert die Entwicklung (und z.T. grundlegende Veränderung) der von der Besatzungsmacht in drei Flächenstaaten hinterlassenen Gemeindeordnungen durch die deutsche Gesetzgebung. Dabei zeigt sich, daß die Grundlinien der britischen Reformbemühungen letztlich an überlieferten Vorstellungen der deutschen Verwaltungsleute und Politiker ebenso scheiterten wie an den inzwischen aufgebauten persönlichen Machtinteressen. Diese Auseinandersetzungen werden in den Schlußkapiteln dargestellt und ausführlich gewürdigt.

55. *Roland R. Rückel: Lokalredakteure,*
   Opladen 1975

Die Lokalteile der Tageszeitungen gelten im Tätigkeits- und Leistungsvergleich der Massenmedien als unangefochtete Domäne der Presse. Im Gegensatz dazu steht nicht nur das Ansehen der Lokalredakteure bei den Medienmachern, sondern auch deren deutliche Vernachlässigung in der wissenschaftlichen Literatur. Mit sozialwissenschaftlichen Methoden erforscht wurde bisher allenfalls das Produkt, der Inhalt der Zeitungen, nicht aber die Produktion von Nachrichten, also der Prozeß der Aussagenentstehung. Diese Lücke schließt die von Rückel vorgelegte rollenanalytische Untersuchung des Lokalredakteurs. Mit sozialwissenschaftlichen Methoden wird ein wesentlicher Ausschnitt aus den redaktionellen Rollenstrukturen am Beispiel eines Ressorts in fünf verschiedenen Typen von Lokalredaktionen erforscht. Im Ergebnis lieferte Rückel einen wesentlichen Beitrag zur Beantwortung der Frage: Wie entstehen Aussagen in Massenmedien? Diese Information erleichtert das Verständnis für die Darstellung der örtlichen Politik im Lokalteil der Tageszeitungen.

56. *Bernhard Schäfers: Planung und Öffentlichkeit,*
   Düsseldorf 1970

Zielsetzung dieser drei empirisch-soziologischen Studien ist es, an drei Fällen (Neuordnung des ehemaligen Kreises Altena und der vordem kreisfreien Stadt Lüdenscheid, einem Flurbereinigungs- und einem typischen Bebauungsplanverfahren) die Öffentlichkeits- und Interessenstrukturen in raumbedeutenden Planungsprozessen zu erarbeiten. Im Hintergrund steht die Frage, welche Konfliktmöglichkeiten es in Planungsprozessen gibt bzw. wie sich diese durch Öffentlichkeitsarbeit verhindern lassen. Bedingt durch die Materie und den Analysezeitraum ist dabei der Neugliederungsfall am umfangreichsten dargestellt und analysiert. Schäfers kommt zu dem Ergebnis:„Je eindeutiger sich das Planungsziel auf die Bestimmung der Eigentumsinhalte richtet und je manifester daher die individuellen Interessen sind..., desto problematischer gestaltet sich die Vermittlung von Binnen- und Außenraum der Planung in einer funktionalen, planbezogenen Öffentlichkeit." Da der Autor in der Reduktion des Interessenzusammenhangs einer Planung auf die Eigentumsinteressen eine Verkürzung des Öffentlichkeitsbezugs sieht, systematisiert er sehr kurz Vorschläge zur Verbesserung der Öffentlichkeitsstrukturen im Planungsprozeß.

57. *Fritz W. Scharpf/ Bernd Reissert/ Fritz Schnabel: Politikverflechtung I,*
   Kronberg 1976

Durch die Vorlage eines weiteren „Werkstattberichts" aus ihrem Projekt, das vergleichende Untersuchungen zum Planungs- und Finanzierungsverbund umfaßt, wollen die Autoren „zur Interpretation der Handlungsbedingungen und -möglichkeiten" des politischen Systems der Bundesrepublik beitragen. Die politischen Folgen der Verbindung von Spätkapitalismus und Konkurrenzdemokratie bedingen einen hohen Problemdruck, der mit erheblichen Handlungsrestriktionen von einem strukturell fragmentierten und prozessual verflochtenen politisch-administrativen System verarbeitet werden muß. Dieses System untersucht Scharpf zunächst in einer theoretischen Grundlegung auf Problemstrukturen, Steuerungsinstrumente sowie Informations- und Konsensprozesse. An die theoretische Fundierung schließt sich die von den beiden anderen Autoren verantwortete umfangreiche Darstellung und Analyse von insgesamt sechs Fallstudien zu aktuellen (kommunalbezogenen) Beispielen planerischer und finanzwirtschaftlicher Politikverflechtungen an. Behandelt werden die Gemeinschaftsaufgaben regionale Wirtschaftsstruktur, Agrarstruktur und Küstenschutz sowie Gemeindefinanzierung, Städtebauförderung, sozialer Wohnungsbau und Krankenhausfinanzierung. Im Schlußkapitel gehen die Autoren auf die gesellschaftlichen Kosten der Politikverflechtung ein.

58. *Fritz W. Scharpf/Bernd Reissert/Fritz Schnabel (Hrsg.): Politikverflechtung II,* Kronberg 1977

Der vorliegende Band ist das Ergebnis einer Arbeitstagung, auf der die Studie zur Politikverflechtung I der Herausgeber (s. oben) kritisch beleuchtet wurde. Beide Bücher sind also eng miteinander verbunden. In diesem Band kommen vorwiegend Praktiker zu Wort, die aus der Kenntnis ihres Aufgabenbereiches Stellung nehmen zum theoretischen Bezugsrahmen und zu empirischen Fallbeispielen, wie sie in Teil I entwickelt sind. Die Einzelabschnitte werden eingeleitet durch Einführungsreferate, die auch unter Verwendung von schriftlichen Stellungnahmen zum ersten Band die Beiträge thematisch strukturieren und sie theoretisch einordnen. Sie versuchen zum Teil auch eine wissenschaftliche Gewichtung der bisher veröffentlichten Forschungsergebnisse. Wer sich für die immer mehr in den Blickpunkt rückende Problematik der Politikverflechtung wissenschaftlich interessiert, findet hier wichtige Hinweise auf bisher noch kaum erforschte Wirkungszusammenhänge, die man zu Kenntnis nehmen muß.

59. *Hans-Hermann Schauerte: Haushaltsrecht und Haushaltspraxis der Gemeinden,* Bonn/Frankfurt a.M. 1975

Das Selbststudienmaterial (sestmat) richtet sich an Mitarbeiter der Volkshochschulen, die sich nicht speziell in einem Studium auf diese Tätigkeit vorbereiten konnten. Diese Unterrichtseinheit bringt zunächst eine Klärung des Zusammenhangs zwischen beruflichen Anforderungen und Thematik. Dieser Teil dürfte auch für Interessenten an Kulturpolitik recht aufschlußreich sein. Der Abschnitt über das haushaltswirtschaftliche Grundwissen ist amüsant geschrieben und daher sowohl zur Erstinformation wie zur systematischen Wiederholung geeignet. Er macht mit den wichtigsten Begrifflichkeiten und Vorschriften vertraut. Fragen zur behandelten Thematik regen zur Vertiefung an. Der Abschnitt über das Entstehen des Haushaltsplans gibt einen Einblick in politische Entscheidungsprozesse und verweist im Abschnitt „Anpassungsmöglichkeiten" auf Wege zur nachträglichen Korrektur der Pläne. Die Ausführungen werden durch Entscheidungsdiagramme verdeutlicht. Die Beschäftigung mit diesem übersichtlichen Band wird sich nicht nur für Ratsmitglieder lohnen.

60. *Hans See: Grundwissen einer kritischen Kommunalpolitik,*
 Köln 1975
Ausgehend von der Einsicht, daß kritische Kommunalpolitik gesellschaftliches Bewußtsein vorausgesetzt, versucht der Autor, für eine zielgerichtete kommunalpolitische Praxis gesellschaftstheoretisches Grundwissen zu vermitteln. Seine Arbeit will sich mit den Widersprüchen des Wirtschaftssystems und deren Folgen für die kommunale Selbstverwaltung auseinandersetzen. Seine Leser sucht See unter den aktiven Kommunalpolitikern. Ob es seiner Darstellung allerdings gelingt, dieser Zielgruppe deutlich zu machen, daß systemkritische Gesellschaftstheorie „eine Waffe, ein analytisches Instrumentarium mit gesellschaftsverändernder Kraft" ist, erscheint fraglich. Allzu sehr entfernt sich der Autor durch seinen dialektisch-materialistischen Ansatz von der Sprachebene und dem Erfahrungsbereich der Kommunalpolitiker. Den Studenten jedoch vermag diese engagierte Kritik technokratischer Kommunalpolitik sowohl die historische Entwicklung der kommunalen Selbstverwaltung im Prozeß gesellschaftlichen Wandels als auch die Probleme der kommunalen Handlungsbereiche im Überblick nahezubringen.

61. *Walter Siebel: Entwicklungstendenzen kommunaler Planung,*
 Bonn-Bad Godesberg 1974
Siebel geht es zunächst darum, den Planungsspielraum in den Kommunen (seine Arbeit bezieht sich auf den Befund in größeren Städten) zu analysieren, wobei er feststellt, daß der Handlungsspielraum immer enger wird. Dies Problem ist jedoch nicht nur durch überörtliche Aktivitäten begründet, sondern beruht z.T. auch auf interkommunaler Konkurrenz. Damit ist die Frage nach Möglichkeiten effektiver Lenkung von gesellschaftlichen Prozessen und Tendenzen schon weitgehend beantwortet. Siebel bezweifelt, ob durch hierarchische Arbeitsteilung (wie in überörtlicher Planung angestrebt) die Steuerungsmöglichkeiten verbessert werden. Die Analyse kommunaler Fachplanung ergibt, daß hinter dem Egoismus von Ressorts meist der Egoismus von gesellschaftlichen Interessengruppen steht. Auf dem Hintergrund dieser eingehenden Beschreibung von Tendenzen formuliert Siebel Anforderungen für die Verbesserung des Planungsprozesses. Hier wird auch die Rolle von Bürgerinitiativen und der Bürgerbeteiligung problematisiert.

62. *Sonderarbeitskreis der Ständigen Konferenz der Innenminister der Länder: Erfahrungsbericht zu Fragen der Kreisstufe,* (Kreisstufen-Bericht),
 Mainz 1975
Am 22. Juni 1973 hat die ständige Konferenz der Innenminister der Länder einen Sonderarbeitskreis mit der Erarbeitung eines Erfahrungsberichtes zur Kreisstufe beauftragt. Die Bestandsaufnahme enthält zunächst eine Übersicht über das 1975 in den Bundesländern geltende Recht. Sie ergibt zudem, daß Aufgabenbestand und Verwaltungsorganisation zwischen den einzelnen Ländern in vielen Einzelheiten voneinander abweichen. Dies macht Vergleiche zwischen Haushaltsvolumen, Kreisumlagesätzen, Verschuldung und Personalbestand sehr schwierig. Es werden Schlußfolgerungen erarbeitet, die eine zielgerichtetere Aufgabenzuordnung zur Diskussion stellen.

63. *Theo Trachternach: Parteien in der kommunale Selbstverwaltung,*
Würzburg 1974
Dem Autor geht es vor allem um den juristischen Nachweis der Arbeit der Parteien in der kommunalen Selbstverwaltung. Darüber hinaus will er eine möglichst konkrete rechtliche Abgrenzung schaffen zwischen zulässiger und unzulässiger Einflußnahme der politischen Parteien im kommunalen Bereich. Einen wesentlichen Schwerpunkt seiner Arbeit bilden Überlegungen zum Verhältnis des Art. 21 GG (Mitwirkung der Parteien an den politischen Willensbildung) und Art. 38 GG (Grundsatz des feien Mandats). Zum Problem Parteien-Verwaltung arbeitet Trachternach heraus, daß der Einfluß der Parteien auf das Führungspersonal der Verwaltung (Wahlbeamten) legitim ist, der Einfluß auf Beförderung und konkrete Amtsführung der Beamten unterhalb der Ebene der Wahlbeamten nicht zulässig ist. Wenn auch eine rechtliche Fragestellung im Mittelpunkt steht, so wird doch die politische-systematische Bedeutung des rechtlichen Rahmens nicht vernachlässigt.

64. *Frido Wagener: Neubau der Verwaltung,*
Berlin 1969
Wagener schlägt eine interdisziplinäre Untersuchungsmethode ein, um optimale und nachvollziehbare Maßstäbe für den Aufbau der gesamten öffentlichen Verwaltung zu erlangen. Als Anforderungen, denen die Verwaltung zu genügen hat, werden technisch Effektivität (d.h. Wirtschaftlichkeit, Leistungsfähigkeit und Wirkungsgrad) und politisch der Integrationswert (d.h. die Intensität des Gemeinschaftsbewußtseins der verwalteten Gruppe) formuliert. Die ablesbaren Tendenzen innerhalb der Verwaltung sowie Reformpläne und Reformen im In- und Ausland der letzten 20 Jahre werden zur Maßstabsgewinnung diskutiert. Wagener quantifiziert die Maßstäbe und wendet sie bei der Bestimmung optimaler Einwohnerbereiche an. Im letzten Kapitel schließlich geht es um den bewertenden Vergleich zwischen dem heutigen Aufbau der Verwaltung und den erarbeiteten Maßstäben. Wageners Werk zur Territorialreform der Verwaltung ist für die Vorbereitung politischer Entscheidungen auf diesem Gebiet grundlegend geworden.

65. *Hans-Georg Wehling (Hrsg.): Kommunalpolitik,*
Hamburg 1975
Dieses Buch ist vom Herausgeber als Studienbuch angelegt, wendet sich aber gleichermaßen an Studenten, Lehrer, Kommunalpolitiker und „interessierte Laien". Da dieser sehr unterschiedliche Leserkreis wohl kaum von einem Text erreicht werden kann, ist es nicht überraschend, wenn die Absicht, Sprache und Anlage des ganzen Buches an der „Zielgruppe" auszurichten, nicht immer gelungen ist. Das Buch vermittelt aber einen höchst qualifizierten Überblick, ohne allerdings das Thema insgesamt ausschöpfen zu können. Vor allem die Beiträge von Ueltzhöffer (kommunale Machtelite), Boldt (kommunale Finanzen), Lang (Verfassungstypen) und Wollmann (Städtebaurecht) sind thematisch besonders wertvoll und sollen deshalb besonders hervorgehoben werden. Der knapp kommentierte Literaturüberblick mit Hinweisen auf insgesamt 25 Bücher sei deshalb besonders erwähnt, weil er die hier vorgelegte Übersicht in eine Richtung wesentlich ergänzt: Über die Hälfte der von Siewert und Wehling genannten Titel beziehen sich auf das Gebiet der „Gemeinde- oder Siedlungssoziologie".

66. *Hans-Georg Wehling (Hrsg.): Dorfpolitik,*
Opladen 1978

Dieser Band trägt dazu bei, eine Lücke zu schließen, die durch die Betonung von Problemen der Städte in der politikwissenschaftlichen Literatur entstanden ist. „Die Probleme der ländlichen Räume (sind – d.V.) nicht geringer, sondern nur weniger beachtet." Die Entwicklungen von Stadt und Land sind zudem eng miteinander verknüpft und mit den Schlagworten: Stadtflucht – Zersiedlung der Landschaft bzw. Entvölkerung – Sogwirkung des Ballungsraumes zu umreißen. Wehling geht der Vernachlässigung des ländlichen Raumes durch die Politikwissenschaft nach und zeigt gleichzeitig notwendige Untersuchungsschritte für die Bearbeitung auf. Die einzelnen Beiträge des Bandes vertiefen Teilaspekte der Ausführungen Wehlings (so z.B. die Gegenüberstellung von Stadt und Land, Differenzierung des ländlichen Raumes) oder gehen räumlich begrenzt Fragen nach, deren Untersuchung auch weiterhin lohnend erscheint: z.B. Integrationsproblemen von Neubürgern, Bedeutung der Honoratioren, Kandidatenaufstellung, Bedeutung der Vereine auf dem Land. So werden Hinweise darauf erarbeitet, welche sozialen und politischen Prozesse es auf dem Lande zu beobachten gilt.

67. *Bernd Wrobel / Engelbert Münstermann / Gerhard Zabel: Kostendeckungsgrad kommunaler Gebührenhaushalte,*
in: Der Städtetag, 7/1976, S. 377–382

Hier werden Aufbau und wichtigste Ergebnisse einer Untersuchung einiger Gebührenhaushalte in den Mitgliedstädten des Deutschen Städtetages mit mehr als 10.000 Einwohnern dargestellt. Es hat sich gezeigt, daß bei einigen Einrichtungen eine weitgehende Kostendeckung erzielbar ist (Abwasser- und Abfallbeseitigung, Bestattung), was mit dem faktischen oder rechtlichen Zwang zur Leistungsannahme zusammenhängt, während vor allem kultur- und bildungspolitisch wichtige Einrichtungen meist eine Deckung der Kosten von weniger als 50 % erreichen. Das heißt, bei diesen Einrichtungen dient die Gebühr (Entgelt) auch dem Ziel der Nachfragelenkung.

68. *Heinz Zielinski: Kommunale Selbstverwaltung und ihre Grenzen,*
Frankfurt/New York 1977

Diese auf einem hohen Abstraktionsniveau angelegte Arbeit versucht thesenhaft den Einfluß von Staat und Wirtschaft auf die Gemeinden zu demonstrieren. Gemeinden werden dabei als integrative Elemente differenzierter Subsysteme aufgefaßt. Als Beweis für die zunehmende Abhängigkeit der Gemeinden von staatlicher Politik und die Einengung ihres Handlungsspielraums problematisiert der Verfasser die kommunale Finanzausstattung, die kommunale Aufgabenwahrnehmung und die Interdependenzen mit dem sozioökonomischen Umfeld. Er prognostiziert eine Verschärfung der Verteilungsprobleme im Rahmen des öffentlichen Gesamthaushalts. Die textlichen Analysen werden durch eine Fülle von Tabellen veranschaulicht, die die Entwicklung im zeitlichen Ablauf aufzeigen. Der Autor thematisiert selbst an einer Stelle das Problem, daß sich die Realität komplexer darstellt, als dies bei einer globalen Betrachtung den Anschein hat. Hierzu liegen allerdings bislang nur Einzelfallstudien vor.

69. *Ralf Zoll: Gemeinde als Alibi,*
München 1972
Der Band beschäftigt sich mit der Frage nach den Machtstrukturen und Entscheidungsprozessen auf kommunaler Ebene. Es geht darum zu klären, ob die Gemeinde für politische Partizipation relevant ist und welche Einflußmöglichkeiten die von kommunalen Entscheidungen Betroffenen haben. Zu beiden Fragen bietet die amerikanische Literatur zur Gemeindeforschung eine Fülle von Material an, das im vorliegenden Band aufgearbeitet wurde und in Originalbeiträgen vorgestellt wird. Die Frage nach den faktischen Möglichkeiten der Betroffenen zur politischen Partizipation an für sie wesentlichen Entscheidungen trägt dazu bei, ideologische Komponenten der amerikanischen Gemeindeforschung aufzudecken, die auch im Titel des Buches ihren Niederschlag gefunden hat.

70. *Ralf Zoll unter Mitarbeit von Thomas Ellwein, Horst Haenisch, Klaus Schröter: Wertheim III,*
München 1974
Dieser Band faßt die Ergebnisse der Gemeindeuntersuchung in Wertheim zusammen. Hier steht der politische Entscheidungsprozeß im Mittelpunkt der Betrachtung: der Band baut auf den bisher nicht veröffentlichten Ergebnissen über Rahmenbedingungen und Verhaltensweisen von Wertheim II auf und liefert insofern einen wesentlichen Teil der Interpretation für Wertheim II. Der politische Entscheidungsprozeß wird an Hand von Ratsprotokollen vorläufig eingegrenzt und dann u.a. mit Hilfe von Interviews (sehr breit wiedergegeben) und einer Analyse der Rolle der Lokalpresse näher zu konkretisieren versucht. Die Ausführungen können den Leser anregen, sich in seiner Stadt kritisch mit den Machtverhältnissen auseinanderzusetzen.

Abkürzungsverzeichnis

AfK	– Archiv für Kommunalwissenschaften
APSR	– American Political Science Review
BVerfG	– Bundesverfassungsgericht
Demo	– Die Demokratische Gemeinde
DGO	– Deutsche Gemeindeordnung
Difu	– Deutsches Institut für Urbanistik
DÖV	– Die öffentliche Verwaltung
DVBl	– Deutsches Verwaltungsblatt
FAZ	– Frankfurter Allgemeine
IWK	– Internationale wissenschaftliche Korrespondenz zur Geschichte der deutschen Arbeiterbewegung
HdSW	– Handwörterbuch der Sozialwissenschaften
KGSt	– Kommunale Gemeinschaftsstelle für Verwaltungsvereinfachung
KommBl	– Kommunalpolitische Blätter
KZSS	– Kölner Zeitschrift für Soziologie und Sozialpsychologie
NG	– Neue Gesellschaft
NWZ	– Nord-West-Zeitung
ÖZP	– Österreichische Zeitschrift für Politikwissenschaft
PVS	– Politische Vierteljahresschrift
SGK	– Sozialdemokratische Gemeinschaft für Kommunalpolitik
ZfP	– Zeitschrift für Politik
ZParl	– Zeitschrift für Parlamentsfragen

Verzeichnis der Abbildungen und Tabellen

Abb. 1: Organisationsplan der Stadtverwaltung Leichlingen 1978
Abb. 2: Organisationsübersicht zur Dezernats- und Ämtergliederung nach KGSt
Tab. 1: Zusammenfassung der Einnahmen und Ausgaben im Haushaltsplan der Stadt Nagold für das Haushaltsjahr 1977
Tab. 2: Personalausgaben für den Reinigungsdienst der städtischen Schulen in Nagold 1977
Abb. 3: Ausgewählte Ausgaben der Kommunalhaushalte 1966 – 1976
Tab. 3: Steuereinnahmen der Gemeinden 1960 – 1978
Abb. 4: Zusammensetzung der Steuereinnahmen 1913 – 1978
Abb. 5: Entwicklung der Schulden öffentlicher Haushalte
Tab. 4: Schuldendienst der Gemeinden 1960 – 1978
Tab. 5: Zusammengefaßter Haushaltsquerschnitt für alle Gemeinden
Abb. 7: Systematik der Finanzzuweisungen an die Gemeinden
Abb. 8: Kommunalpolitisches Entscheidungssystem
Abb. 9: „Vorentscheider" im Entscheidungsnetzwerk
Abb. 10: Politische Ressourcen (Machtquellen) kommunaler „Vorentscheider"
Tab. 6: Berufsstruktur kommunaler Vertretungskörperschaften

Sachregister

Ämter (in der Gemeindeverwaltung) 132, 134, 135, 139; s.a. Organisationsplan; Verwaltungsaufbau
Agglomerationsprozeß 10, 52, 59, 60 f., 86, 181, 183
Amtsleiter 116, 124
Anliegerbeiträge s. Beiträge
Armenpflege s. Sozialpolitik
Aufgaben, kommunale 12, 30, 31, 34 f., 42 f., 63, 66 ff., 100, 156, 175; s.a. Dienstleistungen, kommunale
Aufgaben, öffentliche 12, 30 f., 34 f., 37, 63, 70, 121
Aufgabenverbund s. Politikverflechtung
Aufsicht s. Kommunalaufsicht
Auftragsangelegenheiten 34, 95, 100, 121
Ausgaben (im Haushaltsplan) 45 – 51, 73
Ausgleichsstock 98, 106
Ausschüsse (des Gemeinderates) 114, 120, 124, 125, 126, 139, 141
Autonomie, kommunale s. Selbstverwaltungsgarantie

Badeanstalt s. Hallenbad
Baden-Württemberg 11, 40, 70, 87, 104, 111, 112, 128, 147; s.a. Ratsverfassung, süddeutsche
Ballungsräume s. Agglomerationsprozeß
Ballungsrandzone 61, 82, 165
Baugebiete, Arten 55, 56, 57

Bauleitplanung 50, 51, 52, 53, 54, 55, 56, 57, 60, 62, 138, 142, 192
Baumaßnahmen, gemeindliche 51
Baunutzungsverordnung 55, 56
Bayern 101, 104, 111, 128, 175; s.a. Ratsverfassung, süddeutsche
Beamte, kommunale 24, 25, 26, 29, 30
Bebauungsplan 55, 56, 121, 123, 138 ff.
Bedarfszuweisungen 98, 106, 162; s.a. Finanzausgleich
Bedenken und Anregungen 143
Beigeordneter s. Dezernent; Niedersachsen
Beiträge 74, 76-79, 81, 161
Besatzungsmächte, Einwirkungen der 27, 28, 29, 191
Bestandsgarantie (der Gemeinden) 11
Betätigung, wirtschaftliche (der Gemeinden) 43, 44, 66, 67, 69, 89, 90
Beteiligung im Bebauungsplanverfahren s. Bedenken und Anregungen; Bebauungsplan; Bürgerbeteiligung; Träger öffentlicher Belange
Bewertungsgesetz 82, 88
Bezirksplanungsbehörden s. Planung, überörtliche
Bezirksregierung s. Regierungspräsident
Bezirksverfassung 11 f., 37
Bodenvorratspolitik s. Liegenschaftspolitik
Bürgerantrag (Bürgerbegehren) 11

Bürgerbeteiligung 139, 140, 141, 142, 143, 149, 174
Bürgerinitiative 11, 174, 184, 186
Bürgermeister s. Ratsvorsitzender; Verwaltungschef
Bürgermeisterverfassung s. Hessen; Rheinland-Pfalz; Saarland; Schleswig-Holstein
Bürgernähe 14, 15, 120, 123, 139
Bürgertum 20, 22
Bundesbaugesetz 52, 55, 58, 59, 60, 139, 157
Bundesmittel s. Finanzzuweisungen
Bundesraumordnungsgesetz 60

CDU 66, 69, 71

Darlehensaufnahme s. Verschuldung
Demokratie, repräsentative 116
Deutsche Gemeindeordnung (DGO) 27, 28, 67
Dezernenten 25, 41, 112, 116, 124, 126
Dezernentenkonferenz 124, 135; s.a. Gemeindevorstand; Magistrat
Dienstleistungen, kommunale 33, 40, 50, 63, 64, 65, 66, 67, 68, 69, 70, 71, 74, 75
Dienststellen, kommunale s. Ämter; Organisationsplan; Verwaltungsaufbau
Dreiklassenwahlrecht s. Wahlrecht, kommunales

Eigenbetriebe, kommunale s. Betätigung, wirtschaftliche
Eigentümer s. Grundbesitz
Einheitswerte 81, 83
Einkommensteuer, Gemeindeanteil an der 79, 86, 87, 88, 94, 97
Einnahmen (im Haushaltsplan) 73, 74, 75, 76, 77, 78, 79, 80, 180
Einzelpläne (im Gemeindehaushalt) 46, 47, 48, 49
Elite, örtliche 126, 127, 128, 129, 136, 137
Elitenforschung 129, 168, 172
Energieversorgung, kommunale s. Versorgung

Enteignung s. Liegenschaftspolitik
Entgelte 74, 75, 76, 79, 161
Entscheidungen, überörtliche s. Politikverflechtung
Entscheidungsprozeß, kommunalpolitischer 111 f., 120, 122, 123, 131, 179
Entscheidungstechnik s. Elitenforschung
Entsorgung s. Versorgung
Entwicklungspläne, regionale 60, 61
Entwicklungsplanung, kommunale 50–54, 60, 61 108, 183
Erschließungsaufwand s. Beiträge

Fachaufsicht s. Kommunalaufsicht
Fachausschüsse s. Ausschüsse
Fachplanungen 53, 57, 60, 61, 62, 63 102, 103, 105, 106,
FDP 66, 69, 71
Finanzausgleich 94, 95, 97, 98
Finanzkraft der Gemeinden 184
Finanzplanung, mittelfristige 54, 101, 102, 103, 164
Finanzreform (1969) s. Gemeindefinanzreform
Finanzverbund 36, 86, 87, 88, 94, 95, 96, 97; s.a. Gemeindefinanzreform; Politikverflechtung
Finanzzuweisungen, allgemeine 61, 94, 95, 96, 97, 98, 99, 101, 102
Finanzzuweisungen, zweckgebundene 60, 94, 95, 99, 106, 121, 134, 189
Flächennutzungsplan 55, 57
Flächenvorratspolitik s. Liegenschaftspolitik
Förderrichtlinien 62, 97 f., 106, 108
Folgekosten 76, 106 f.
Fraktionen (des Gemeinderates) 113, 114, 125, 128, 137
Funktionalreform 12, 37, 195
Fußgängerzone 50, 51, 57, 58, 64, 73, 76, 77, 78, 102, 104, 124, 132, 138, 140

Gebietsentwicklungspläne s. Planung, überörtliche
Gebietsreform 11, 62, 133
Gebühren 74, 75, 76, 79, 136, 160 f.

Gemeinde, Begriff 9
Gemeindedirektor s. Verwaltungschef
Gemeindefinanzreform 86, 88, 97, 162, 176
Gemeindeforschung, empirische 182, 184, 197
Gemeindehaushalt s. Haushaltsplan
Gemeindehaushaltsverordnung 121
Gemeindeordnungen 111, 126; s.a. beim jeweiligen Bundesland; Deutsche Gemeindeordnung; Städteordnung, preußische
Gemeinderat 112, 122, 126, 131, 137, 138; s.a. Vertretungskörperschaft, kommunale
Gemeindesteuern s. Einkommensteuer; Einnahmen; Gewerbesteuer; Grundsteuer
Gemeindesteuer, kleine 36, 79, 80
Gemeindeunternehmen s. Betätigung, wirtschaftliche
Gemeindeverkehrsfinanzierungsgesetz 103
Gemeindevertretung s. Gemeinderat; Vertretungskörperschaft, kommunale
Gemeindevorstand 113
Gemeinschaftssteuern (von Bund, Ländern und Gemeinden) 97
Generalverkehrsplan 57, 69, 103, 124
Gerichte s. Rechtsprechung
Geschichte (der gemeindlichen Selbstverwaltung s. Kaiserreich; Weimarer Republik; Selbstverwaltung, Geschichte
Gewaltenteilung 13, 20, 113
Gewerbesteuer 37, 79, 81, 82, 83, 84, 85, 86, 88, 97
Gewerbesteuerumlage 86, 87, 94, 97
Gewerbestruktur 83, 84, 85, 86
Gleichwertigkeit (der Verwaltungsleitungen) s. Lebensverhältnisse, Einheitlichkeit
Goldener Zügel s. Zügel, goldener
Grundbesitz 20, 58, 60, 142

Grundsatzprogramme, kommunalpolitische 17, 66, 68, 160, 190
Grundsteuer 79, 81, 82, 83, 84, 85, 88, 162
Grundstückspolitik s. Liegenschaftspolitik
Güter, öffentliche 33, 67, 68, 73

Hallenbad 39, 43, 47, 48, 52, 62, 64, 66, 73, 75, 76, 102, 105 ff., 121, 123, 132, 133, 136, 138
Handlungspotential, kommunales 31, 62, 63, 145
Hausbesitz s. Grundbesitz
Haushaltsberatung 122, 131–138, 193
Haushaltsplan 40, 45, 46, 121, 123, 124, 131, 177, 178, 187
Haushaltsrecht, kommunales 75, 121, 193
Haushaltssatzung 82, 92
Hebesätze 81, 82, 83, 84, 85, 86, 88, 137; s.a. Gewerbesteuer; Grundsteuer
Hessen; 111, 175
s.a. Magistratsverfassung
Honoratioren 22, 23, 24, 25, 28, 117, 128, 136, 196

Industrialisierung 22 ff., 52, 87
Industrieansiedlung 85, 87
Infrastrukturpolitik 50, 108; s.a. Entwicklungsplanung; Planung überörtliche
Interessen, örtliche 16, 30, 120, 123, 131, 140, 141, 142, 143, 194
Interessenorganisationen, lokale s. Vereine
Investitionen, kommunale 51, 54, 61, 62, 100, 107
Investitionsprogramm, mittelfristiges 102, 103
Investoren, private 58, 59, 60, 62, 141, 158

Jugendpflege s. Sozialpolitik
Jugendwohlfahrtsgesetz 68, 160
Jungsozialisten s. Sozialdemokraten

Kämmerer 131, 135, 136
Kaiserreich. Gemeindepolitik im 22–25, 66
Kleinstädte s. Leichlingen; Nagold; Westerstede
Kommunalabgaben s. Beiträge; Gebühren; Gemeindesteuern
Kommunalaufsicht 68, 74, 81, 82, 92, 93, 105, 121, 139, 143, 144, 159
Kommunalbeamte s. Beamte, kommunale
Kommunalverfassung, einheitliche 27, 37, 174; s.a. Deutsche Gemeindeordnung
Kommunalverwaltung s. Verwaltung, kommunale
Kommunalwirtschaft s. Betätigung, wirtschaftliche
Kommunalwissenschaft 15, 30
Konjunkturprogramme 102, 133, 134, 164
Konkurrenz der Gemeinden 62
Kooperation, vertikale s. Ressortkumpanei
Kostendeckungsprinzip 73, 75, 76, 161, 196
Kreditaufnahme s. Verschuldung
Kreis 43, 95, 100, 182
Kreisumlage 95

Landesentwicklungsprogramm s. Planung, überörtliche
Landesmittel s. Finanzzuweisungen
Landesplanung s. Planung, überörtliche
Landkreis s. Kreis
Lebensverhältnisse, Einheitlichkeit der 32, 33
Leichlingen 39, 41, 43, 48, 52 f., 61 f., 69, 70, 82, 90, 105 ff., 123, 132 f., 136, 138, 147, 162
Leistungsangebot, kommunales s. Dienstleistungen, kommunale
Liegenschaftspolitik 58, 59, 86, 89, 90
Lohnsteuer s. Einkommensteuer
Lohnsummensteuer 85, 87, 88
Lokalpresse 116, 117, 129, 130, 136, 140, 182, 192

Machtstrukturen, lokale s. Elite, örtliche; Vorentscheider
Magistrat 113, 124, 135
Magistratsverfassung 111, 128; s.a. Hessen, Schleswig-Holstein
Mandatsträger 124, 125; s.a. Gemeinderat; Vertretungskörperschaft, kommunale
Meinungsführer s. Elite, örtliche
Mittelzentren 60, 61, 94, 95
Mittelzuweisungen, staatliche s. Finanzzuweisungen
Monostruktur 83, 84

Nachtragshaushalt 137
Nagold 40, 48 f., 82, 90, 107, 122, 132, 147, 162
Nahverkehr, öffentlicher s. Dienstleistungen, kommunale
Nebenzentren 60, 61
Neuordnung, kommunale s. Gebietsreform
Nicht-Entscheidung (non-decision) 123, 129
Niedersachsen 61, 102, 103, 104, 106, 111, 128, 147, 189; s.a. Ratsverfassung, norddeutsche
Nordrhein-Westfalen 12, 41, 42, 61, 62, 78, 101, 108, 111, 112, 114, 147, 158, 159, 175; s.a. Ratsverfassung norddeutsche
Nutzung, bauliche s. Baugebiete, Arten

Oberbürgermeister s. Bürgermeister
Oberstadtdirektor s. Verwaltungschef
Oberzentren 60, 61, 94, 95
Öffentlichkeit, kommunale 112, 118, 120, 122, 139, 140, 176
Organisationen, lokale 117; s.a. Vereine, örtliche
Organisationsplan (der Gemeindeverwaltung) 41, 42
Organisationsstruktur der Gemeindeverwaltung s. Verwaltungsaufbau
Ortschaftsverfassung 11
Ortsinteresse s. Interessen, örtliche
Ortsnähe s. Bürgernähe

Ortskernsanierung s. Stadterneuerung
Ortsrecht s. Satzungen, örtliche

Parteien, Aufgaben (in der kommunalen Selbstverwaltung) 18, 26, 116, 195
Parteiorganisationen, lokale 17, 118, 128, 129, 185, 186, 196
Parteipolitik (in der Gemeinde) 17, 25, 26, 28, 66
Personalausgaben 47, 48, 49, 50, 51
Pflichtaufgaben s. Aufgaben, kommunale; Dienstleistungen, kommunale
Planung, örtliche s. Bauleitplanung; Entwicklungsplanung, kommunale
Planung, überörtliche 53, 60, 61, 62, 98, 102, 103, 108, 158, 159, 164, 165
Planungsverbund s. Politikverflechtung
Plenum (des Gemeinderates) 114, 122, 124
Politikberatung 69, 124
Politiker s. Mandatsträger, Verwaltungsspitze, Vorentscheider
Politikforschung, lokale 9, 10; s.a. Elitenforschung; Kommunalwissenschaft
Politikverflechtung 31, 32, 34, 35, 36, 60, 61, 62, 63, 65, 87, 94, 95, 96, 97–109, 112, 116, 121, 145, 165, 173, 176 f., 191; 192, 193, 196; s.a. Ressortkumpanei, Planung, überörtliche
Positionstechnik s. Elitenforschung
Presse, lokale s. Lokalpresse
Preußen s. Städteordnung, preußische
Privatinitiative s. Investoren, private
Privatisierung 40, 50, 66, 69, 70, 122, 132, 160, 173, 175
Programme, kommunalpolitische s. Grundsatzprogramme

Rat s. Gemeinderat; Vertretungskörperschaft, kommunale
Ratsausschuß s. Ausschüsse
Ratsplenum s. Plenum
Ratsverfassung, norddeutsche 29, 111; s.a. Besatzungsmächte; Niedersachsen; Nordrhein-Westfalen
Ratsverfassung, süddeutsche 111; s. a. Baden-Württemberg; Bayern
Ratsvorsitzender 112
Raumordnung s. Planung, überörtliche
Realsteuern s. Gewerbesteuer; Grundsteuer
Rechtsaufsicht s. Kommunalaufsicht
Rechtsprechung 78
Referenten s. Dezernenten
Re-Education s. Besatzungsmächte
Regierungspräsident (Regierungspräsidium) 104, 105
Regionalplanung s. Planung, überörtliche
Reich, Deutsches s. Kaiserreich; Weimarer Republik
Reinigungsdienst 40, 49, 122, 132
Reputationstechnik s. Elitenforschung
Ressortkumpanei 121, 122
Ressourcen, politische 128, 130, 131
Rheinland-Pfalz 101, 104, 111, 128, 175; s.a. Bürgermeisterverfassung
Rücklagen der Gemeinde 89, 90

Saarland 61, 111; s.a. Bürgermeisterverfassung
Sachpolitik (in der Gemeinde) 15, 16, 28, 66
Sachzwang 16
Samtgemeinde 11
Sanierung s. Stadterneuerung
Satzungen, örtliche 54, 74, 77, 81, 113, 114, 126, 137
Schleswig-Holstein 78, 104, 111; s.a. Bürgermeisterverfassung; Magistratsverfassung
Schlüsselzuweisungen 61, 95–100
Schuldendeckel 93, 163
Schuldendienst s. Verschuldung

Schwimmhalle s. Hallenbad
Selbstverwaltung, kommunale (Bedeutung) 12, 13, 14, 15, 31, 32
Selbstverwaltung, Geschichte (Entwicklung) 8, 19, 20, 21, 22, 23, 24, 25, 26, 27, 28, 29, 33
Selbstverwaltungsangelegenheiten s. Aufgaben, kommunale
Selbstverwaltungsgarantie 11, 12, 31, 32, 81, 144, 185, 188
Sozialdemokraten 24, 25, 66, 67, 68, 93, 187, 188, 191
Sozialisierung, „kalte" 66, 67
Sozialpolitik, kommunale 21, 22, 26, 30, 31, 50, 53, 68, 70, 100, 185
Sozialstaat 32, 63
Sparkassen, kommunale 90, 93, 133
SPD s. Sozialdemokraten
Spitzenverbände, kommunale 66, 67, 70, 132
Staat, liberaler 23
Staatsaufgaben, klassische 30, 33; s. a. Aufgaben, öffentliche
Staatsaufsicht s. Kommunalaufsicht
Staatspolitik (und Kommunalpolitik) s. Politikverflechtung; Selbstverwaltungsgarantie; Zuweisungen
Stabilitätsgesetz 93, 163
Stadtdirektor s. Verwaltungschef
Stadtentwicklung 43, 50, 51, 58, 59, 60, 183; s.a. Entwicklungsplanung
Stadterneuerung 56, 58, 59, 69, 102, 104, 122 f., 138
Stadtplanung s. Bauleitungsplanung; Entwicklungsplanung
Stadtpräsident s. Ratsvorsitzender
Stadtrat s. Dezernent; Gemeinderat; Vertretungskörperschaft, kommunale
Stadt-Umland-Probleme 37, 82
Stadtverordnentenversammlung s. Gemeinderat; Vertretungskörperschaft, kommunale
Stadtverordnetenvorsteher s. Ratsvorsitzender
Stadtvorstand 124, 128, 135

Städtebauförderungsgesetz 59, 104, 158
Städteordnung, preußische 19, 20
Stellenplan 48
Steuereinnahmen (der Gemeinden) s. Gemeindesteuern
Steuerkraft (einer Gemeinde) 64, 65, 87, 97
Steuermeßbetrag (bei der Gewerbe-, Grundsteuer) 81, 82, 83, 86, 87
Steuerungskapazität s. z.B. Fußgängerzone; Hallenbad; Reinigungsdienst
Steuerverbund s. Gemeindefinanzreform
Straßenbau 77, 78, 103; s.a. Beiträge; Fachplanungen; Gemeindeverkehrsfinanzierungsgesetz
Strukturpolitik s. Infrastrukturpolitik
Subsidiaritätsprinzip 68

Territorialreform s. Gebietsreform
Träger öffentlicher Belange 120, 141, 170

Unternehmer 21, 23, 24
Unterzentren 60, 61

Verbandsgemeinde 11
Vereine, örtliche 117, 118, 130, 131
Vereinheitlichung (der Kommunalverfassung) s. Kommunalverfassung, einheitliche
Verfassungssysteme, kommunale s. jeweiliges Bundesland
Vermögenshaushalt 46, 47, 48, 107
Vermögensumschichtung 89, 90
Verschuldung (der Gemeinden) 63, 89, 90, 91, 92, 93, 107, 108, 162
Versorgung 23, 30, 43, 50, 52, 60, 63, 66, 67, 69
Vertretungskörperschaft, kommunale 23, 24, 25, 113, 114, 115, 116, 118, 124, 125, 126, 128, 130, 135, 165, 166, 173, 187
Verwaltung, kommunale 27, 112, 122, 132, 142, 143

Verwaltungsaufbau 40, 41, 42, 43, 44, 45, 53, 179, 180, 183
Verwaltungschef 25, 41, 112, 114, 116, 122, 131, 135, 136
Verwaltungsführung, politische (Modelle) 113 f., 116, 180
Verwaltungshaushalt 46, 47, 48, 107
Verwaltungskonferenz 124
Verwaltungskraft 122
Verwaltungsreform s. Funktionalreform; Gebietsreform
Verwaltungsspitze 113, 114, 116, 128, 132
Verwaltungsvorlage 114, 116, 122, 123, 124, 125, 126, 143
Vorentscheider 122, 126, 127, 128, 129, 130, 133, 134, 139
Vorlage s. Verwaltungsvorlage

Wahlbeamte, kommunale 30, 41
Wahlrecht, kommunales 22, 23, 24, 25
Weimarer Republik, Gemeindepolitik in der 26, 66, 175

Westerstede 52, 56 ff., 69, 76 ff., 82, 102 ff., 122, 124, 132, 134, 138, 140, 141, 143, 147, 162
Wirtschaftsförderung, kommunale 85, 86, 87
Wirtschaftsinteressen 112, 120
Wirtschaftsordnung 23
Wirtschaftsunternehmen, kommunale s. Betätigung, wirtschaftliche
Wohnungsmodernisierungsgesetz 105
Wohnungsvermittlung, kommunale s. Dienstleistungen, kommunale

Zuführung (zum Vermögenshaushalt) 107, 165
Zukunftsinvestitionsprogramm (ZIP) 40, 102, 103
Zuschüsse (Zuweisungen) s. Finanzzuweisungen
Zweckverbände, kommunale 43